中国出版家丛书
ZHONGGUO CHUBANJIA CONGSHU

胡愈之

中国出版家

Zhongguo Chubanjia
Hu Yuzhi

柳斌杰 主编 朱文斌 著

人民出版社

出版说明

　　出版不仅仅是一个充满竞争的商业领域，同时，它也深深打上了"文化"和"思想"的印记。在这个文化场域中，交织着多种力量的动态关系，通过出版物的呈现和出版活动的开展，描绘了一个时代的文化风貌；而回旋折冲于其间者，则是那些幕后活跃、台前无闻的各类出版人。他们自喻"为他人做嫁衣裳"，事实上，却是国家文化传承和历史记录的主要担当者，有出版发展的参与人和见证者甚至称他们所起的作用为保存民族记忆的千秋大脑。虽然扼据出版要津之地，却少见自家行当的人物传记出版。本丛书是第一次规模化地为这个群体中的杰出者系列立传，从一个人到一群人的出版事功中，折射出近代以降出版业的俯仰变迁，同时也见证着出版参与时代文化思想缔构及其背后深广的社会历史内容。那些曾经彪炳于时的出版人，一方面安身于这个行业，以其敏锐犀利的时代洞察力，在市场、经营与创意中躬行实践，标领乃至规划了这个行业的发展，并使之成为国民经济的一个重要门类；另一方面又在"安身"之外，显现出面向社会的公共性关怀与"立命"的超越性关怀，从职业而志业的追求中，服务于民族解放、思想启蒙与文化进步的社会性经营，书写了出版人生的风采、风骨与风流。

本丛书所传写的30余位出版人，均为活跃于20世纪并已过世的出版前辈。中国古代也曾涌现了陈起、毛晋等出版大家，只是未纳入本书的传主范围。丛书在体例上，有单人独传与多人合传之分，但这并不必然意味着对传主出版贡献及其历史地位的轻重判别，许多情况下的数人合传，乃困于传主史料的阙如而不得已的选择，某些重要出版人如大东书局总经理沈骏声、儿童书局创办人张一渠等，也囿于同样情形而未能列入本丛书的传主名单，殊觉憾事。虽说隐身不等于泯灭，但这个行业固有的幕后特征多少带来了出版人身份上的隐而不显、显而不彰。本丛书的出版，固然是想通过对前辈出版事迹的阐幽发微、立传入史，能让同样为人做嫁衣者的当今出版人不至于觉得气类太孤，内心获得温暖，并昭示后来者在人生目标上，在家国情怀上，在出版境界上，追步于前贤，自觉立起一面促人警醒自鉴的镜子；同时更希望通过一个个传主微历史的场景呈现，让更多的人认识到出版在产业之外，更是一项薪火相传的社会文化事业，它对时代文化的接引与外度，使其成为一种任何人都不可忽视的"势力"，在百余年来的社会发展进程中，发挥了不可替代的作用。

故此，我们推出这套"中国出版家丛书"，以展示中国文化创造者的风采，弘扬他们的优良传统和崇高的职业精神，发掘出版史史料，丰富出版史研究和编辑史研究。

"中国出版家丛书"编辑委员会

人民出版社编辑部

二○一六年四月

目　录

前　言

　　胡愈之（1896—1986），出生于浙江上虞古县城（现丰惠镇），从20世纪20年代开始，一直从事新闻出版工作，主要撰写时事评论与译介外国文艺作品，担任期刊的主编和报纸的主笔，创办各种报刊和出版机构。新中国成立后，胡愈之曾任《光明日报》总编辑、国家出版总署署长、中国文字改革委员会副主任、文化部副部长、中国人民外交学会副会长、中华全国世界语协会理事长，第一至五届全国人大常委会委员、第六届全国人大常委会副委员长，第二至四届全国政协委员、第五届全国政协副主席，中国民盟中央副主席、代主席等职，功勋卓著，特别为在我国建立社会主义新型出版机构做了开创性的工作。

　　胡愈之生于浙东古越大地——绍兴上虞，当然不可避免地受到越文化的影响，历史上著名的"卧薪尝胆"和"十年磨一剑"的胆剑精神，是越文化的核心特征。这种胆剑精神根植于越地民众的群体精神，融合了集体智慧，体现出越地人特有的刚柔相济的韧性特征，还蕴含有创新意识和务实精神。所以，从古代独标高格的嵇康、王充、陆游、王思任、徐渭、朱舜水、王阳明到近代投身于民族革命斗争的秋瑾、徐锡麟、蔡元培、鲁迅等越地名人身上，我们都可看到那种坚韧不拔、励志图强、理性务实、敢于创新的"胆剑精神"和"韧性"特征。生于越地且受越地先贤影响的胡愈之自然也不例外，他做翻译、弄出版、创办报纸刊物等，无一不彰显了越地的胆剑精神。

在越地胆剑精神的熏陶下，胡愈之从小就具有独立意识和民主主义思想。小时候的胡愈之就喜欢看书阅报，善于创新的他喜欢把精心挑选的文章、消息剪贴起来装订成册在家中传阅。受此启发，胡愈之与两个弟弟还有好友吴觉农一起创办了手抄小报——《家庭三日报》，后扩展为《家庭杂志》。另外，胡愈之还和兄弟们携手创办了一份《后凹园周报》，也是手抄报，在当时被引为美谈，为比较闭塞的上虞打开了一扇信息窗口，特别受到年轻人的欢迎。五四新文化运动发生后，为了将新文化、新思想传播到家乡，在胡愈之的倡议与精心策划下，胡愈之兄弟一起于1920年秋天创办了一份四开四版的报纸——《上虞声》。当时在上海商务印书馆工作的胡愈之，将《上虞声》编印好后寄给上虞各文化团体和学校，受到了上虞各界的一致欢迎。可惜因资金等原因，《上虞声》只出了两期就被迫停刊。1924年10月，在"上虞青年协会"的倡导下，大家共同筹款，终于使停办四年多的《上虞声》恢复出版。这是胡愈之初试牛刀，为他之后创办报纸打下了坚实的基础。

1914年，胡愈之以练习生的身份考入上海商务印书馆，在那个文化名人汇集、充满竞争的地方，要想立足并不是一件容易的事，胡愈之抓紧一切时间勤奋学习，尽力丰富知识储备，努力开阔视野，奋发图强。在商务印书馆，胡愈之结识了茅盾、章锡琛、杨贤江、周建人、郑振铎、叶圣陶等人，他们是站在时代前沿的亲密战友，是推进五四新文化运动的重要力量。在波澜起伏的五四洪流中，胡愈之在文化阵线上冲锋陷阵，大力提倡白话文。1921年，胡愈之加入了文学研究会，并撰写了一系列具有进步意义的文艺评论文章。1925年，震惊中外的"五卅惨案"发生，胡愈之与郑振铎、叶圣陶、茅盾等一起创办了当时发挥很大舆论导向作用的《公理日报》，并撰写《五卅事件纪实》，忠实报道了这一历史性的群众革命斗争。1925年1月，章锡琛因为在《妇女杂志》上策划"新性道德专号"被商务方面撤职，在胡愈之的倡议下，几位好友一起帮助章锡琛创办了《新女性》杂志，考虑到长远发展，大家又一起创办了开明书店，胡愈之成为开明书店的"参谋长"。

1927年4月12日，蒋介石悍然发动了"四一二"反革命政变，开始血腥镇压进步力量，出于对反动派血腥屠杀革命群众的义愤，胡愈之联合郑振铎等人发表"四一二"抗议信而被迫流亡法国，在法国以"巴黎特约通讯员"的名义为《东方杂志》撰稿维持自己的生活。1930年，随着世界经济危机的加剧，胡愈之靠国内的稿费无法维持在法国的生活，于是乘横穿欧亚大陆的国际列车回国，途中在世界语者的帮助下，于1931年1月底参观访问莫斯科七天，留下深刻印象，并写下《莫斯科印象记》一书。这是我国第一本系统介绍社会主义苏联政治、经济、社会和人民生活状况的著作，给广大中国读者打开了一扇窗，引起强烈反响。1931年2月底，胡愈之到达上海，又重新回到商务印书馆担负起《东方杂志》主编的职责。1932年"一·二八"事变后，商务印书馆遭战火毁坏后又恢复活动，受商务总经理王云五的邀请，胡愈之复刊了《东方杂志》，复刊后的《东方杂志》成为宣传进步思想的刊物。1933 年初，应鲁迅之邀，胡愈之加入中国民权保障同盟，并当选为总会临时中央执行会执行委员，他通过各种渠道将国民党当局迫害革命志士和进步人士的恶行向国外揭露和报道，争取国外进步人士对中国革命的同情和支持。

胡愈之重新回到上海商务印书馆之后，主持《生活》周刊的邹韬奋开始向胡愈之约稿。从为《生活》周刊撰稿到帮助编辑《生活》周刊，再到创办生活书店，胡愈之和邹韬奋的交往越来越密切。1933 年 7 月，邹韬奋被迫流亡国外，胡愈之实际承担了《生活》周刊的编辑工作，并主持经营生活书店，可他并没有在生活书店里担任正式职务。从 1933 年 7 月到 1935 年 7 月，在两年的时间里，生活书店成功创办了《文学》、《世界知识》等八种期刊，并扩大了图书出版工作，出版书籍达七百多种，胡愈之由此获得"生活书店的总设计师"之誉。后来在《生活》周刊遭到国民党政府查封后，胡愈之又和杜重远一起创办《新生》周刊，并通过动员杜重远做当时东北军上层人士的抗日思想工作，对以后的西安事变起到了一定的推动作用。

1935 年，上海各界抗日救亡活动风起云涌，胡愈之全力投入到救国会的各项活动中，不久遭到国民党特务的追捕。1935 年 12 月，胡愈之被迫逃亡到香港，1936 年受党组织的派遣，经法国赴莫斯科向共产国际中国代表团汇报情况，1936 年 4 月返回香港，不久又回到上海从事救国会的抗日工作。1936 年 11 月 22 日深夜，救国会"七君子"被捕，胡愈之与宋庆龄、何香凝等人发动了营救活动，他一方面组织律师为"七君子"辩护，另一方面通过舆论工具对国民党反动派进行谴责和抗议，他采写的《爱国无罪听审记》有力地抨击了国民党当局迫害抗日仁人志士的反动行径。

1936 年 6 月 7 日《生活日报》在香港正式创刊，在胡愈之的影响下，《生活日报》改变了反蒋抗日的主旨，开始执行党的抗日民族统一战线政策。抗日战争爆发后，胡愈之与邹韬奋一起适时对生活书店的发展方向和经营方针进行了调整和改革，在此后不到一年的时间里，生活书店在国统区的大小城市办起了五十多个分、支店，生活书店进入全盛时期，在抗日文化传播史上涂上了浓重的一笔。

抗战爆发前后，党领导下的胡愈之左冲右突，在出版文化界为中国抗战作出了杰出贡献。1937 年 1 月 15 日，中国第一本大型综合性文摘刊物《月报》在开明书店正式出版，胡愈之担任主编。《月报》大量地选用时事性、政论性以及知识性的文章，帮助广大读者了解中国和世界的形势。同时，胡愈之还参与了另一文化救亡的重要阵地——《救亡日报》的领导与编辑工作。协助王任叔、林淡秋等人出版了《译报》和《每日译报》等抗日报刊。他还在极端困难的条件下，以极短的时间，组织翻译出版了埃德加·斯诺的《西行漫记》，并首次编辑出版了《鲁迅全集》。1938 年 4 月下旬，胡愈之到武汉担任政治部第三厅第五处处长，筹划成立中国青年记者学会，并和范长江一起筹建国际新闻社，打破国民党中央通讯社对新闻消息的垄断。武汉沦陷后，胡愈之到桂林任职，继续出版《国民公论》，组织国际新闻社，还兴办了一个规模不小的出版机构——文化供应社。

皖南事变前夕，由于国民党反动派加紧对共产党人和进步人士的迫害，胡愈之于 1940 年 7 月撤离桂林到达香港。

1940 年 11 月下旬，胡愈之在党组织的安排下，从香港奔赴新加坡主持《南洋商报》的编辑工作。胡愈之对《南洋商报》进行了一系列改革和创新，主要归纳为三点：一是增加宣传抗战的内容，突出强调民族团结、南洋华侨团结及南洋华侨在抗战救国中的作用；二是营造特色，以社论和专论为抓手，引起读者兴趣；三是适应新形势，加大改革版面和栏目的力度，扩充版面。胡愈之身体力行地撰写长篇社论，引起很大反响。而且，通过胡愈之、郁达夫和俞颂华三人的努力，南洋最有影响的两家华文报纸《南洋商报》和《星洲日报》化干戈为玉帛，携手抗日，为保卫南洋发挥了重要作用。1941 年 9 月，胡愈之与同在一起工作的沈兹九喜结良缘。1941 年 12 月 8 日，太平洋战争爆发，很快波及新加坡，胡愈之与郁达夫等人被迫逃亡印尼的苏门答腊岛，等到日本帝国主义宣布无条件投降时，胡愈之却得知一个噩耗，郁达夫失踪了。在苏门答腊岛避难期间，胡愈之写了《少年航空兵》一书，憧憬社会主义新中国。同时，还进行印尼语研究，编写了《汉译印度尼西亚辞典》、《印度尼西亚语语法研究》等著作。1945 年 9 月下旬，胡愈之等人回到新加坡，创办了《风下》周刊和《南侨日报》等，这些报刊在报道国内战局和国际形势，反映侨民心声，维护侨民利益，团结和引导南洋华侨认清形势，响应党的号召，支持国内革命战争方面，发挥了重大作用。

1948 年 4 月，胡愈之独自一人由新加坡乘船回到香港，至此胡愈之在南洋工作和生活已七年零四个月。胡愈之回到香港后，受党组织委派去解放区向党中央汇报南洋和港澳的工作情况。1948 年 9 月底，经过一个多月的长途跋涉，胡愈之夫妇终于到达了中共中央所在地平山西柏坡，分别向李维汉、李克农汇报了南洋及港澳工作情况。1949 年初，北平和平解放后，中共中央由西柏坡迁到北平，开启了中国的新时代。"民盟总部临时工作委员会"在北平成立，胡愈之被推选为临时工作委员会委员，开始了民盟组织的整顿工作。1949 年 9 月 21

日，中国人民政治协商会议在北平召开，胡愈之作为民盟代表参与会议并被推选为政协文教委员会委员。从新中国成立到1954年11月的五年时间里，胡愈之除了推动民盟工作之外，还出任出版总署署长，创办《光明日报》、《新华月报》等报刊。

1954年11月，出版总署撤销后，中共中央任命胡愈之为中国文字改革委员会副主任委员，协助吴玉章领导和推动全国文字改革工作。1957年6月6日，民盟中央召开"六教授会议"，就党的整风运动、科学体制以及改善党的领导等问题展开讨论。1959年9月，胡愈之被国务院任命为文化部副部长，负责出版和对外文化交流工作。他极力主张学习世界语，为推动世界语在我国的发展，增进中外世界语学者的友好交往费尽心力。1966年8月，"文化大革命"全面爆发，胡愈之身不由己地卷入这场浩劫，受到林彪、江青反革命集团的迫害。1976年10月，"文化大革命"结束。1978年12月，党的十一届三中全会胜利召开，标志着中国开始进入改革开放的新时期。已八十多岁的胡愈之重新焕发青春，释放"文化大革命"时期被禁锢的写作热情，开始抒写怀人忆事的文章。1979年8月，胡愈之主持第二次全国世界语工作座谈会，为推进世界语运动不遗余力。进入新时期后，作为中国民主同盟卓越的领导人之一，胡愈之还担负起了民盟恢复、工作重点转移以及民盟进一步发展壮大的重任。胡愈之晚年最关心两件大事，一是知识分子，二是教育。他特别注意扶持年轻人承担第一线工作，言传身教，希望他们接好革命事业的班。1986年1月16日，胡愈之因病抢救无效，永远地离开了人世。

我们在此回顾胡愈之波澜壮阔的一生，可以看到，他从18岁那年进入商务印书馆开始，到两鬓霜白的垂暮之年，始终是新闻出版界活跃的斗士。他当过编辑、记者、翻译、编审，做过主编，任过社长，从最基层的编译所练习生，做到中华人民共和国出版机关的最高领导人——国家出版总署署长。他不仅在国内创办过多种报刊和出版机构，也在海外创办过不少有影响力的报刊，从 20 世纪 30 年代主编《东方杂志》到新中国成立后主编《光明日报》等不下 30 种，从业时间之长，编辑出版报刊种类之多，政治影响之大，业绩之辉煌，在同行中堪称佼佼者。正如他的好友叶圣陶所说："愈之兄创建过许多团体，计划过许多杂志和书刊，他能鼓励朋友们跟他一起干。他善于发现朋友们的长处，并且能使朋友们发挥各自的长处。等到团体和杂志书刊初具规模，他往往让朋友们继续干下去，自己又开始新的建设。他有这样非凡的组织能力，所以建树事业之多，能比得上他的似乎少见。"[1]

胡愈之一直以来为我国的新闻出版、文字改革和人民外交事业，为巩固和发展爱国统一战线，不辞劳苦，兢兢业业，做出了卓越的贡献。他的一生是战斗的一生，是革命的一生，是全心全意为中国革命和建设事业奋斗不息的一生。在这些工作中，胡愈之从不突出自己，总是站在幕后，甘于奉献，淡泊名利，务实创新，开拓进取，团结对外，勇于担当，终于成就了一番伟业，尤其是他在担任出版总署署长时所作的三份报告，即《出版事业中的公私关系和分工合作问题》、《论新民主主义的国营出版印刷发行事业》和《论人民出版事业及其发展方向》，为新中国出版事业的发展奠定了基调与明确了方向，因而他也被誉为中国新闻出版事业的"佘太君"和"新中国出版事业的奠基人和开拓者"。

---

[1] 叶圣陶：《四个长处》，载费孝通、夏衍等：《胡愈之印象记》（增补本），中国友谊出版公司 1996 年版，第 28 页。

第一章

家庭办报和创办《上虞声》

胡愈之出生于书香门第，越地的胆剑精神和父母的言传身教使他从小就具有独立意识和民主主义思想。他以父亲胡庆皆为做人楷模，学习父亲的平凡，成就了自己的伟大。胡愈之从小喜欢看书阅报，善于创新的他喜欢把精心挑选的文章、消息剪贴起来装订成册在家中传阅。受此启发，胡愈之与两个弟弟还有好友吴觉农一起创办了手抄小报——《家庭三日报》，后扩展为《家庭杂志》。另外，胡愈之还和兄弟们携手创办了一份《后思园周报》，也是手抄报，在当时被引为美谈，为比较闭塞的上虞打开了一扇信息窗口，特别受到年轻人的欢迎。五四运动之后，为了将新文化、新思想传播到家乡，在胡愈之的倡议与精心策划下，胡愈之兄弟一起于 1920 年秋天创办了一份四开四版的报纸——《上虞声》。在商务印书馆工作的胡愈之，将《上虞声》编印好后寄给上虞各文化团体和学校，受到上虞各界的一致欢迎。可惜因资金等原因，《上虞声》只出了两期就被迫停刊。1924 年 10 月，在"上虞青年协会"的倡导下，大家共同筹款，终于使停办四年多的《上虞声》恢复出版。这是胡愈之初试牛刀，为他之后创办报纸打下了坚实的基础。

一、越地之子

1896 年 9 月 9 日（农历八月初三）清晨，胡愈之出生于浙江上虞古县城（现丰惠镇）的勅（敕）五堂[①]。一出生，父亲为他取名"胡学愚"。据胡愈之回忆说，他本来就比较愚蠢，但他父亲胡庆皆却要他学得更蠢些，因为胡庆皆认为天下事大都为聪明人所误，反而蠢人才能真正干成大事，所以给他取了这样一个名字。[②]"愈之"是他的笔名，从 1918 年他在《东方杂志》上发表文章起正式启用，之后以之行世，而胡学愚的名字反而被人所淡忘。胡愈之取这样一个名字实际上与五四名人胡适有关，大家知道，胡适字适之，"虽然胡愈之与当

[①] 勅（敕）五堂落成于乾隆初年，相传因胡氏祖先五次受诏而不仕，故赐名而得之。勅（敕）五堂坐北朝南，有台门、大厅、后堂三进，左右两侧有两排楼房，每排 11 间，另有 4 个过楼和附属平房 20 多间，占地面积约 4000 平方米，建筑面积近 2000 平方米，平面呈长方形，为一四合院"走马楼"式建筑，整座建筑方正严谨，布局对称，风格朴实而不失雅致。胡愈之一家住在勅（敕）五堂西侧的后咫园里。

[②] 参见胡愈之：《傻子伊凡》，《上虞文史资料·纪念胡愈之专辑》，上虞市政协文史资料委员会编印，1991 年版，第 282 页。

时许多的进步青年知识分子一样，对声名显赫的胡适之不无敬佩，但在他看来，'适之'只反映了进化论的观点，而'愈之'则更具有革命的意味。一'适'一'愈'，虽一字之差，但年轻的胡愈之向往革命和进步的志向和观念，由此可见一斑。"[1] 胡愈之还有很多笔名，如伏生、陈仲逸、景观、化鲁、说难、沙平等，在印尼苏门答腊岛流亡时还使用过张尚福、金子仙等名字，但"愈之"是他最喜欢的名字。

古城上虞一直归属绍兴府管辖，地处钱塘江南岸，现在已成为绍兴市的一个区，越文化底蕴深厚，自古以来，名人辈出，大思想家王充、东山再起的谢安、山水诗人谢灵运、竹林七贤之一的嵇康等均曾居住于此。及至近代，还出现了经亨颐、杜亚泉、夏丏尊、竺可桢、马一浮、陈鹤琴、徐懋庸、范寿康、王一飞、叶天底等知名的学者、专家和革命先烈。另外，著名电影导演谢晋、儿童文学家金近、茶叶专家也是社会活动家吴觉农等也都是上虞人，被当地人引以为荣。自唐长庆二年（822）至1954年，上虞县治所一直设在丰惠镇，1954年才迁至现在的百官镇。丰惠镇土地肥沃，河网密布，小桥流水别有一番风情，居于其中，有青山绿水相伴，生活悠闲滋润。在秀丽的自然山水浸润和深厚的越文化熏陶下，胡愈之的童年生活是幸福和快乐的。

然而，胡愈之的童年也是满怀忧患的，正如他在《我的回忆》中所说："上虞县是一个滨海靠山的小县，北乡沿海平原交通比较便利，物产亦较丰富；南乡接四明山区，丛山群岭，土地贫瘠，农民生活十分痛苦。有这样的民谣：'走的是石子路，吃的是六谷（苞米）糊'。

① 陈荣力：《大道之行——胡愈之传》，浙江人民出版社2005年版，第33页。

清末之际，江浙地区的商品经济有所发展，地主对农民的盘剥也随之加重。官府为地主撑腰，对交不起田租的农民进行严厉镇压，使得阶级矛盾日益尖锐。在我少年时期，上虞曾多次发生山区农民进城跪香请愿和暴动的事件。这些农民的自发斗争，虽未形成大规模的革命运动，但在我的幼小心灵里已留下了深刻的烙印。"[1] 当时晚清中国正处于半殖民地半封建社会，中日甲午战争的失败以及《马关条约》的签订，虽然促使了戊戌变法的发生，但不久以后却以失败告终，此后义和团运动蓬勃兴起，又引来了八国联军大肆入侵。晚清中国正走入一条不归路，底层民众生活在水深火热之中，各种社会矛盾集中爆发，一切都亟待进一步变革，地处浙东的上虞自然也不例外，童年的胡愈之对此自然感受强烈。

胡愈之出生于书香门第。祖父胡仁耀官至御史，长年在京为官，方正博学，贤达清廉，有口皆碑。胡愈之的父亲名庆皆，排行老二，青年时代考取秀才，受到清末维新思想的影响，不愿为腐朽的清政府效力，再加上其母的溺爱，不让他离开家门，所以一直留在家乡做事。虽然胡家在当地也算是地主家庭，但胡庆皆却愿意为底层民众出头露面抱打不平。胡庆皆还十分热衷于教育改革，积极创办新式学校，上虞的第一个女子学堂——"舜水女子学堂"就是由他创办的。他还和同乡好友王佐一起创立了上虞第一所县立高等小学堂（为已拆迁的丰惠镇中心小学），有别于专攻八股的老式学府，县立高小积极传播维新改革思想。民国初期，胡庆皆一度被推选为县参议长，并长期担任县教育会会长，成为上虞维新派的领头人。胡愈之曾这样评价

---

① 胡愈之：《我的回忆》，载《胡愈之文集》（第六卷），生活·读书·新知三联书店1996年版，第321页。

自己的父亲：

> 我的父亲是一个典型的清末民初的维新派知识分子，而兼小地主。由于我的祖母的溺爱，不让他离开家乡去做较大的事情，也由于是维新派，所以他不爱科举功名，而以一个穷秀才终其身。
>
> 我的父亲是讲朴学的。他爱好文字学（当时称为小学），和经世致用之学，不喜欢弄词章。写文章是学龚定庵笔法。在我们家乡的一个小县城内，颇有一点小名声，为的是他肯管与自己不相干的闲事，打抱不平，帮助一些贫农去和土豪劣绅们抗争。也为了这样，当我父亲死的时候，我发现我的父亲所有的一些小小田地都典当光了。我还替父亲负担了一大批债务。
>
> 但是至今对于我的品格和趣味影响最深最大的，依然是我的平凡的父亲。我的父亲做到了"平凡的伟大"。我极渺小，我没有做到我的父亲的伟大，但我学到了我的父亲的平凡。①

胡愈之以父亲胡庆皆为做人楷模，认为即使做不到父亲的伟大，也要学父亲的平凡。这种朴实谦卑的姿态，反而成就了胡愈之的伟大。而且，胡愈之身上体现的胆剑精神以及倾向进步、不屈不挠的性格，很大程度上也得归功于父亲胡庆皆的影响。母亲黄木兰对胡愈之的影响也是相当大的。作为封建大户人家的媳妇，黄木兰对长辈尊重孝敬，对丈夫关心体贴，对子女严爱有加，颇得族中人好评。黄木兰聪明贤惠，虽然没有上过学，但求知欲很强，耳濡目染，靠自学认识

---

① 胡愈之：《两斋废话》，载《胡愈之文集》（第六卷），生活·读书·新知三联书店1996年版，第271—272页。

了不少字，达到了能读书看报的程度。她善良纯朴、富有同情心，经常资助别人，特别对一些贫苦妇女，常送一些旧衣服、粮食等接济她们。黄木兰的行为无疑也深深影响了童年的胡愈之。

正是父母的言传身教和高尚人格的影响，使得胡愈之既早慧聪颖，又有责任感和同情心，从小就显得与众不同。胡愈之6岁时进了勅（敕）五堂附近的胡家私塾读书，两年内，便读了《诗经》、《礼记》、《鉴略》及不少唐诗乃至野史，被老师与同学赞为神童。胡愈之8岁时，八股科举制被废，胡愈之进入父亲参与创办的上虞县第一所县立高等小学读书，成为这所小学的第一届学生。

这所新式学校为胡愈之打开了不一样的天地，学校不仅开设《大学》、《中庸》、《论语》、《孟子》之类的传统经典课，还开设了算术、博物、格致等新式的自然科学课程，并聘请了上海理化专科学校毕业、新旧学均有根基又擅长文史的朱怙生等新派教师前来任教，校园风貌蓬勃向上，胡愈之在此学习如鱼得水。按照学制，胡愈之12岁时便可小学毕业，但由于他从小体弱多病，祖母和父亲不放心他出远门读书，于是拜托学校校长将他在小学又留了2年，直到14岁时才让他毕业。胡愈之高小毕业时，实际上差不多已经学完了相当于初级中学的课程，为以后的学习、工作打下了坚实的基础。

二、辗转求学

高小毕业的胡愈之于1911年农历正月二十由父亲陪同去投考绍兴府中学堂（现在的绍兴第一中学）。当天早上，父子俩雇了一只划船，走水路前往绍兴，虽只有短短的 80 余里路，划船却整整走了一个白天，黄昏时分才抵达绍兴城。抵达绍兴后，胡庆皆带着胡愈之直接到了绍兴府中对面的一家木匠店投宿。这家木匠店是一对老夫妇所开，与胡庆皆颇有渊源。因为府中学堂是旧府学改建而成的，之前胡庆皆赴府学应考时，曾投宿于这家木匠店，与木匠夫妇成了朋友。老木匠夫妇十分热情好客，款待了胡愈之父子，并留他们父子暂住在自己家中，这给胡愈之带来了不少方便。这老木匠后来还成了胡愈之的救命恩人。事情是这样的："上学期匆匆过去了，我通过了学制考试，在家过了暑假，又回到校里。我满想平安修完了中学的学业。但下学期到校还未满两星期，便病倒在床上，热度非常高，已失了知觉。府中学堂虽有一名校医，却不常到校。同寝室的同学以及舍监都不知道我病重，把我丢在寝室，没人理会。这一回是亏了对门的老木匠。平时他常来校看我。这次他来看我时，我几已不省人事。他非常着急，马上替我雇了一只划船，亲自把我抱下船。在船里我全无知觉。半夜到了家，忙请我的堂兄，一个医生，诊治，到天明方才有些清醒，以后算是渐渐救活了。据医生说，再迟一天，我是没救的了。所以这老木匠是我的救命恩人。"[1]

绍兴府中学堂是为绍属八县而设的，八县即绍兴府下属的山阴、会稽、余姚、上虞、嵊县、新昌、诸暨、萧山，而这八县之中，只有绍兴府中学堂这一所中学。它是由绍兴近代开明绅士徐树兰捐资创办的，是当时绍兴地区的最高学府，校址在仓桥试院，于 1897 年正式开学。绍兴府中学堂以"中学为体，西学为用"为宗旨，是近代绍兴

---

[1]　胡愈之：《我的中学生时代》，载《胡愈之文集》（第六卷），生活·读书·新知三联书店 1996 年版，第 263 页。

废科举、创新学后的第一所新式学校，著名教育家蔡元培曾担任该校的总理（校长）。为了践行新学，改革教育，蔡元培聘请名师，革新课程，增添图书、仪器，并且制定了学校新的规章制度。可以说，蔡元培主持绍兴府中学堂的时候，各项改革都推动了绍兴近现代教育的进步，使绍兴的教育走在了全国的前列，革命党人徐锡麟、伟大文豪鲁迅等曾在此任教。

当时的绍兴府中学堂开始进行学制改革，分出了文、实两科，学制都是四年。这时虽已废除了科举，但学校对于毕业生仍给予功名出身，小学毕业的给予秀才，中学毕业的作为举人，但必须是从头学完所有功课者才能授予，中途插班生则没有这个资格。胡愈之投考绍兴府中学堂，由于年龄偏大（因为高小多读了两年），所以很想插班读二年级，并且还要读实科，这就和家里人产生了巨大的冲突，因为如果这样来读就没有了功名，他叔父写信来劝，祖母、父亲也不同意，但胡愈之没有屈服，终于说服了他们。

胡愈之在绍兴府中学堂学习时间并不长，总共不过半年时间，但却遇到了他最为崇敬的老师——鲁迅先生。鲁迅当时 30 岁，从日本留学回来已两年，1910 年应邀到绍兴府中学堂任教，主要教授生理卫生课，并且出任绍兴府中学堂的学监。二年级实科的课程是十分繁琐的，课业也相当繁忙，但是胡愈之有了小学时候的扎实根底，除了英文之外，其他课程都觉得比较容易接受。所以，在课后，当其他同学都忙于各种功课的时候，胡愈之却有许多时间阅读课外书，或者写写游戏文章，却因此受到了鲁迅的批评。

那年绍兴府中学堂的学监是周豫才先生，就是后来用鲁迅的笔名写文的那位著名作家。他在我们这一级，每周只授生理卫生一小时，但在学校里以严厉出名，学生没一个不怕他。他每晚到自修室巡查。有两次我被他查到了在写着骂同学的游戏文章，他看了不作一声。后来学期快完了的时候，一天晚上我和几个同学趁学监不在，从学监室的窗外爬进屋子里，偷看已经写定的学生操行评语，鲁迅先生给我的评语是"不好学"三个字。这可以想见我在中学时的荒懒了。①

这让胡愈之觉得很是惭愧，决心改正。后来在鲁迅的关怀与指导下，胡愈之通读了《康熙会稽县志》、《嘉庆山阴县志》、《道光会稽县志》、《绍兴府志》、《会稽先贤传》、《会稽后贤传》等书籍，熟悉了古越大地所发生的许多英雄豪杰、文人志士的动人故事，对古越先贤们的缔造之功也有了深入了解，深受他们爱国精神的影响。

在胡愈之求学府中学堂时期，令他印象深刻的还有两件事，即"剪辫发"和"闹风潮"。绍兴作为革命策源地之一，关于革命的事情自然就闹得很凶。"那时绍兴府中学堂的校长陈（？）先生和学监周豫才先生，都是日本留学生，学生们都知道他们两人是和同盟会及徐锡麟有过关系，虽然逢着圣诞日，他们都戴上假辫发，率领学生向万岁牌跪拜，但学生们都明白他们是革命党，是不得已而为之，因此都对他们起了敬意。"② 当时清政府对于革命势力的镇压很厉害，革命党被

---

① 胡愈之：《我的中学生时代》，载《胡愈之文集》（第六卷），生活·读书·新知三联书店1996年版，第261页。

② 胡愈之：《我的中学生时代》，载《胡愈之文集》（第六卷），生活·读书·新知三联书店1996年版，第261页。

拿住了便要杀头，对于告密者则升官奖励。绍兴因闹了几次的革命党案，所以当地官员严防革命运动，但是，绍兴府中学堂的学生却敢于顶风行动：

> 我在绍兴府中学（堂）的那年上半年，忽然来了一个剪发行动。没有人知道是谁提倡起来的。许多高年级的学生把辫发剪了。当时校外剪发的人还很少。剪了发的人是要被认作乱党看的，乱党就有被杀头的资格。所以学生家长都反对剪发。但在学生中间，不愿剪发的人往往被看作无用懦弱，被人家称着"拖猪尾巴"。因此这剪发成了学校中的大问题。后来学校中出了布告，说学生剪发，可以自便，学校不加干涉，但如因剪发引起校外纠纷，发生危险，学校不能负责。……我在当时，自然是热心剪发的一个。可是在家庭方面，却来了几次的警告，说如果我剪去了辫子，便永远不许回家。我是弱者，没有反抗家庭的勇气，因此只好暂时保留发辫，忍受"猪尾巴"的奇辱。①

不过，当时鲁迅出于对学生的爱护，并不主张学生"剪辫发"，他深知"这辫子，是砍了我们古人的许多头，这才种定了的"②。为此，鲁迅还受到学生们的质疑。后来"剪辫发"运动果然遭到政府的镇压，胡愈之迫于家中的压力没有剪去辫子躲过了一劫，但他心里一直是不

---

① 胡愈之：《我的中学生时代》，载《胡愈之文集》（第六卷），生活·读书·新知三联书店 1996 年版，第 262 页。

② 鲁迅：《病后杂谈之余》，载《鲁迅全集》（第六卷），人民文学出版社 2005 年版，第 193 页。

快乐的，以至于他后来调侃自己说不用剪辫子了，因为得了伤寒重症，他的"猪尾巴"全部掉光了。

"闹风潮"一事，则让胡愈之在校园里就感受到人与人之间的尔虞我诈、钩心斗角，增加了对人事的理解，逐渐成熟起来："在那一年，我们这实科二年级起了一次风潮，我险些儿因这次风潮被开除了。风潮的起因，是为了学生不满意一位教动物学的教员。这教员是诸暨人，理科的知识是太欠缺。当时校内学生分山阴会稽籍和诸暨新昌籍这两大派，余姚上虞籍学生则处中立。山阴籍的学生中想乘机排斥诸暨新昌势力，所以竭力鼓动同学攻击那位诸暨教员。先是写了一封请愿书给校长，要求撤换动物学教员。这请愿书写好后，要求全体同学共同签名。这签名的方法很巧妙，是画成一个圆圈，各人将名字写在圆圈周围，因此无法找出签名的先后。但山会学生很狡猾，他们故意把名字写的很大，占了很多的位置。剩下来的最小空白，叫我们余姚上虞籍的学生——我也是一个——签名。这请求书送去后，校长置之不复。刚逢着小考，考到动物学时，全班学生约齐一律交了白卷。当时校长和学监对付手段很严厉，一面是那动物学教员自动辞了职，一面秘密查出几个为首反对教员的山会学生，一律除了名。这几个山会学生本来就不是用功的学生，所以学校措置的颇为得当。但山会学生不服，却去向校长学监告诉，说鼓动风潮的全是几个余上学生，我也在内。他们提出的证据是说请愿书的签名，写的最密的是我们余上学生，照着习惯，依圆圈签名，最初写的一定写得紧密，后来附从的，便写的疏阔。因此要惩戒应先惩戒余上学生。因此我几乎被开除了。后来亏了一位和我们接近的教员替我们洗刷了才算没有事。这是我第一次所受到的生活中的政治经验。以后我在社会中所得到的经验，有许多我在中学里已经验过的。"[1]

遗憾的是，当胡愈之第二学期病愈到府中学堂报到的时候，因为校长陈子英辞职的关系，鲁迅也辞去了他的学监职务，毅然离开了绍兴府中学堂。"不久，南京临时政府教育总长蔡元培聘请鲁迅到教育部工作，鲁迅怀着对故乡失望和对学生留恋的矛盾心理，又一次去南京探索人生的道路，不久又和蔡元培一起前往北京，同黑暗势力作顽强的斗争，跟随时代的步伐前进，寻找着一条崭新的道路。"[2]胡愈之与鲁迅的师生缘就这样匆匆结束。但对胡愈之来说，鲁迅注定是影响他一生的人。

1912 年，绍兴府中学堂对病愈归来的胡愈之进行留级处理。胡愈之觉得很难接受这个处理，因为自己虽然落下了四个月的课程，但底子毕竟是相当好的，完全可以跟得上原来班的上课进度，没必要进行留级再学。但是，终究没有得到校方的同意，失望的胡愈之便愤然离开了绍兴府中学堂，决定另谋出路。退学以后，胡愈之并没有停下学习的步伐，反而对知识的渴求更加强烈。在新式思想的影响下，胡愈之开始渴望能够考上清华，为以后远赴海外留学作准备。于是，胡愈之来到杭州，进入杭州英语预备学校学习英语。杭州英语预备学校的师资力量相当雄厚，聘请了来自上海梵皇渡教会学校的教师，教材则选用英文原版的《穆勒名学》。这样，胡愈之就在学地道英语的同时，也初步接触了这部逻辑学名著。然而，胡愈之在此学习半年之后，学校却因学生太少而被迫停办。胡愈之的学习也暂时中断，不得

① 胡愈之：《我的中学生时代》，载《胡愈之文集》（第六卷），生活·读书·新知三联书店 1996 年版，第 262—263 页。

② 朱顺佐、金普森：《胡愈之传》，杭州大学出版社 1991 年版，第 17 页。

不又回到上虞老家。

　　回到家乡的胡愈之已到适婚的年纪，那时乡间婚姻大事还是讲究"媒妁之言"和"父母之命"的，所以胡愈之一回到家中，父母和家人便为他张罗婚事。胡愈之有个姑表姐，名叫罗雅琴，比胡愈之大四岁，生于1892年，是上虞小越罗家胡愈之姑姑的女儿。在纯朴的上虞乡间流传着这样一句老话：表姐妹，老婆配，于是胡愈之娶姑表姐罗雅琴的事似乎是水到渠成。罗雅琴是当时较为标准的闺秀，足不出户，还裹了小脚，大字不识一个，深谙"女子无才便是德"的教诲，外貌也端庄秀丽，礼节周到，还烧得一手好菜，让胡愈之的家人非常满意。嫁到胡家后，罗雅琴对公公婆婆很是孝顺，对丈夫胡愈之也十分体贴，深得胡愈之父母的赞赏。胡愈之对罗雅琴也较为关爱，并很快适应了丈夫这个新角色。只可惜罗雅琴没有读过书，在文化学养和思想见识上与胡愈之差距悬殊，两人除了日常生活上的交谈，几乎没有什么共同语言，更别说关于新思想新事物的讨论了。

　　为了减少两人之间的交流障碍，胡愈之试图为罗雅琴扫盲。胡愈之特意为罗雅琴找了同伴一起去夜校学习，但罗雅琴怕被人家笑话，一直不肯去，胡愈之只得想办法亲自教罗雅琴。要从每个字开始教起几乎是不太可能的，因为罗雅琴一点基础也没有，她唯一能讲的就是上虞的方言。针对这个情况，胡愈之突发奇想，将上虞方言变成拼音，教罗雅琴用拼音来进行书面表达，结果罗雅琴一学就会。这给胡愈之很大的启发，看到了拼音文字给人带来的便利，这就是胡愈之日后一直支持世界语的一个重要原因，他是想有这样一种语言，简单易懂而全世界都能使用交流。之后胡愈之不在上虞家中的日子，罗雅琴还尝试着用胡愈之发明的上虞拼音文字给他写信，两人的书信交流几乎没有什么障碍。

离开杭州英语预备学校后，胡愈之想要再找一个制度先进的学校继续学习。而此时胡愈之的家境已经远不及当初了，因为胡愈之的父亲胡庆皆倾心公益事业，又不外出赚钱增加经济收入，家里的经济每况愈下，再加上家中还有两个要读书的弟弟，不可能挪出太多的钱用于胡愈之的学习，胡庆皆便为胡愈之在家乡找了一位老师，专心学习国文，希望能有所成就，于是胡愈之拜了绍兴名宿薛朗轩为师。

薛朗轩与蔡元培既是发小又是连襟，当时已经年过半百，是人们眼中标准的"书呆子"。中华民国成立后，蔡元培被任命为教育部长，他知道薛朗轩有深厚的国文功底，也看在既是连襟又是同学的情谊上，请薛朗轩出来工作，这样也能改善薛朗轩捉襟见肘的窘迫生活状态。但是，薛朗轩不假思索地谢绝了蔡元培的好意，认为自己宁死也不可"变节"。

1913年，蔡元培从欧洲回国出任北大校长，又一次来信请薛朗轩出来担任北大教授，经过再三斟酌，薛朗轩答应了去北京。这样，胡愈之在薛朗轩那里的学业又中断了。虽然只受教了大半年，但胡愈之认为自己学到了不少东西，他也十分敬佩薛朗轩为人处世的态度。

随着薛朗轩的离去，胡愈之在故乡的求学生涯也宣告终结，但几经波折的故乡求学经历培养了胡愈之虚心好学、勤奋刻苦、善于思考的品质，也让他有了较为丰富的知识储备，为他以后自学成才、走向革命之路奠定了良好的基础。

三、家庭办报

在家乡求学期间，胡愈之一直喜欢看书阅报。他的父亲胡庆皆订阅了一些时新的报刊，如《申报》、《时报》、《汇报》、《新民丛报》和《浙江潮》等。另外，具有维新思想的胡庆皆也收藏维新派的著作，比如谭嗣同的《仁学》等。这些进步报刊与书籍，无疑为聪慧的胡愈之打开了视野，他如饥似渴地阅读这些作品，尤其喜欢谭嗣同的《仁学》。

> 谭嗣同是清末的虚无主义者。他否定儒家思想，否定君权，否定家族，否定传统的道德观念，甚至否定一切。这种否定主义，虽然缺少积极性，但是对民国以前的中国思想界，却起了伟大的启蒙作用。我的父亲爱读《仁学》，我也爱读《仁学》。《仁学》首先给我智慧和力量，打破我周围的小圈子，使我能够看到大世界，如猫儿出生以后第一次睁开眼一样。
>
> 总之，从那时起，在意识上，我已经跳出了随着我的生命而存在的小圈子，这是要归功于清末民初的虚无主义思潮，而特别是谭嗣同那本不朽的《仁学》。①

可以说，正是由于《仁学》等进步报刊书籍的灌输和影响，使胡愈之从小就显得与众不同，不但视野开阔、文化素养超群，而且还喜欢动脑筋做一些出人意料的事情。因为经常阅读《申报》、《时报》和

---

① 胡愈之：《仁学》，《上虞文史资料·纪念胡愈之专辑》，上虞市政协文史资料委员会编印，1991年版，第280—281页。

《新民丛报》等报刊，胡愈之就把自己喜欢的文章、消息剪贴起来，分门别类装订成小册子，在家中传阅。这是一件很有趣的事情，促成了胡愈之想自己创办一份手抄报的念头。他找到比自己低一级的同学，后来成了著名农学专家和茶叶专家的吴觉农，要和他一起办报。吴觉农回忆起来觉得很亲切：

> 辛亥革命前，上海已经有《申报》、《新闻报》等几家报纸，但在上虞，一般人还没有读报的习惯。那时愈之不过十二三岁，他有一次问我：我们来办一张报纸好不好？我并不懂什么叫"办报"，只觉得这事很新鲜，欣然表示赞成。愈之果然带了弟弟仲持和他的堂弟伯恳摘录上海报纸上的一些消息，冠以标题，用工整的小楷抄在练字的大张毛边纸上，一次几份，多至十几份，我就成了这张"报纸"的"发行人"，或更确切地说是报童，兴冲冲地奔走散发，分送给比较关心时局的同学和亲友传看。这样，几天一期，坚持出了相当时间。在不易看到上海报纸的上虞城里，这张"报纸"受到一些年轻人的欢迎。①

这份手抄小报被胡愈之他们取名为《家庭三日报》，内容主要是记录家庭三日之内发生的一些故事和事情，受到亲朋好友的欢迎。在《家庭三日报》出了十多期之后，第二年胡愈之又和兄弟们将其发展成《家庭杂志》。《家庭杂志》出版不再像之前那么频繁，将三天一期改为每月一期，每期有六七十页，仍然是手抄，胡愈之和兄弟们按照

---

① 吴觉农：《相交八十年　童心永不泯》，载费孝通、夏衍等：《胡愈之印象记》（增补本），中国友谊出版公司1996年版，第33—34页。

主题来撰写文章，最后由担任主编的胡愈之统一修改与编辑，然后再分头誊写，其版式和栏目完全模仿当时流行的一些杂志，内容比较丰富，有论文、文艺作品、小故事，还有插图等，图文并茂。《家庭杂志》坚持了一年多，总共出了 12 期。后来由于胡愈之去绍兴城里读书，《家庭杂志》改由胡仲持主编，胡愈之仍然写文章寄回来，胡仲持将杂志编完后再寄给他看。同时，胡愈之还和兄弟们携手创办了一份《后园园周报》，主要摘录当时《申报》、《汇报》、《时报》、《浙江潮》等报刊上的一些消息和文章，编辑成报，也是通过手抄，经常抄写一二十份，编辑好后分送给关心时事的同学和亲友阅读，扩大影响。

从《家庭三日报》、《家庭杂志》到《后园园周报》，胡愈之乐此不疲，编报、出报、送报，他和兄弟们坚持了三年多，共计出了四五十册，为当时比较闭塞的上虞打开了一扇信息窗口，特别受到年轻人的欢迎。胡愈之和兄弟们成为中国历史上年龄最小的办报者。少年时的办报经历，对胡愈之来说，影响深远。

四、创办《上虞声》

1914 年夏天，18 岁的胡愈之进入上海商务印书馆当练习生。随后，上虞一批有志青年也陆续来到上海，如担任上海《新闻报》记者的胡愈之的二弟胡仲持、中共中央军委创始人之一的王一飞、中国共产主义青年团创始人之一的叶天底、著名杂文家徐懋庸、著名科学家竺可桢、著名教育家范寿康，等等，他们或多或少都得到过胡愈之的指引与帮助。胡愈之有感于家乡上虞还处于愚昧、落后的状态，与这批在沪的上虞籍青年知识分子讨论，决定要改变家乡的现状，将新文化、新思想传播到家乡，从而帮助家乡的人们尽早从封建桎梏中解脱出来。于是，在胡愈之的倡议与精心策划下，大家一起努力，终于在1920年的秋天创办了一份四开四版的报纸，命名为《上虞声》。胡愈之在《回忆创办〈上虞声〉的情况》一文中写道：

> 五四运动时，浙江第一师范搞得很热闹，当时一师校长经亨颐，教师陈望道、沈仲九等人带动学生，进行反帝反封建的斗争。一师宣中华、杨贤江、叶天底等人都是当时的活动分子。一师培养了许多革命干部，一师的青年运动给各县以很大的影响。《上虞声》的刊物就是在五四运动和浙江一师青年运动的影响和推动下创办的。[①]

《上虞声》主要是由胡愈之、胡仲持兄弟俩编辑出版，商务印刷厂代为印刷，陈鹤琴、叶天底等一些上虞籍知识青年纷纷慷慨解囊，有钱的出钱，有力的出力，还有的撰稿，力求把《上虞声》办好。"这段时间，愈之很关心家乡的事情，他利用'商务'印刷便利的条件，主编了上虞第一张铅印的报纸《上虞声》，报纸在上海编印，每期印数约2000份，内容除反映上虞情况的通讯外，还有评论。愈之亲自撰写的评论，文笔犀利，切中时弊。他对上虞县的土豪劣绅、省参议王守玄的揭露和抨击，使这个显赫人物名声扫地，狼狈不堪。《上虞声》延续出版了几年，在愈之的督促下，我也有时给《上虞声》写

---

① 胡愈之：《回忆创办〈上虞声〉的情况》，载《胡愈之文集》（第五卷），生活·读书·新知三联书店1996年版，第558页。

文章。"①

当时的《上虞声》虽然篇幅不多，但作为上虞的第一份铅印报纸，具有报纸应有的全部特征，既刊登消息、时事评论，还登载文学作品及评论，比以前的《家庭杂志》正式多了。胡愈之将《上虞声》编印好之后寄给上虞各文化团体和学校，受到了上虞社会各界，特别是广大教师和青年知识分子的欢迎，然而报纸出版需要相当的人力、财力，当时在沪的上虞籍知识分子都有自己的工作要忙，再加上报刊出版的费用也比较高，而且大部分费用都是在沪的上虞籍知识青年集资的，没有稳定的财源，所以，《上虞声》只出了两期就被迫停办了。

《上虞声》的出版是上虞出版史上的大事，代表着当时上虞报刊的最高水平，胡愈之也因此与上虞许多追求进步的教师结识并建立了密切的联络。1924 年初，胡愈之发动在沪的一些上虞籍青年知识分子与上虞本地的教师，创立了"上虞青年协会"，以"改良教育，促进社会，团结青年知识分子，共同为家乡进步发展出力"为协会宗旨。在"上虞青年协会"的倡导下，大家共同筹款，1924 年 10 月终于使停办四年多的《上虞声》复刊了。胡愈之仍然担任主编，并为此写了一篇复刊词。他在复刊词中写道：

> 上虞人向来是只扫自家门前雪，不管他人瓦上霜。上虞向来没有一个公开的舆论机关，向来没有人说过一句公道话儿。有之则自《上虞声》始。《上虞声》是上虞人唯一的言论机关。可惜在最初出版的时候，因为同志太少，经济能力太薄弱，所以只出

① 吴觉农：《相交八十年　童心永不泯》，载费孝通、夏衍等：《胡愈之印象记》（增补本），中国友谊出版公司 1996 年版，第 34 页。

了两期，便即停刊。

时光过得很快，自从《上虞声》停刊后，转瞬又是四年了。在这四年以来，我们上虞不但没有进步，而且地方情形，比以前更糟，土豪劣绅比以前更专横，一部分青年比以前更堕落，学校教育比以前更腐败。我们要是不做了上虞人，也就罢了。我们不能不做上虞人，所以我们对于本乡的事情，不能装聋作哑。我们一日不能和故乡脱离关系，我们便一日不能放弃我们对于地方的责任。我们即使没有力量来做，至少我们也得说几句公道话儿。这是上虞青年同志一般的感想。因此许多人都盼望《上虞声》复活。同时有许多爱乡的青年同志都愿意加入我们的中间。我们平添了许多生力军，才力与经济，都较以前更有把握，因此我们决计把《上虞声》继续刊行。我们的目的是想把复活的《上虞声》作为地方舆论的向导，青年同志的机关，社会改革的先锋。或者我们是太不自量力，我们的言论或者只是些空想，不生效力，也未可知。但只要对于地方，有一分一毫的影响，我们已经是很满足了。

……最后我们以为对于地方事务，凡是上虞人，都负有责任，在乡旅外的上虞人，以后应该积极的联合起来，干涉地方一切事务，我们的家乡才能有改进的希望。

再说的简括些，我们的宗旨便如下列各端：

一、反对土豪和劣绅的专横；

二、反对堕落生活；

三、认真办理地方自治；

四、整顿小学教育；

五、提高人民常识；

六、改良农民生活；

七、结合青年同志共谋改良地方。①

从复刊词中可以看出，复刊的《上虞声》的宗旨与四年前提倡打破封建思想、传播新文化思想的宗旨有所不同，开始直接介入现实批判。《上虞声》复刊后，胡愈之、胡仲持等人努力提升编辑水平，由月出版一期改为月出版两期，发行量也大大增加。因为报纸的读者大多为上虞各界人士，为了方便读者订阅以及适宜报刊自身不断发展的需要，胡愈之他们经过商议，将《上虞声》的编辑部从上海迁到了上虞百官镇，并进行了再次改版，由一月两期改为三日一期，出版周期大大加快，充分满足读者的阅读需求。后来，编辑部又迁往白马湖的春晖中学。胡愈之除了担任《上虞声》的主编外，自己也经常为之撰稿，他的文章风格独特，思想深刻，发人深省，广受读者好评。

复刊后的《上虞声》在 1928 年底由于种种原因宣告停办。从1924 年到 1928 年，它共走过了四年的历程，虽然出版时间不长，但它的意义却非同一般。毫不夸张地说，它影响了一代上虞人，特别是知识青年，使上虞封建落后的社会状况有所改变，推动了上虞人民的思想解放，并使上虞这个"乡下"与上海大都市紧密地联系在一起。

---

① 胡愈之：《〈上虞声〉复活》，载《胡愈之文集》（第一卷），生活·读书·新知三联书店 1996 年版，第 484 页。

第二章

上海工作与协办开明书店

　　1914 年，胡愈之以练习生身份进入上海商务印书馆工作。在商务印书馆，胡愈之结识了茅盾、章锡琛、杨贤江、周建人、郑振铎、叶圣陶等人，他们是站在时代前沿的亲密战友，是推进五四新文化运动的重要力量。在波澜起伏的五四洪流中，胡愈之在文化阵线上冲锋陷阵，大力提倡白话文。1921 年，胡愈之加入了文学研究会，并撰写了一系列具有进步意义的文艺评论文章。在五四新文化运动前后，胡愈之还积极倡导世界语。1925 年，震惊中外的"五卅惨案"发生，胡愈之与郑振铎、叶圣陶、茅盾等一起创办了当时发挥很大舆论导向作用的《公理日报》。1925 年 1 月，章锡琛因为在《妇女杂志》上策划"新性道德专号"一事被商务方面撤职，在胡愈之的倡议下，几位好友一起帮助章锡琛创办了《新女性》杂志，考虑到长远发展，大家又一起创办了开明书店，胡愈之成为开明书店的"参谋长"。

一、崛起于商务

商务印书馆于 1897 年 2 月在上海创办，是中国第一家现代意义上的出版社，与北京大学同被誉为"中国近代文化的双子星"。商务印书馆是由江苏青浦（今属上海）人夏瑞芳和妻兄鲍咸昌、鲍咸恩以及同乡高凤池等人合资创办的，刚开始他们并不印书，主要印制名片、簿记、账册、广告等商业用品。1898 年戊戌变法失败后，一些逃到上海的维新派成员也加盟了商务印书馆，力量一下子增强了很多，商务印书馆开始编辑出版《华英初阶》、《国民读本》等书籍，影响逐渐扩大。1901 年，张元济投资商务印书馆，商务开始代印他与蔡元培创办的《外交报》。张元济是浙江海盐人，翰林出身，曾任清朝总理各国事务衙门章京。他在光绪"百日维新"期间，主张政治、经济改良。戊戌变法失败后，张元济被革去官职，回到上海南洋公学做了校长。1902 年商务印书馆成立编译所，第二年张元济任编译所所长。自此，商务印书馆增加了翻译、出版书籍杂志的事务。迅速成为第一个现代意义上的业务比较齐全的出版机构。商务出版有辞典、古籍、中小学教科书、翻译作品以及《东方杂志》等刊物。在张元济的领导下，商务编译所发展得十分红火，集中了许多著名的文化人如高梦旦、庄俞、杜亚泉、蒋维乔、夏曾佑、陈承泽等。

1914 年夏天，18 岁的胡愈之已经辍学在家达半年之久，偶然得到上海商务印书馆招考练习生的消息，于是在父亲的陪同下来到上海，报考商务印书馆。当时他把自己写的几篇文章托人转交给商务印书馆编译所所长张元济过目。张元济看后比较欣赏胡愈之的才华，当即同意胡愈之不用考试就可到商务印书馆做练习生。能在上海商务印书馆当练习生可以说是胡愈之的人生转折点，从此以后他就走上了从事进步文化活动的道路。

胡愈之到商务印书馆后，被分配到商务编译所的理化部工作。理化部承担着编纂中小学教科书和科技图书的重任。作为练习生的胡愈之什么都得干，最平常的工作就是找各种各样的资料，并将其整理归纳。同时要忙着为动植物大辞典编索引。这是一项十分繁琐的工作，需要有相当的耐心，因为那些专业名词都是一般人几乎未曾接触的。基于有一定的外语基础，胡愈之也参与了中外文学作品的翻译工作。

作为练习生，那时胡愈之的工资待遇是相当低的，第一年每月工资只有 4 元钱，到了第二年才涨到了 14 元钱，幸而，商务印书馆包吃包住，所以对平时生活俭朴的胡愈之而言，这样的工资作为零用绰绰有余了。对于能够进入商务印书馆工作，胡愈之自己感觉是十分荣幸的，他回忆说："做编辑出版工作，我是非常满意的。我对这个工作很有兴趣，还在小学时，我就爱看父亲订的报刊，成了一个'读报迷'。后来我还和二弟仲持、从弟伯恳，一起编了一个家庭'杂志'，那是用手抄在黄草纸上的'杂志'，内容有论文，有小说，也有插图，很是热闹。这个'杂志'坚持了三四年，共出了四五十册，直到两个弟弟都离家到外地求学才停止。所以进'商务'正是我的理想。"①

理化部除了出版科技图书之外，还主编当时影响最大的杂志《东方杂志》（创刊于 1904 年）。之所以取名为"东方"，乃是因为当时西方世界处于霸主地位，张元济他们希望东方能够与西方平起平坐，并能和平相处，友好发展。《东方杂志》是一本很权威的杂志，1904 年至 1909 年这本杂志成为维新派"反对西方"、"实行立宪"思想的重要阵地，梁启超、严复、梁漱溟等一大批知识分子在此宣传自己的理念和思想。1910 年同是绍兴人的杜亚泉（1873—1933）出任《东方杂志》主编之后，对刊物进行了改革与调整，增加了评论文章、科普类文章，使《东方杂志》逐渐成为一本涉及政治、经济、文化、哲学、历史、文学等诸多方面内容的大型刊物，影响广泛。胡愈之当时在《东方杂志》里做时事摘录的工作，杜亚泉比较信任他，放手让他在实际工作中锻炼，一面又细心指导，使得他迅速成长。

虽然工作繁忙，胡愈之仍然有十分强烈的求知欲，除每天 6 小时的工作时间之外，他几乎把时间都用于刻苦自学上。商务印书馆中的"涵芬楼"给他的学习带来极大的便利。涵芬楼建于 1904 年，到 1924 年，拥有藏书 46 万余册，既有古籍善本，也有西方政治经济、哲学、文学等方面的书籍，以及英文、日文等外国报刊。博览群书的胡愈之最爱读的是中国的《史记》、《汉书》以及清初一些进步思想家如顾炎武、王夫之等的著作。他对西方著作也有浓厚的兴趣，比如启蒙思想家卢梭的《民约论》、孟德斯鸠的《万法精理》、赫胥黎的《天

---

① 胡愈之:《我的回忆》，载《胡愈之文集》（第六卷），生活·读书·新知三联书店 1996 年版，第 324 页。

演论》等。各类西方书籍报刊的涉猎，使胡愈之从中了解到海外的广阔世界。目光逐渐从国内转向国际，视野拓展得非常宽广。除了畅游于"涵芬楼"的知识海洋，胡愈之还给自己找各种学习资源和机会。如他利用晚上时间，读了"惜阴公会"办的夜校，提高自己的英语水平，以便于他的阅读编译工作。他还通过自学掌握了日语、世界语。作为同事的茅盾对胡愈之学习之刻苦有过描述："上班下班的时候，从工厂大门到涵芬楼（编译所即在涵芬楼的二层）那一条铺着轻便铁轨的路上，我时常看见这么一个人：身材矮小，头特别大，脸长额阔，衣服朴素，空手的时候很少，总拿着什么外国书报，低头急走，不大跟别人招呼。那时我不知道他是谁，只知他在理化部工作，而当时商务印书馆编辑（译）所的理化部有'绍兴会馆'之戏称，那么，想来他也是绍兴人了。"①茅盾说的这个"身材矮小，头特别大，脸长额阔，衣服朴素"的人自然就是埋头苦读的胡愈之了。

作为练习生，一般都是整理稿件和做做杂活，很难奢望能在权威杂志上发表自己的作品，但胡愈之做到了。1915 年 8 月 10 日，胡愈之的第一篇作品发表在《东方杂志》第 12 卷第 8 号上，署名胡学愚，是翻译的《英国与欧洲大陆间之海底隧道》一文。作为一个毫不起眼的练习生，能够在权威杂志上发表文章，这在整个商务印书馆还是头一遭的事情，人们自然对这个看起来朴素而平凡的小伙子刮目相看。凭借优秀的工作表现和孜孜不倦的学习精神，在进入商务印书馆一年之后，也就是 1915 年下半年，年仅 19 岁的胡愈之就被编译所正式任命为《东方杂志》的编辑。这无疑给了胡愈之很大的肯定和鼓励。

---

① 茅盾：《悼念胡愈之兄》，载费孝通、夏衍等：《胡愈之印象记》（增补本），中国友谊出版公司 1996 年版，第 474 页。

当时《东方杂志》在全国名噪一时，是国内数一数二的大型综合性月刊，包含了政治、经济、文学、哲学、历史、社会、时事等多个版面。这就要求胡愈之不断地学习才能适应纷繁的工作。胡愈之大多数时间都泡在涵芬楼的图书馆里，阅读最新的报纸杂志，研究时事动态，敏锐地注视着国际国内政治形势。除了完成《东方杂志》的日常编辑排版工作外，胡愈之还给自己增加锻炼机会，试着翻译外国作品和写作文章。这一时期发生了俄国十月革命、第一次世界大战结束、巴黎和会等重大事件，胡愈之都在《东方杂志》上发表相关文章予以反映，如《世界之三大势力》、《太平洋之今昔观》、《巴尔干问题之正当解决办法》、《欧洲和会之结局》、《大战后之小战争》、《回教之世界》等文章；他还翻译了罗素的《世界劳动运动之概况》、《俄国实地观察记》、《欧洲最新时局之解剖》、《劳农俄罗斯之改造状况》、《社会主义与自由主义》等重要文章。正如他自己所说："后来我专搞《东方杂志》的编辑工作，这是个大型的政治、经济、历史、哲学、文学、社会、时事综合性的刊物，它需要我去熟悉和研究各方面的问题，以提高编辑水平。我还翻译和写作了不少文章，在《东方杂志》发表，提高了自己的著译能力。"[1] 当时《东方杂志》的主编杜亚泉非常热爱科学，"其对于人生观和社会观，始终以理知支配欲望，为最高的理想，以使西方科学与东方传统文化结合为最后的目标。"[2] 所以，这个时期的《东方杂志》要求以介绍国外的新思想、新科学为主，这在一定程

---

[1] 胡愈之：《我的回忆》，载《胡愈之文集》（第六卷），生活·读书·新知三联书店1996年版，第325页。

[2] 浙江省政协文史资料委员会编：《浙江文史资料选辑第42辑·浙江近代学术名人》，浙江人民出版社1990年版，第29页。

度上也影响了胡愈之的翻译，他除了译介有关国家国势政情之外，大部分翻译都集中于科学技术方面的介绍，如《空气湿度表及风雨表之新制》、《欧洲大战中之日本》、《自动打字机之新发明》、《最新造船术之两大发明》、《绿气除蝗虫》、《战争与美国之发明家》、《光之应用及其历史》、《造化无限论》、《电传照相术》、《大西洋飞航之成功》、《历法改革与平和会议》、《猿与人》，等等。必须指出的是，这段时期胡愈之的翻译基本上都是用文言文完成的。因为虽然从 1915 年陈独秀在上海创办《青年杂志》（后更名为《新青年》）时起，文坛上已经开始倡导使用白话文，但是商务印书馆出版的一切图书杂志都还用文言文，当时胡愈之在商务印书馆也只能偷偷地看《新青年》，偷偷地练写白话文，和茅盾一起用白话文偷偷地为《时事新报》副刊"学灯"、《民国日报》副刊"觉悟"等写稿。

1920 年以后，情况大为改观，商务印书馆决策层被迫对旗下所有图书杂志进行改革，改用白话文。这使一贯积极倡导、实践白话文写作的胡愈之如鱼得水，在译介世界先进科学知识和技术方面更是不遗余力。1920 年 3 月，胡愈之以"蠢才"的笔名翻译了《相对性原理和四度空间》（发表于《东方杂志》第 17 卷第 6 号）。这是一篇最早将爱因斯坦相对论介绍到中国来的译文，篇幅不长，只有五千多字，但言简意赅、系统通俗，对于中国民众正确了解爱因斯坦这一伟大学说起到相当大的作用。随后，胡愈之还翻译了《应用镭锭之制造业》及《镭锭治病之功用》这两篇文章，也发表在《东方杂志》上，对玛丽·居里夫人与其夫皮埃尔·居里发现放射性物质钋和镭进行了介绍，主要谈到镭、钋元素的化学性质以及它们应用于工业和医疗的巨大成就。1923 年，胡愈之还将这两篇译文和他人在《东方杂志》

上发表的《说镭》、《镭锭及其功用》等文一起合编为《镭锭》一书，作为《东方文库》第56种印行。

年轻的胡愈之不久便成为《东方杂志》的重要骨干。他在《东方杂志》担任编辑达13年之久，直到1928年流亡欧洲，才被迫结束了在《东方杂志》的编辑生涯。胡愈之自发表第一篇文章起，"至1927年的10余年间，为《东方杂志》著译了400多篇文章，约计80余万字，可见胡愈之对《东方杂志》的辛勤耕耘。他翻译的文学作品或学术著作，意思准确，文笔优美，连当时已是大权威的胡适看了后也十分钦佩和赞赏"①。这些文章涉及世界各国的政治、法律、军事、女权、经济、财政、工业、农业、交通、医药、科学、技术、文学艺术、哲学道德、历史、时事等各个方面，表明胡愈之已成长为一个百科全书式的学者。

在商务印书馆工作和担任《东方杂志》编辑的过程中，胡愈之遇到了许多志同道合的朋友，与他们结下了深厚的友谊，其中他与茅盾的友谊更是非同一般。茅盾比胡愈之晚两年进入商务印书馆编译所工作，任英文部的助理编辑。他和胡愈之是因文学而结缘。他俩对此均有回忆。茅盾曾说："这一个时期（民九到十一吧），愈之兄主要的工作是选择并介绍欧美杂志上的文章，从政治、经济，乃至哲学、文学。后来他对于文学似乎特别有兴趣了。我们由相识而相熟，也是以'文学'为媒介。"②胡愈之自己也有这样的记忆："记得当时每逢新的一期《新青年》杂志在日报上登了出版广告，我在下班以后就匆忙到

---

① 朱顺佐、金普森：《胡愈之传》，杭州大学出版社1991年版，第25页。

② 茅盾：《悼念胡愈之兄》，载费孝通、夏衍等：《胡愈之印象记》（增补本），中国友谊出版公司1996年版，第474—475页。

棋盘街群益书局去零买一本，以先睹为快。我总是在群益书局遇到雁冰同志，但是在编译所内部我们绝口不谈《新青年》和白话文的事。"①可以看出，他们因文学而惺惺相惜，慢慢地由相熟到相知，尤其在五四新文化运动中，两人由于都极力主张普及白话文，并加入新文学第一个社团——文学研究会，因之也成为并肩战斗的革命战友，两人的友谊持续了一生。

胡愈之在商务印书馆最初结识并相互帮助的朋友是章锡琛。章锡琛是上虞道墟人，与胡愈之是同乡。他比胡愈之小三岁，但他14岁就到商务印书馆工作了，因而工作经验比胡愈之丰富。胡愈之进入商务编译所后，和章锡琛同住一个宿舍，因而有了更多交流思想的机会，两人自然而然也成了无话不谈的朋友。1925年，章锡琛因其主编的《妇女杂志》刊登了"新性道德专号"惹火上身，被推到了风口浪尖。当时的商务编译所所长王云五对此特别恼火。胡愈之是第一个站出来为章锡琛打抱不平的人，虽然章锡琛最终还是被辞退了，但胡愈之给予了他很大的鼓励，支持并帮助他创办了《新女性》杂志，使章锡琛成为中国早期妇女解放运动的倡导者。之后，在胡愈之的帮助下，章锡琛还和朋友合作创办了开明书店，充分展示了自己的才华。

胡愈之还有一个好朋友杨贤江。杨贤江1895年出生于余姚（当时归属绍兴管辖），1921年受聘于商务印书馆，与胡愈之一见如故，两人很快由同乡成为好朋友。杨贤江先后就读于浙江一师和南京师范大学，对教育问题很有研究，经常发表一些独到的对于教育的见解，

---

① 胡愈之：《早年同茅盾在一起的日子里》，载《我的回忆》，江苏人民出版社1990年版，第280页。

他一来就被分配到《学生杂志》担任助理编辑，由于工作表现出色，第二年就成了《学生杂志》的实际主持人。与胡愈之一样，杨贤江的思想也很进步，极力拥护五四新文化运动。1925 年的五卅运动前，杨贤江加入中国共产党，他积极推动青年运动，是我党最早领导青年运动的领导人之一。胡愈之与杨贤江经常一起探讨革命问题，互相交流意见，也讨论学术问题，并一起推广世界语。当然，除了与茅盾、章锡琛、杨贤江三人交往外，胡愈之还与周建人、郑振铎、叶圣陶等人来往密切，他们是站在时代前沿的亲密战友，是推进五四新文化运动的重要力量。

二、参加五四运动

1919 年 5 月 4 日，北京爆发了震惊中外的五四运动。五四运动是由爱国学生发起并迅速席卷全国的一场彻底地反对帝国主义、反对封建主义的运动。五四运动是中国旧民主主义革命的结束和新民主主义革命的开端，它是中国革命史上划时代的事件。风起云涌的五四运动也将胡愈之的爱国热情推向了高潮。他接受新文化思潮的影响，写下大量的评论和译介文章，介绍国际斗争新动向，以饱满的热情抒发自己的所思所想，其笔锋直指帝国主义和北洋军阀，揭露了巴黎和会的内幕，控诉帝国主义列强的丑恶罪行，痛斥北洋军阀政府对外软弱屈服、对内镇压屠杀的行径，为五四运动鼓与呼。

在波澜起伏的五四洪流中，胡愈之首先在文化阵线上冲锋陷阵，除了写作文章之外，他还大力提倡白话文。1917 年 1 月，留学美国的胡适在《新青年》上发表了著名的《文学改良刍议》一文，提出以白话文代替文言文，列出文学改良八事，即"须言之有物，不模仿古人，须讲求文法，不作无病之呻吟，务去滥调套语，不用典，不讲对仗，不避俗字俗语"①。此八事从不同角度批评了当时文坛的复古主义和形式主义流弊，阐明了新文学的要求和推行白话文的重要性，胡适还身体力行，率先尝试着写白话新诗。陈独秀在同年2月号《新青年》上，发表了措辞更加激烈的《文学革命论》，提出"三大主义"②作为文学革命的革新目标。之后，刘半农、钱玄同、鲁迅、周作人等人进一步推进，一场白话文运动如火如荼地展开了。胡愈之加入倡导白话文的行列，以自己的实践推动了白话文的普及和发展。当时以白话文取代文言文，一开始就遇到重重阻力，在商务印书馆内部更是反对声一片。《东方杂志》的主编杜亚泉是最早跳出来反对白话文的人。深受传统国学教育、思想保守的他甚至还写了一首讽刺白话文的诗："一个苍蝇嘶嘶嘶，两个苍蝇吱吱吱，苍蝇苍蝇在说什么？苍蝇说：我在做白话诗。"和杜亚泉一样，反对白话文的还有梁启超、梁漱溟等人。这些文坛颇具影响的人物都反对以白话代替文言，所以商务印书馆旗下的杂志如《东方杂志》、《妇女杂志》、《教育杂志》、《小说月报》等都坚持使用文言文，坚决不刊登白话文章，同时也不允许编辑写白话文章。胡愈之和茅盾却认为以白话取代文言乃是大势所趋，坚持推广白话文，但又不能明目张胆地和

---

① 钱理群、温儒敏、吴福辉：《中国现代文学三十年》（修订本），北京大学出版社1998年版，第6页。

② 三大主义："曰推倒雕琢的阿谀的贵族文学，建设平易的抒情的国民文学；曰推倒陈腐的铺张的古典文学，建设新鲜的立诚的写实文学；曰推倒迂晦的艰涩的山林文学，建设明了的通俗的社会文学。"

商务印书馆的这些元老们闹翻，所以他们写作的白话文章经常匿名在《时事新报》的"学灯"副刊和《民国日报》的"觉悟"副刊等上面发表。

随着白话文的日益普及，商务印书馆的同人们发现白话文取代文言文已经无法阻挡了。"'五四'新文化运动的掀起和白话文的普及，犹如滚滚向前的洪流，并没有因杜亚泉、梁漱溟、梁启超等东方文化派的反对而停滞，相反它所带来的冲击直接导致了商务的窘境和危机。随着白话文运动的普及和深入，依然用文言文办刊的商务《东方杂志》、《小说月报》、《学生杂志》、《教育杂志》等已越来越不受读者欢迎，发行量接连下降，即使大减价也难以与《新青年》、《新潮》、《进步》等宣传新思潮的白话文刊物竞争。逼于形势，在胡愈之、茅盾等人的积极倡议主张下，商务决策层张元济、高梦旦等决定对刊物进行重大改革。除了改文言文为白话文外，《东方杂志》、《妇女杂志》、《教育杂志》、《小说月报》、《学生杂志》等先后更换了主编。茅盾接替王西绅主编《小说月报》，杨贤江则成为《学生杂志》实际的主编。而这两本杂志成为商务所有改革的杂志中，面貌发生重大变化、改革最为成功的杂志。尤其是《小说月报》，一改以往鸳鸯蝴蝶派的脂粉气，重点宣传'为人生的艺术'，积极刊发清新向上、生活气息浓厚的作品，成为新文学成长壮大的重要阵地。商务杂志的改革，使一贯积极倡导、实践白话文的胡愈之如鱼得水，他以更大的热情在《东方杂志》、《小说月报》、《妇女杂志》、《中学生》等刊物上发表了大量文章，并因此成为商务最为重要的编辑之一，月薪也由原来的 14 元上升到 120 元。自此，关于'白话文'的论战，在商务内部亦以胡愈之、茅盾等人主张的实施而告终结。"①

1919 年 6 月 5 日，在北洋军阀政府对五四爱国学生运动进行暴力镇压的时候，上海工人举行全体大罢工支持北京学生，整个事件轰动了全国，五四爱国运动的中心由此也从北京迁移到了上海。胡愈之被商务印书馆编译所推选为工会代表，直接参加了罢工斗争，投身到运动第一线。胡愈之带领商务印书馆的工人走上街头，为了维护工人的权益，他还代表编译所职工与商务资方进行谈判。

1921 年初，文学研究会在北京成立，这是五四新文学运动中成立最早、影响和贡献最大的文学社团之一，由周作人、茅盾、郑振铎、郭绍虞、朱希祖、瞿世英、蒋百里、孙伏园、耿济之、王统照、叶绍钧、许地山 12 人发起，会员先后有 170 多人。同年，文学研究会发起人之一郑振铎从北平来到上海，也在商务印书馆工作。在郑振铎和茅盾的影响下，胡愈之也参加了文学研究会，对文学研究会的"为人生的艺术"的主张颇为赞同。当时，茅盾主编的《小说月报》为文学研究会的发展和壮大提供了阵地。郑振铎到商务后主编《文学旬刊》，胡愈之协助郑振铎主编这本刊物，使《文学旬刊》也很快成为文学研究会的重要阵地。

在这些刊物上，胡愈之还发表了一系列关于文艺评论的文章，这些文章分析透彻，富有理论色彩，如《创作的新倾向》、《恋爱文学》、《独创的精神》、《近代文学概论》、《文学批评——其意义及方法》等，具有深刻的思想和现实意义。另外，从 1920 年开始，胡愈之还在《东方杂志》等刊物上发表一系列译介外国文艺问题的文章，如《近代文

---

① 陈荣力：《大道之行——胡愈之传》，浙江人民出版社 2005 年版，第 39 页。

学上的写实主义》、《托尔斯泰的莎士比亚论》、《屠格涅夫》、《梭罗古勃——一个空想的诗人》、《得诺贝尔奖金的两个文学家》、《英国诗人克欧的百年纪念》、《新希腊的女诗人》、《文明之曙光——南非女文学家须林挪的遗著》、《近代英国文学概观》、《克罗泡特金与俄国文学家》、《亚美尼亚文学》、《近代德国文学概观》、《法兰西诗坛的近况》、《俄国的自由诗》、《最近的英国文学》、《俄国文学与革命》等等。这些文章为 20 世纪 20 年代的中国文艺界拓展了视野，提供了许多新的信息，进步意义明显。其中《近代文学上的写实主义》是中国第一篇系统介绍西方写实主义文艺思潮的文章。在这篇文章里，胡愈之系统梳理了西方写实主义文艺思潮的源头，认为近代文学上的写实主义，是对浪漫主义的反动，它的勃兴有两个方面的原因：一是哲学上的实证论的兴起，人心对于宗教信仰和神秘观念都抱有怀疑态度；二是社会矛盾加剧，人类的实际生活到处感到苦闷，人们的注意力由理想偏向现实。[①] 接着，胡愈之以西方写实主义来反观中国文艺界的情况："我国的文艺界，直到如今，总不脱古典主义时代。比起西洋近代文学来，既缺少狂放的情绪，又没有写实的手段，始终被形式束缚着，没有一点振作的气象。……因为我国旧文艺的最大病根，是太空洞，太不切人生，恰和写实主义相反背。若是不经写实文学的一个时期，我国的新文艺，不用说是不会发展，就是会得发展，也是不充实的，不精练的，不能适切现代需要的。"[②] 这对于五四现实主义文学思潮的

[①] 参见胡愈之：《近代文学上的写实主义》，载《胡愈之文集》（第一卷），生活·读书·新知三联书店 1996 年版，第 48～54 页。

[②] 胡愈之：《近代文学上的写实主义》，载《胡愈之文集》（第一卷），生活·读书·新知三联书店 1996 年版，第 59 页。

发展是具有指导性意义的。"现实主义"在五四时期被称为"写实主义",直到 20 世纪 30 年代初,"现实主义"一词才由左翼作家联盟的成立而流传开去,以后"现实主义"逐渐取代了"写实主义"。

1922 年 5 月,五四之后崛起的两个新文学团体"文学研究会"与"创造社"发生争论。创造社成立于 1921 年 7 月,由留学日本的郭沫若、成仿吾、郁达夫、张资平、田汉、郑伯奇等人在日本东京成立。创造社反对封建文化、复古思想,崇尚天才,主张自我表现和个性解放,强调文学应该忠实于自己"内心的要求",他们的作品表现出浪漫主义与唯美主义的倾向。当时,文学研究会的主将郑振铎、茅盾与创造社的主将郭沫若、成仿吾之间展开了论战。争论的焦点是"艺术有没有目的,讲不讲功利主义"。文学研究会主张"为人生的艺术",肯定艺术是有目的的,而创造社则相反,认为文艺创作乃是"天才的自然流露",不应该有所谓的目的。胡愈之对创造社的这种"个人主义"的文艺思想也不是很赞同,当然对这种争论也觉得意义不大。他在《文学旬刊》上发表《文艺界的联合战线》一文,呼吁两个文学团体最好是团结起来,一致推进新文学的发展。可是两派的论争越来越激烈,局面一时无法控制。1923 年争论终于中止了,可是胡愈之从此也同文艺界疏远起来。他将目光和主要精力放到了新闻工作和国际问题的研究上,对于国外文艺的译介和国内文艺问题的评论逐渐少了下来。

在五四新文化运动前后,胡愈之积极倡导世界语。世界语是由波兰籍犹太人柴门霍夫博士于 1887 年在印欧语系的基础上创立的一种国际辅助语,旨在消除国际交往的语言障碍,被誉为"国际普通话"。1905 年左右,世界语传入中国,当时有人把它音译为"爱死不难读"

语，也有叫"万国新语"。后来，又有人借用日本人的意译名称"世界语"，并一直沿用至今。1912 年，蔡元培就任中华民国临时政府教育总长，曾下令全国的师范学校必须把世界语列为选修课程。这样，世界语在中国开始得到了广泛的传播。1919 年，当时已担任北大校长的蔡元培正式把世界语列为北大的课程；1920 年，在他的倡导下，2000 位世界语者在北大集会，进一步推动了中国世界语运动的发展。1913 年，还在杭州英语预备学校学习的胡愈之发现了世界语的便利性，于是报名参加上海世界语函授班，不久便掌握了世界语。1914 年，他进入商务印书馆编译所工作后，接触世界语的机会越来越多，就开始利用世界语翻译一些俄国和其他国家民族的文学作品。1915 年，胡愈之还在上海《时事新报》副刊"学灯"上发表《世界语在学术上之地位》、《世界语之新势力》等文章，阐述世界语的种种优点，为推广世界语而努力。1917 年 1 月他又在《东方杂志》上发表了题为《世界语发达之现势》一文，对世界语的历史、现状和作用等作了较为详细的介绍，是当时中国较早系统宣传世界语的文章。

为推动世界语的普及，1919 年胡愈之还联合上海的世界语学者索非、陈兆瑛等创立了"上海世界语学会"，并且在离自家住处不远的宝山路三德里设立了学会的会所，开办世界语讲习班和函授班。1922 年 6 月，在胡愈之的主张下，"上海世界语学会"创办了《绿光》杂志，商务印书馆的《学生杂志》也开设了"学习世界语"专栏，发表了许多关于学习世界语的文章。作为学会负责人的胡愈之想尽办法，多方拓展，使上海世界语学会与世界上不少国家的世界语团体和学者建立了联系，他本人也被"环球世界语会"聘为上海代理员。1921 年 10 月间，俄国世界语盲诗人爱罗先珂因从事左翼文化活动被日本政府驱逐出境，来到上海，胡愈之从日本世界语者的来信中得知这个消息，马上以中国世界语者的身份热情地接待了他。后来，胡愈之还把爱罗先珂介绍给当时在北京的鲁迅和蔡元培认识，鲁迅又把爱罗先珂介绍到北京大学讲授世界语课程，听课的学生竟有五六百人之多。从 1914 年到 1924 年，世界语运动在中国一度高涨，蔡元培、鲁迅、胡愈之、巴金等都是推动者，功不可没。

新中国成立后，1951 年 3 月 11 日，在胡愈之的倡导下，中华全国世界语协会成立，胡愈之当选为理事长，此后他一直担任这一职务，直至逝世。世界语协会的活动虽然后来因为各种政治风波没能充分展开，但因为胡愈之的坚持和倡导，中国的世界语运动还是融入了国际世界语大家庭。

三、支持五卅运动

1925 年 5 月 14 日，上海日本纱厂的工人进行罢工，原因是日本资方无理开除工人。推搡中，日本资方开枪打死了工人共产党员顾正洪，并打伤了十多名工人。5 月 22 日，上海各团体联合起来，召开顾正洪的追悼大会，上海各大学学生前往参加，途经公共租界时，学生发表演讲，有四人被捕。5 月 30 日，学生联合会又组织了小分队在租界多处演讲游行，当天下午租界当局下令抓捕了一部分学生，于是学生和其他群众共一千多人涌往老闸捕房门口，强烈要求释放被捕学生。英捕头爱伏生下令开枪，当场射杀学生四人，重伤三十多人，继而租界当局还调集军队，封闭上海各大学，宣布戒严，酿成五卅惨案。五卅惨案震惊全国，全国各大都市学生先后罢课，进行反帝国主义示威运动。

五卅惨案发生后，上海各报受租界工部局的警告，不敢据实报道，更不敢对租界当局有什么怨言，被迫封锁了所有反帝运动的消息。在五卅运动中，商务编译所的许多职工都成为运动的积极分子。胡愈之和茅盾、周越然、丁晓先、杨贤江等商务同事联名发起成立上海教职员救国同志会，大家以救国同志会的名义到各学校团体发表讲演，鼓舞士气。另外，由郑振铎、茅盾、王伯祥、叶圣陶、胡愈之等发起，于 1925 年 6 月 3 日还创办了《公理日报》。《公理日报》名义上是由少年中国学会、中华学艺社、文学研究会、上海世界语学会、妇女问题研究会、太平洋杂志社、孤军杂志社、醒狮周报社等 11 个团体联合组成的上海学术团体对外联合会主办，主要负责人是郑振铎，胡愈之作为世界语学会的代表积极参加《公理日报》的工作。

《公理日报》的编辑部就设在郑振铎在宝山路宝兴西里 9 号的家里。《公理日报》率先揭露上海各报不敢报道的五卅事件真相，敢于斥责《申报》、《新闻报》和《时报》的媚外言论，及时报道工人、学生的游行示威活动，成了当时宣传和引导五卅运动开展的重要舆论阵地。胡愈之主要同新闻界联系，把那些别的报纸不敢刊登的消息和文稿搜集过来，放在《公理日报》上发表。《公理日报》特别受到读者的欢迎，每天一早，就有很多报贩围着郑振铎家抢着买报。可惜，《公理日报》只坚持了 22 天，最后由于资金入不敷出（注：报纸每天印 1.5 万至 2 万份，印刷费需 80 元，但卖报收入仅为 30 元），被迫停刊。

在五卅运动中，胡愈之可以说是一名猛将，他不畏艰险，总是冲锋在最前面，除了办报和亲身参加运动之外，他还在 1925 年 6 月 30 日的《东方杂志》第 22 卷专门推出了一期"五卅事件临时增刊"，除了刊登法庭辩论纪要和一些重要的支援五卅运动的函电之外，主要刊登了他亲自撰写的长达三万多字的文章《五卅事件纪实》。胡愈之全程参与了五卅运动。1925 年 5 月 14 日顾正洪被枪杀的那天，他就参加了上海市民组织的"日人惨杀同胞雪耻会"，积极参与募捐和讲演活动。因而，《五卅事件纪实》一文实际上是胡愈之根据自己的体验和观察写出来的。全文分成 14 个部分，即"五卅事件的意义"、"上海租界的历史"、"顾正洪案"、"五月三十日"、"恐怖状态中之上海"、"全市一致的大罢业"、"外交部的三次抗议"、"要求的条件"、"就地交涉的失败"、"国民的持久战"、"对日单独交涉"、"汉口事件"、"香港罢工与沙面大惨杀"、"修改不平等条约"，对五卅运动整个过程进行了记录和报道。这 14 个部分一环扣一环，还原了五卅惨案的真相，"详细报道了运动的起因和发展过程，指出由'五卅事件而引起的全国民众运动，是中华民族要求独立与生存的大抗争的开始'，是中国人民近百年来反抗帝国主义的新起点"①。

《五卅事件纪实》一文，作为一份宝贵的历史文献，对中国现代史的研究，特别是对五卅运动的研究具有特殊的意义。

在第一部分"五卅事件的意义"中，胡愈之寻根觅源，对五卅事件的发生作出如下概括：

因为在上海租界，中国人失去了领土权与政治权，因为在外

---

① 于友：《胡愈之传》，新华出版社 1993 年版，第 48 页。

人统治下，中国人的生命无相当的保障，所以有五卅惨杀的事情的发生。所以五卅事件不能看作只是一种司法事件，或局部事件，应当看作是国际政治事件，关于民族全体的事件。又因中华民族受外国势力的侵害迫压，忍至无可再忍，五卅惨杀案发生，才激起民族自觉，引出普遍全国的大反响。所以因五卅事件而起的全国民众运动，是中华民族要求独立与生存的大抗争的开始。①

第二部分"上海租界的历史"则追溯了上海租界的由来，认为五卅事件的发生就是因为上海租界内外人侵越中国主权所造成的，因为上海已经变相地变成列强共管区域，中国已完全失去了宗主权，租界变成了殖民地，中国军队不能通过租界，中国政府在租界无收税权，租界内华人可以不受中国法律管束等。

第三部分"顾正洪案"中，作者分析了顾正洪被杀的原因，对于英捕房应付工潮的顽固态度和上海的报纸不敢正面报道表示了愤慨。

第四部分"五月三十日"则指出，正是"因租界捕房的高压，报纸态度的消沉，学生与工人方面愤无可泄，乃有五月三十日租界内学生大讲演的举动"②。可是谁也没有想到，竟引起英捕的武力干涉，酿成死伤流血的惨案。

第五部分"恐怖状态中之上海"叙述了南京路上惨剧发生后，

---

① 胡愈之：《五卅事件纪实》，载《胡愈之文集》（第二卷），生活·读书·新知三联书店1996年版，第17页。

② 胡愈之：《五卅事件纪实》，载《胡愈之文集》（第二卷），生活·读书·新知三联书店1996年版，第23页。

学生请愿抗议，却被英领事及工部局总办阻拦，并调集万国义勇队及驻沪外舰水兵宣布戒严，甚至又开枪伤毙群众数人，采取高压政策，使得五卅惨剧发生后的几个星期里，上海租界完全陷于恐怖状态。

第六部分"全市一致的大罢业"交代了上海市民因为身受暴力的压迫，起而抗争，从 6 月 1 日起上海公共租界实行了全体罢业，工商学三界联合起来，成立工商学联合会作为指挥中心，作者还详细列举了各个工厂罢工人数，说明罢工的影响。

第七部分"外交部的三次抗议"中，作者指出中国政府迫于全国的压力，一洗向来怯弱濡迟的态度，外交部为五卅事件于 10 天内连提三个抗议，措辞较为强硬，这在中国外交习惯上倒不多有，使得外国公使团不得不接受谈判。

第八部分"要求的条件"中谈到上海总商会在谈判中所提的条件过于笼统，也不曾另提外交部提出的四个先决条件，并且也未顾及工人利益，忽视了工人的"罢工权"和"工会权"，导致总商会与工商学联合会未能达成一致意见，和外国公使团的交涉也就未能迅速进行。

第九部分"就地交涉的失败"则记述了总商会和政府特派委员与外国公使团交涉失败的过程。

第十部分"国民的持久战"谈到工商学各界见英日态度顽强，交涉短期很难完成，于是用罢工、经济绝交、对外宣传等方法对抗，造成了一定的影响。

第十一部分"对日单独交涉"说明了在五卅事件中，日本责任相对英国为轻，因为日厂枪杀工人，还可推卸为劳资冲突而起，责任较小，但英国警吏在繁盛街道任意向无辜群众开枪射击，无视华人生命，则责任较重大，所以在上海谈判失败后，政府开始了对日的单独交涉活动，这还是说明中国政府对于五卅事件缺乏果断处理的精神，以为将事情推到英国身上，就能消除历来中日国民间的恶感，却没看到日本与英国实际上沆瀣一气。

第十二部分"汉口事件"则重点介绍了五卅惨案之后，全国各地都发生了示威运动，镇江、九江、宁波等地发生规模小，不久即平息，但汉口和广州则遭到镇压，死伤达到数十百人之多，情势比上海更为严重，而中国政府和公使团交涉并没有圆满解决这个事件，反而通令全国人民，爱国运动应尊重秩序，不要越轨。

第十三部分"香港罢工与沙面大惨杀"则讲到政府通电全国之后，将很多消息封锁起来，香港的大罢工遭受屠杀的消息还是从外国方面转来，作者进行归纳后进行报道，告诉人们香港沙面租界的群众游行示威活动被帝国主义残酷镇压，死伤达数百人之多。

在最后一部分"修改不平等条约"里，作者谈到政府为了各地不致再闹乱子，于 6 月 24 日向外国公使团送出照会，要求修改不平等条约。不过，实际上并没有起到什么实质性进展，但不管怎样，正如作者所指出的那样："就现在情形，五卅事件已成为我国最重大的政治外交事件，其反响已波及全国，乃至于全世界。对外交涉，在现在差不多刚才开端，得失成败，关系我民族未来命运绝巨。我们自然希望当局能够强硬到底，但国民外交却为此次交涉的最大声援，我国民应该继续斗争，始终不懈，才能把垂危的局势挽回过来！"[①]

---

① 胡愈之：《五卅事件纪实》，载《胡愈之文集》（第二卷），生活·读书·新知三联书店 1996 年版，第 63 页。

《五卅事件纪实》发表之后，引起读者强烈的共鸣，产生了巨大的影响和作用，"首先，它以全景式记录五卅运动始末的忠实报道，匡正了舆论和视听，不仅让国内民众更使国际社会对五卅运动有了一个全面和正确的了解。其次，它从历史和现实、国内和国际两个维度对五卅运动起因和意义的深刻分析，为反抗帝国主义压迫、争取民族独立作了及时的舆论推动和思想引导"①。

《五卅事件纪实》一文结构精致，表述流畅，体现了胡愈之行文的特点，以事实说话，说理紧扣主题，评述围绕观点，语言平实精练，论证深入浅出。为了使报道更加形象和准确，胡愈之还在"五月三十日"和"恐怖状态中之上海"两部分中，专门绘制了"南京路西段之略图"、"老闸捕房门前肇事时之形势"两张图。在"全市一致的大罢业"这个部分，胡愈之又将分厂名、国籍、罢工人数三大类别总数达117项的罢工工人人数表附在行文中。另外，胡愈之还将外交交涉的来往照会文本、谈判条件的具体款项等也在行文中详细列出。如最后一部分"修改不平等条约"里，写到执政政府为了早日解决上海事件，于6月24日向外交团送出如下照会：

> 为照会事，案查上海捕房惨杀华人案，前经中国委员在沪提出条件十三条与使团委员就地商议，未能解决。兹该案既定移京办理，自应将中国委员在上海所提之条件，暨本国政府认为必须修正条约之问题，特向贵公使提出如左：……（以下即总商会拟定的十三条，已见上列，特略去）。以上十三项，仅为解决沪案

① 陈荣力：《大道之行——胡愈之传》，浙江人民出版社2005年版，第61页。

局部问题。中国政府以为欲根本改良中外之友谊，及维持永久之和平，必须将从前所订各项不平等条约，加以修正。业于本日详述理由，另照分达，相应照会贵公使，转达有关系各国公使查照，希即从速开议，俾得早日解决，是所至盼。

这是一种较为新颖的写法，显示了胡愈之作为新闻工作者的政治敏感性和创作长篇纪实性报道的文学才华。

四、开明书店"参谋长"

20世纪20年代，商务印书馆有一本影响颇大的女性杂志——《妇女杂志》，倡导妇女解放和反对封建礼教，深受广大读者尤其是新女性的欢迎。《妇女杂志》主编是胡愈之的好友兼同乡章锡琛，后来周建人加入了《妇女杂志》的编辑工作。章锡琛和周建人对《妇女杂志》发展倾注了很多心血，1925年1月，他们在《妇女杂志》上策划推出了"新性道德专号"，集中刊发了一批有关性道德争论的文章——其中章锡琛发表了一篇题为《新性道德是什么?》的文章，周建人则发表了《性道德之科学的标准》一文，都强调性生活必须以爱情为基础，没想到引起一场关于"性道德"的公开论战，辩论的主要代表是章锡琛、周建人和陈百年（大齐）等人。现代文学史家唐弢认为当时章、周两先生在中国将这些议论发得过早，才引起了封建"卫道士"的非议和谴责，但他本人则还是很佩服章、周二人的勇气，敢于在当时环境下公开发表这样的言论，无疑可称得上是旧小说里一名善于冲锋陷阵的骁勇的"白袍小将"。①

辩论双方交战激烈，引起了商务编译所所长王云五的不满。王云五（1888—1979），出生于上海，祖籍广东中山，号岫庐，一生集多重身份于一身，既是出版家、翻译家，又是辞典编纂家、图书馆学家、政治家和教育家。1912年1月，因同乡的关系，担任中华民国临时大总统孙中山的秘书，此后又先后任过教育部科长、专门教育司司长、苏粤赣三省禁烟特派员等职。1919年后，与人合办公民书局、创办《公民杂志》。1921年，受胡适推荐进入商务印书馆工作，次年正式接续高梦旦出任商务编译所所长。王云五看到《妇女杂志》公开争论"性"与"道德"，认为这不是商务的杂志应该做的事情。于是，他便责令章锡琛以后要把《妇女杂志》的所有校样都交给他亲自审查后才能刊发。章锡琛当即表示不同意，并以辞职作为抗议。而王云五态度比较强硬，竟随即将章锡琛和周建人撤职，打发章锡琛到国文部做一般的编辑。《妇女杂志》由于章锡琛、周建人的退出，很快从形式到内容都发生了一些变化，提倡"妇容"、"妇德"，教妇女怎样喂小孩、做点心之类的文章逐渐增多，新思想、新观念的内容逐渐淡出。

胡愈之、郑振铎等商务同事对此非常气愤，大家聚在一起商量对策。脑筋转动很快的胡愈之提了一个建议，立刻得到了大家的赞同，那就是大家集资凑钱，支持章锡琛创办另外一本宣传妇女解放的刊物，与商务的《妇女杂志》唱对台戏，同时可以向商务内外的保守派进行反击。1926年1月，一本取名为《新女性》的刊物便在上海问

---

① 唐弢:《印象——关于章锡琛先生》,《出版史料》1988年第1期。

世了，其中胡愈之做了大量的筹备工作。考虑到章锡琛还在商务国文部任职，所以刊物主编便由胡愈之的好友吴觉农署名担任，刊物上写的出版地址也是"上海三德里 A19 号"吴觉农的住宅，但实际负责刊物编辑工作的却是章锡琛。虽然安排得很周密，但消息还是很快泄露出去，王云五以违反聘书为借口立即将章锡琛辞退了。1926 年 3 月，在商务干了 14 年的章锡琛领了一笔退职金后离开了商务。从此，章锡琛开始全身心地投入到《新女性》的编辑、组稿、校对等工作上，胡愈之则帮忙做出版和发行工作。为了扩大影响和筹措办杂志的经费，章锡琛还以"妇女问题研究会"的名义陆续出版了《妇女问题十讲》、《新性道德讨论集》等书籍。这些书籍版式设计新颖，质量精美，受到广大读者欢迎，销路很好。

　　胡愈之看到书籍销路不错，就向章锡琛提出既然要出书还不如办个书店的建议。章锡琛、郑振铎、吴觉农、孙伏园等一班朋友听了都十分赞成。1926 年 8 月，在胡愈之等人的积极倡导和支持下，"开明书店"的招牌正式在宝山路章锡琛家门口挂出。以"开明"为书店的名称，一说是鲁迅向章锡琛建议的，一说是孙伏园取的。[1] 在开明书店的运行中，胡愈之参与了书店经营定位、出版方针、编辑计划的制订，也做了一些诸如书稿汇集、印刷发行、宣传广告等具体事务。但胡愈之在开明书店没有担任任何职务，于是章锡琛便戏称胡愈之是"开明书店的参谋长"[2]。"参谋长"一词体现了胡愈之对于开明书店的重要作用，也体现了人们对胡愈之的尊重。

---

[1]　吴觉农：《怀念老友章锡琛》，《出版史料》1988 年第 1 期。
[2]　程曼丽、乔云霞主编：《中国新闻传媒人物志》（第 4 辑），长城出版社 2014 年版，第 386 页。

夏丏尊、茅盾、巴金、夏衍、郑振铎、胡愈之、胡仲持等一大批进步文化人士都参与了开明书店的工作。由于大家的齐心协力，开明书店开办以后发展态势良好，本着"不投机，不冒险，正正经经出好书"的原则，为青少年和儿童出版了许多好书，还出版了许多中小学教科书，成为当时最为活跃的书店之一。胡愈之曾说："中国的出版机关，第一家是商务印书馆，1897年创办的。那时候正讲维新变法，商务印书馆的创办顺应了旧民主主义的革命潮流。1912年创办了中华书局，已经到了民国时代。以后还创办了许多书店，但从办杂志开始，靠几个知识分子办起来的书店，开明书店是第一家。商务印书馆和中华书局现在还存在，开明书店已与青年出版社合并为中国青年出版社。"①胡愈之的好友兼老乡吴觉农在后来也回忆道："在开办开明书店的过程中，愈之表现了创业者的勇气和预见。……愈之在'开明'创立后不久去了法国，从未在'开明'担任过什么职务和名义，但他是'开明'真正的创始人之一，并始终关心着'开明'的发展与成长。'开明'在白色恐怖的年代应运而生，以它特殊的方式顺应了时代的需要。一家最初由一群贫穷的文化人以自己的稿费、版税、薪水作为投资的书店，经过十年的苦心经营，到抗战前夕，俨然成为同历史悠久资金雄厚的'商务'、'中华'鼎足而三的大书店，聚集了一批有学问有骨气的知识分子，树立了严肃认真出好书的'开明风'，在广大的青年和知识界产生影响和作用，为中国进步文化出版事业作出了贡献，愈之之功是不可没的。"②

---

① 胡愈之：《我和开明书店》，载《我的回忆》，江苏人民出版社1990年版，第162页。
② 吴觉农：《相交八十年　童心永不泯》，载费孝通、夏衍等：《胡愈之印象记》（增补本），中国友谊出版公司1996年版，第35页。

　　1928 年胡愈之远去法国，对新兴的开明书店还十分关心。他在法国学会书籍装帧技术，写信传授给开明书店的好友们，所以开明书店后来出版的一些新书都比较讲究装帧与版面设计。1932 年 2 月，胡愈之从法国回来，尽管他主编《东方杂志》比较忙，但他还是一如既往地支持开明书店。这时开明书店已经办起《中学生》杂志，胡愈之便担任了刊物的编委，并开始在这本杂志上发表各种时事政治和国际方面的文章。"尽管在开明的历史上，胡愈之曾经是一个相当重要的角色，但是胡愈之一直很谦逊。在开明书店成立六十年纪念时，胡愈之应邀撰文，一谈到开明，他就说：'我没有在开明书店做过事，也没有写过一本书。不过在开明书店的编辑部里，我有好多老朋友。'"①

---

　　①　于友：《胡愈之传》，新华出版社 1993 年版，第 40 页。

第三章

游历欧洲与生活书店"总设计师"

　　因反对蒋介石的"四一二"反革命政变，胡愈之联合其他人发表了"四一二"抗议信而被迫流亡法国。他在法国以"巴黎特约通讯员"的名义继续为《东方杂志》撰稿以维持自己的生活。到了1930年，世界经济危机加剧，胡愈之靠国内的稿费无法维持在法国的生活，于是坐着横穿欧亚大陆的国际列车回国，途中在世界语者的帮助下参观访问红色之都——莫斯科，写下《莫斯科印象记》一文，引起较大社会反响。胡愈之从欧洲回到上海，又重新回到商务印书馆实际担负起《东方杂志》主编的职责。其间，主持《生活》周刊的邹韬奋开始向胡愈之约稿，为《生活》周刊撰稿到帮助编辑《生活》周刊，再到创办生活书店，胡愈之和邹韬奋的交往越来越密切。1932 年 8 月，商务印书馆遭战火焚毁后重新复业，胡愈之亦重回商务主编《东方杂志》，复刊后的《东方杂志》成了抗日宣传的主要阵地。后来，邹韬奋被迫流亡国外，胡愈之从未在生活书店担任正式职务，但实际承担了《生活》周刊的编辑工作，并主持经营生活书店，他在不到三年的时间里，成功创办了八种期刊，出版了七百多种书籍，由此获得"生活书店的总设计师"之誉。

一、"四一二"抗议信

1924 年 1 月，中国国民党在广州召开第一次代表大会，促成了国民党与共产党的第一次合作，讨伐吴佩孚、张作霖、孙传芳等军阀的北伐战争也正式打响。为配合北伐战争，中国共产党领导上海工人分别于 1926 年 10 月和 1927 年 2 月发动武装起义，但因准备不充分均遭失败。1927 年 3 月，中共中央派周恩来、罗亦农、赵世炎等来上海准备第三次武装起义。3 月 21 日，当北伐军进攻上海市郊的时候，起义总指挥周恩来发出武装起义的命令，以商务工人纠察队为主的工人武装拔掉了奉系军阀据守的弹药库，翌日上午又攻下了位于闸北的上海北火车站，配合北伐军解放了中国最大的工商城市上海。在第三次武装起义中，胡愈之参与了动员商务女职工组织救护队等具体工作，对于上海能够回到人民手中，他是非常激动的："工人阶级依靠自己的力量，使上海回到了人民的手里。在这伟大的革命斗争中，我看到了工人阶级和人民群众的力量，心情十分兴奋。我还被推为编辑出版工会的代表，出席了上海市民代表大会。这个时期，我读了一点马列著作，也结识了一些共产党员，看到了工人阶级力量，对工人阶级的斗争抱有深刻的同情。但我对国民党仍抱有希望，从我的思想来说，仍然是一个民主主义者。"①

然而，随着北伐革命成果的不断扩大，以蒋介石为首的国民党反动集团的丑恶本质开始暴露出来，继"赣州惨案"、"九江惨案"、"安庆惨案"、"南京惨案"之后，1927年4月12日，从江西赶到上海的蒋介石悍然发动了"四一二"反革命政变，将屠刀对准了工人武装和共产党人。大批上海青洪帮的打手向工人纠察队挑衅，蒋介石的反革命军队则以调解工人内讧为由，用武力收缴了2700多名工人纠察队的武装，冲突中工人死伤达300多人。4月13日，20万名上海工人举行抗议罢工，6万多名工人群众上街游行示威，结果蒋介石下令开枪，在闸北宝山路附近，反动军队用机枪扫射，当场打死了工人100多人，伤者一大片。接着，上海市总工会被取缔，上海市临时政府被接管，上海市党部、妇联、学联等革命团体也被接收，大批工人和共产党人遭到拘捕。从反革命政变开始，三天内上海被杀人数达到300多人，被捕500多人，失踪者高达5000多人。

面对国民党惨绝人寰的罪恶行径，血脉里流淌着越文化不屈不挠斗争精神的胡愈之悲愤异常，据当时同胡愈之在一起的吴觉农回忆："那天傍晚，我同愈之从章锡琛家出来，心情极度沉重，在走到闸北鸿兴路口，微雨之后，血水向阴沟里流淌，我们的鞋底踏上了血迹。我小声惊呼：'血！血！'愈之脸色阴沉，一言不发，匆匆走到我

---

① 胡愈之：《我的回忆》，载《胡愈之文集》（第六卷），生活·读书·新知三联书店1996年版，第329页。

家，愈之愤然说：'没想到他们比北洋军阀还要凶狠。'他向我索取纸笔，我当时是中华农学会的总干事，就给了他农学会的信封信笺，愈之奋笔疾书，写下了一封抗议信……"[1] 胡愈之写完"四一二"抗议信，立即邀请郑振铎、冯次行、章锡琛、周予同、吴觉农、李石岑六人签名。这七人当时都不是共产党员，他们的签名，有的是自己过来亲自签的，有的是胡愈之通过电话征求意见后代签的。然后，胡愈之将这封信寄给了时任国民党中央委员的"三大知识分子"蔡元培、李石曾、吴稚晖。信的内容是这样的：

> 子民、稚晖、石曾先生：
>
> 自北伐军攻克江浙，上海市民方自庆幸得从奉鲁土匪军队下解放，不图昨日闸北，竟演空前之屠杀惨剧。受三民主义洗礼之军队，竟向徒手群众轰击，伤毙至百余人。"三一八"案之段祺瑞卫队无此（比）横暴，"五卅"惨案之英国刽子手无此（比）凶残，而我神圣之革命军人，乃竟忍心出之！此次事变，报纸记载，因有所顾忌，语焉不详。弟等寓居闸北目击其事，敢为先生等述之。
>
> 四月十三日午后一时半闸北青云路市民大会散会后，群众排队游行，经由宝山路。当时群众秩序极佳，且杂有妇女童工。工会纠察队于先一日解除武装，足证是日并未携有武器。群众行至鸿兴路口，正欲前进至虬江路，即被鸿兴路口二十六军第二师司令部门前卫兵拦住去路。正在此时，司令部守兵即开放步枪，嗣

---

[1] 吴觉农：《相交八十年 童心永不泯》，载费孝通、夏衍等：《胡愈之印象记》（增补本），中国友谊出版公司1996年版，第35页。

又用机关枪向密集宝山路之群众，瞄准扫射，历时约十五六分钟，枪弹当有五六百发。群众因大队拥挤，不及退避，伤毙甚众。宝山路一带百余丈之马路，立时变为血海。群众所持青天白日旗，遍染鲜血，弃置满地。据兵士自述，游行群众倒毙路上者五六十人，而兵士则无一伤亡。事后兵士又闯入对面义品里居户，捕得青布短衣之工人，即在路旁枪毙。

以上为昨日午后弟等在宝山路所目睹之实况。弟等愿以人格保证无一字之虚妄。弟等尤愿证明，群众在当时并无袭击司令部之意，军队开枪绝非必要，国民革命军为人民之军队，为民族解放自由而奋斗，在吾国革命史上，已有光荣之地位，今乃演此灭绝人道之暴行，实为吾人始料之所不及。革命可以不讲，主义可以不问，若并正义人道而不顾，如此次闸北之屠杀惨剧，则凡一切三民主义、共产主义、无政府主义甚或帝国主义之信徒，皆当为之痛心。先生等以主持正义人道，负一时物望，且又为上海政治分会委员，负上海治安之最高责任，对于日来闸北军队所演成之恐怖状态，当不能恝然置之。弟等以为对于此次四一三惨案，目前应有下列之措置：

（1）国民革命军最高军事当局应立即交出对于此次暴行直接负责之官长士兵，组织人民审判委员会加以制裁。

（2）当局应保证以后不向徒手群众开枪，并不干涉集会游行。

（3）在中国国民党统辖下之武装革命同志，应立即宣告，不与屠杀民众之军队合作。

党国大计，纷纭万端，非弟等所愿过问，惟目睹此率兽食人之惨剧，则万难苟安缄默。弟等诚不忍见闸北数十万居民于遭李宝章、毕庶澄残杀之余，复在青天白日旗下，遭革命军队之屠戮，望先生等鉴而谅之。涕泣陈词，顺祝

革命成功！

郑振铎、冯次行、章锡琛、胡愈之、

周予同、吴觉农、李石岑同启

四月十四日[①]

胡愈之当晚将抗议信通过邮局寄出以后，又将另一稿连夜送到二弟胡仲持那里。4月15日，胡仲持在《商报》上全文刊登了这封抗议信。胡愈之等人以一般知识分子无从想象的骨气和胆量，在一片腥风血雨中，大义凛然、无所畏惧地公开谴责蒋介石反革命集团的丑恶行径，显示了中国正直知识分子应有的正义和良知。周恩来对此给予了高度评价，夏衍说："记得抗战初期周恩来同志曾和我说过：中国知识分子是有勇气、有骨气的，'四·一二'事件之后有两件事我一直不会忘记，一是胡愈之、郑振铎他们写的抗议信，二是郭沫若写的《请看今日之蒋介石》，这是中国正直知识分子的大无畏的壮举。"[②]1949年新中国成立后，胡愈之亲笔起草的这封抗议信在李石曾的住宅里找到了，被放到上海中共一大会址纪念馆永久保存起来。

有消息传来，因为联名发表"四一二"抗议信，国民党当局要对

---

① 胡愈之：《就四一二惨案对国民党的抗议书》，载《胡愈之文集》（第二卷），生活·读书·新知三联书店1996年版，第171—172页。

② 夏衍：《中华民族的脊梁——胡愈之》，载费孝通、夏衍等：《胡愈之印象记》（增补本），中国友谊出版公司1996年版，第4页。

胡愈之等七人下毒手。在抗议信上署名第一的郑振铎不得不首先逃亡去了英国，临走时，他力劝胡愈之也尽快离开为好。胡愈之一开始并没有逃亡的想法，但随着事态越发严重，胡愈之的许多亲友都知道了这件事，他们或亲自登门或来信来电劝告，希望胡愈之能够暂时到国外避避风头。在众人的劝说下，胡愈之最后决定到欧洲去。

出于经济考虑，生活并不宽裕的胡愈之选择了法国，因为当时法郎与中国的银价比值低，生活成本不高。同时，胡愈之与商务印书馆方面商量，出国后继续为《东方杂志》写稿，由《东方杂志》支付稿费来维持自己在法国的生活。考虑到胡愈之14年间为商务立下的汗马功劳，商务印书馆管理层爽快答应了胡愈之的请求，让他以《东方杂志》驻欧洲特约记者的身份前往法国，并希望他能够多写一些关于国际时事的稿件，从而扩大商务的影响。

平时因为工作忙很少回家的胡愈之，在出国前夕，也就是1927年12月底回了一趟上虞老家。家中父亲已逝，只有妻子罗雅琴在家照顾老母。与家人团聚，胡愈之的心情是非常复杂的，对于前途也感到十分迷茫。1928年新年将至，上海开明书店的一班朋友得知胡愈之在上虞老家，于是大家相约到上虞白马湖春晖中学相聚。春晖中学是与天津南开中学并驾齐驱的名校，1921年创办后，校长经亨颐到处网罗人才，很快就聚集了夏丏尊、朱自清、丰子恺、匡互生、朱光潜、刘薰宇、刘大白等一大批文化界与教育界的名士。1923年春晖中学内部发生变故，导致上述名人纷纷离开了春晖。1925年连核心人物夏丏尊也去了上海立达学园任教，后来夏丏尊于1927年又加入了开明书店任编辑所长。夏丏尊虽然已离开了春晖，但他的家还安在白马湖畔的小平屋，所以这次聚会就设在了夏丏尊的家中。当时到场的共有八人，除了胡愈之外，还有章锡琛、夏丏尊、周予同、叶圣陶、徐调孚、章克标、贺昌群。"8位朋友聚在一起，小小的平屋便一下子如过节一般热闹了。乡村的筵席是丰盛而淳厚的：带血的白斩鸡、鲞冻肉、清炖小蹄髈、清水煮河虾、新腌的芥菜心、豆腐干丝冬笋丝小炒、新霉干菜豆瓣汤、辣茄酱、霉千张，总共有十余碗，酒又是地道的绍兴黄酒。菜一上桌，作为主人的夏丏尊自己先喊了起来'下饭（上虞方言：菜）嘎多，下饭嘎多'，他右手按在酒壶盖上，叫大家伙快坐下。等大家酒才半醺，夏先生却又按住酒壶说：'大家用饭吧，酒有的是，留在晚上再吃。'"① 虽然当时还是寒冷的冬天，但是这样温馨融洽的气氛让八人心中都顿生暖意，对于即将远行的胡愈之而言，更有一种难以言表的感动。

除了为胡愈之送行，此次聚会还有一个重要议题，就是商讨开明书店的发展问题。实际上，除了胡愈之外，其余七人当时都是开明书店的成员。"聚谈中大家一致认为，'妇女问题丛书'已搞不出什么新名堂，翻译东欧少数民族作品和出五线谱歌本等，虽然颇受好评，但单靠这些也不能长久支撑一家书店。老朋友们大多自学出身，又大多当过教员，知道当时学校的症结所在，于是大家一边慢慢吃，一边慢慢谈，渐渐地归结到一个中心：为什么不把开明当作一个学校来办？开明的读者中本来以青年为多，他们大部分失学，有谁来真的关心他们的成长呢？让这些书店的主要读者来做开明的学生，让他们有自己能读得懂并能引发思考的新课本，有门类众多又兴趣盎然的读物。胡

---

① 陈荣力：《大道之行——胡愈之传》，浙江人民出版社 2005 年版，第 73—74 页。

愈之谈到，还应特地给这些读者编一种刊物。大家商议，刊物就叫《中学生》，除了帮助他们联系实际学习各门课程，更得紧跟时代的步伐，给他们介绍各种新知识、讨论切身相关的新问题。这次聚会也确定由夏丏尊先生当开明的总编辑兼《中学生》杂志社社长。"① 此次聚会持续了三日之久，别离之际大家还留下了珍贵的合影。

二、留学法国

1928 年 1 月中旬，告别亲友，离开家乡，胡愈之从上海登上法国"波尔多芬"（Porthos）号邮轮，开始了他生平第一次远航。这次航程近 16000 公里，途经越南、马来西亚、新加坡，穿越马六甲海峡后进入印度洋，再经红海和苏伊士运河到地中海，最后到达法国南部著名港口马赛，弃船登岸后还要乘车才能到达法国首都巴黎。在海上漂泊了一个多月，1928 年 2 月下旬胡愈之终于抵达了目的地——巴黎。从多灾多难、充满白色恐怖的祖国来到了政治空气宽松、文化氛围浓厚的巴黎，胡愈之心情大为好转。他不但兴致勃勃地参观了巴黎公社墙、卢浮宫，还观看了当时正好在法国巴黎举办的国际戏剧节。胡愈之领略了之前从未接触过的艺术大观，更加引发了他的思考："在我们的祖国，一切都枯萎了，朽腐了，不值得我们的爱了。可是祖国究竟还是我们的祖国，我们还是抛弃不了他。在现在我们只有把异乡的奇花异木，移在我们的土地，把异地的源泉，灌溉我们的荒漠。把

---

① 陈荣力：《大道之行——胡愈之传》，浙江人民出版社 2005 年版，第 74 页。

新鲜稚嫩的苗种，播种在我们自己的田园，这样方才能得到'中国文艺的再生'。不然，单靠我们的本土，这旱田里是不能生长出什么来的。"① 这段话虽然是写在旅途中，却特别能代表胡愈之此时在法国的心态，他要积极为祖国寻求强国富民的药方。

胡愈之在法国举目无亲，又不懂法语，幸亏有世界语作为媒介，得以解决了生活、学习方面的问题。"我与法国世界语团体取得联系，得到了他们的帮助，解决了生活和学习问题。我进了巴黎大学国际法学院，学习国际法，研究国际问题。还到新闻专科学校听课学习新闻。所以，在法国我最初结识的都是法国世界语协会的一些成员，法国参加世界语运动的大都是觉悟的工人群众，其中有法国共产党党员，也有不少是无政府主义者，以后我还常去参加他们的小组学习活动，这样较多地接触了法国觉悟的工人群众，使我得以更深入地了解到法国社会面貌和被压迫阶级的生活情况。我的亲身实践证明世界语是国际交往的有力工具，我成了世界语运动的积极宣传者。在一九二八年和一九三〇年，我还作为中国的世界语学者，参加了在比利时的安特卫普和在英国牛津举行的世界语大会。"②

和在国内一样，胡愈之在巴黎大学学习期间，最倾心的地方就是图书馆。巴黎大学图书馆巨大的藏书量给热爱学习的胡愈之提供了极为便利的学习条件，他知道这样的学习机会十分难得，总是如饥似渴甚至废寝忘食地读书。利用懂英语和世界语的优势，胡愈之开始学习

① 胡愈之：《越南之游——献给黄运初先生及在越南的友人们》，载《胡愈之文集》（第二卷），生活·读书·新知三联书店1996年版，第234—235页。
② 胡愈之：《我的回忆》，载《胡愈之文集》（第六卷），生活·读书·新知三联书店1996年版，第331页。

法语，不久就掌握了法语的基本知识。为了能更好地学习法语，胡愈之还跑到生活费用比法国低的瑞士日内瓦暂住，跟一位华人法语教师学习法语。除了巴黎大学的图书馆，胡愈之还经常光顾巴黎的其他图书馆，当时巴黎的图书馆算得上是世界一流的，胡愈之当然不会放过这么好的读书机会。他仔细研读了许多国内无法看到的英文版和法文版的书籍，比如《共产党宣言》、《法兰西内战》等马列原著。通过对马列原著的阅读，胡愈之对马克思主义思想有了更深刻的理解和认识。

胡愈之在法国留学的三年，正是资本主义世界发生严重经济危机的时期。法国也不例外，胡愈之透过繁华看到的是工厂倒闭、大批工人失业的萧条景象。他回忆说："我是学习国际问题的，课堂上教师讲的也都是资本主义各国的经济危机。我参加世界语协会的一些小组活动，他们议论的中心还是经济危机。经济危机的阴影笼罩了每一个人的心头。资本主义的现实景象，使我对欧洲资本主义世界的幻想破灭了，资本主义并不像我原来想象的那样好，在表面的虚假现象背后，隐藏着许多严重问题和深刻危机。就在这样情况下，我去图书馆读了《资本论》，特别是对《资本论》的第一卷，还认真地下了一番功夫，这促使我思想发生了一个大的转折，我深刻地感到，资本主义是没有出路的，我开始由民主主义向社会主义转变。这可算是我在法国留学的最大的收获。"[①]确实，从这里开始，胡愈之的思想和信仰发生了质的变化，这为他日后加入中国共产党奠定了坚实的思想基础。

在巴黎大学附近有几家书籍装订坊，通过手工来精装书籍，胡愈之对此很有兴趣，他专门利用一个暑假的时间在那里学习了书籍装订

---

① 胡愈之：《我的回忆》，载《胡愈之文集》（第六卷），生活·读书·新知三联书店1996年版，第332页。

艺术。他们是用摩洛哥出产的皮张制作封面，整个过程都是纯手工制作。胡愈之学会后还把装订经验写信告诉开明书店的朋友。开明书店作为一个新办的书店，大家都兢兢业业，颇富创业精神，因此十分重视胡愈之所提供的装订技术，并尝试着在出版一些名著时加以运用，受到好评，也提升了当时中国出版书籍的质量和档次。

另外，他还利用各种机会游历了瑞士、比利时、英国等其他欧洲国家，眼界由此变得更为开阔，这为他了解最前沿的国际动态，撰写欧洲各国的时事评论和通讯提供了极大的便利。从 1928 年到 1931 年三年间，胡愈之在《东方杂志》以"本刊巴黎特约通讯员"的名义刊发了大量时事评论和通讯文章，有《巴黎国际戏剧节的两晚》、《和平的新方案——"战争非法"运动》、《纸上和平的开罗公约》、《教皇的新国与罗马问题的解决》、《裁军问题与列强之战争准备》、《英国总选举与工党政治之开始》、《苏联的陆军》、《梵谛冈与中国》、《海牙会议的前夜》、《伦敦会议与帝国主义海上势力的消长》、《欧陆短简》、《德国选举的经过及其国际的反响》、《印度革命论》（上）（中）（下）、《西班牙的革命高潮》、《芬兰的总统选举》、《意外相的时局演说》、《第二国际与政权问题》、《国际劳工局与失业问题》、《法兰西总统选举》、《教皇与棒喝团的反目》等共计 21 篇文章，累计达 17 万多字。这些文章视角独特新颖，涉猎范围广泛，无疑对国内读者及时了解最新国际局势有很大帮助。胡愈之为《东方杂志》撰稿，固然是为了赚取生活费，以补贴除了二弟胡仲持支持外的法国留学费用，但更重要的意义则在于直接尽到了为国人打开视野的责任。

在法国期间，与胡愈之交往最多的是三位多年好友，即李石岑、孙伏园和朱光潜。李石岑和胡愈之是商务同事，也是因为在"四一二"

抗议信上签名而被迫流亡到巴黎的。孙伏园乃是胡愈之绍兴老乡，早年胡愈之在绍兴府中学堂读书时的同学。朱光潜当年在上虞春晖中学任教时与胡愈之就很熟悉，当时在英国爱丁堡大学留学攻读英国文学、哲学和美术史，又时常渡海到巴黎大学进修法语。据他回忆，当年胡愈之在巴黎拉丁区（大学区）的一家旅馆租了很大的房间，是为了便于学习和参加社会活动，接待巴黎文化界的各国人士，但是却在吃方面极其节省，常常是到街头饭摊上站着吃一种"鱼餐"——几条炸小鱼和一些土豆。1984 年 1 月，有位记者采访朱光潜，请他谈谈留学时和胡愈之的交往以及对胡愈之的印象，他说："我每逢进城上课，都要去看胡愈之。当时和他住在一起的是陈诚的兄弟陈忠恕，此人也很勤奋好学，保持着书生本色，胡愈之待他很好。在我的印象中，胡愈之的大衣口袋里经常塞满报刊，大半是国际政治活动动态或是世界语方面的报刊。世界语和国际政治是他当时最关心的两件事。"① 可见，当时胡愈之在巴黎既勤奋又活跃，非常有活力。

还有一个重要的人物与胡愈之在巴黎相遇，就是享誉中国现代文坛的著名作家——巴金。早在 1920 年，胡愈之与巴金就有过书信交流，但未曾谋面。当时巴金才 16 岁，比胡愈之小 8 岁，他大胆地给胡愈之写信，就当时颇有争议的世界语推广问题提出了自己的看法和疑问。胡愈之及时予以回信，并鼓励巴金学习世界语，这对少年巴金无疑是极大的鼓励。1927 年 1 月，23 岁的巴金离开上海远赴法国巴黎留学；1928 年 2 月胡愈之也来到巴黎。在巴黎的偶遇，使胡愈之和巴金二人都十分激动，并且一见如故。之后，胡愈之与巴金的交往十

---

① 邹士方：《名人纪实》，辽宁大学出版社 1988 年版，第 80 页。

分密切，两人多次在胡愈之的寓所倾心交谈，从国际问题、国内形势谈到世界语、文学、历史等方面的问题，从政治理想、人生抱负谈到爱国爱民的情怀，两人的看法渐趋一致，彼此都感觉受益匪浅。尤其是巴金，这次与胡愈之相遇，可以说改变了他的一生。"1928 年，正是列夫·托尔斯泰诞辰一百周年。为纪念托翁，也为了帮助巴金以稿费应付留学生活的拮据，胡愈之便让巴金翻译当时刊登在巴黎世界语杂志上的文章《托尔斯泰论》，由他推荐到商务的《东方杂志》'托尔斯泰纪念专辑'上发表，同辑还刊登了胡愈之同样从世界语中译出的《托尔斯泰与东方》一文。"① 除了推荐翻译世界语方面的文章外，胡愈之还为巴金第一篇小说《灭亡》在《小说月报》上发表，提供了重要的帮助，使巴金从此走上中国文坛。

胡愈之还在法国结识了一位叫孟雨的好友。"他是早年去法国勤工俭学的，后留在法国的一个细菌研究所工作，并参加了法国共产党，他在法国的时间长，我接触法国工人群众和法共党员都是他介绍的，我受他的影响比较大。解放后孟雨回国，曾在卫生部一个研究所任所长，一九六七年去世了。"②

三、访问苏联

随着世界经济危机的加剧，一度繁荣的法国也陷入了百业凋零、

---

① 陈荣力：《大道之行——胡愈之传》，浙江人民出版社 2005 年版，第 78 页。
② 胡愈之：《我的回忆》，载《胡愈之文集》（第六卷），生活·读书·新知三联书店 1996 年版，第 331—332 页。

一派萧条当中，失业大军不断增加，生活费用逐渐提高，1930 年法郎大幅增值，与中国白银的比值增加到了 1928 年的四倍。完全靠国内汇稿费维持生活的胡愈之越来越感到生活上的窘迫，尽管他的二弟胡仲持及其他亲友也时常资助他一些钱，但他还是无法维持下去，只得决定中断巴黎大学的学业回国。和来时不同，胡愈之决定坐横穿欧亚大陆的国际列车回国，主要是为了看看世界上第一个苏维埃国家——苏联。因为他看到了资本主义没有前途，想看一下社会主义的苏联又是怎样。于是，他与苏联驻法国大使馆联系，但没有得到在苏联逗留访问的允许，只准过境。这时，胡愈之又想到了世界语。他从国际工人世界语团体的年鉴中，找到几个在莫斯科的世界语同志的地址，写信告诉他们具体到达莫斯科的日期，希望得到他们的帮助。

1931 年 1 月 12 日，胡愈之一身简装从巴黎北火车站出发，踏上归程。火车从巴黎经比利时、德国、波兰直达苏联边境，行程为 14000 多公里。当火车驶至德国柏林时，胡愈之下车游览，并特意前往柏林《国际主义者报》（世界语）编辑部拜访。

行至德国西部边境，胡愈之又在特洛业城下车，因为 1929 年他在比利时参加万国世界语大会时认识了德国《世界语周报》的主笔，这位朋友就住在特洛业，胡愈之看望他后还游览了特洛业城和莱茵河的优美风光。之后，胡愈之继续上车抵达德国西部的大工业城市多特蒙德，也受到了当地世界语者的款待，当地世界语组织还特意为胡愈之举办了世界语者的集会，胡愈之非常感动。在多特蒙德，胡愈之还参观了当地最大的钢铁厂和附近的工人住宅。为了深入了解多特蒙德的民生情况，胡愈之特意访问了当地的失业登记所和两家工人报馆。离开多特蒙德城，胡愈之到了德国普鲁士邦的最大工商业城市汉诺威。汉诺威有前德国皇室的别宫和御园，历史悠久，风光秀丽。胡愈之本想参观汉诺威的前德国皇室建筑，由于天气骤变，大雪纷飞，气温低至零下二十几度，打断了他的旅行计划。不过，汉诺威还是给他留下了深刻的印象，因为当地世界语者在汉诺威车站附近的一家公共食堂里为他举办了一次世界语者聚会。

虽然不懂德语，但因为有了世界语组织的帮助，胡愈之较为顺利地游览了德国西部的三个城市。这一旅行，使他也看清了德国与法国一样，正在经受着经济危机的冲击，看到了资本主义制度下广大工人的艰难生活和真实处境。

1931 年 1 月 27 日早上，在颠簸了半个月后，胡愈之终于到了他向往已久的红色之都——莫斯科，在这里换车，有一天休息的时间，他准备利用这一天时间参观访问一下社会主义制度下的各种新景象。"我一下车，就见到了两位挥着小的绿色星旗（世界语的旗帜）的女同志，原来我写的信他们收到了，所以特地到车站来迎接我。莫斯科世界语学会的同志非常热情，当他们知道我想参观但又没得到逗留签证后，立即为我积极奔走，使我得到了在莫斯科停留七天的许可，接着他们又为我解决了食宿问题，具体安排参观日程，这样我终于实现了在莫斯科参观访问的愿望。"①

在苏联世界语者的帮助下，胡愈之访问苏联莫斯科的日程被安排得满满当当，使他既充实又快乐：

1 月 27 日中午，在莫斯科世界语者、莫斯科青年演员尼古

① 胡愈之：《我的回忆》，载《胡愈之文集》（第六卷），生活·读书·新知三联书店 1996 年版，第 333 页。

拉·雷蒂可夫的陪同下，胡愈之即拜见了苏联世界语同盟总书记德列辛。见面是在德列辛同志家里进行的，因为德列辛曾任过政府要职，当时还担任莫斯科大学教授和《工业报》主笔，所以他的家里显得十分阔绰。德列辛虽然很自负，对当时国际工人世界语组织负责人法国人朗蒂颇有成见，但对从法国而来的胡愈之还是十分热情的。见面后德列辛陪胡愈之在记者食堂吃了午餐，又帮助胡愈之安排了食宿。

1月28日下午，胡愈之来到苏联世界语会总事务所，请他们介绍到苏联对外文化协会访问。在总事务所，胡愈之专门打听了1921年他在上海相识，后回到祖国的著名世界语者、苏联盲诗人爱罗先珂的消息。得知爱罗先珂在乌克兰的一个盲童学校教书，离莫斯科太远，他只得放弃了重会10年前老朋友的念头。当日晚，胡愈之参加了莫斯科和列宁格勒两市旅馆业劳动者生产竞赛大会，并应邀在主席团就座，会上由陪同的R女同志翻译，胡愈之用世界语致了词，赢得了全场热烈的掌声。会后他还参加了宴会和舞会。

1月29日上午，胡愈之访问了苏联对外文化协会总部，在该总部他遇到了苏联著名的世界语作家瓦朗金，并应其盛情邀请到他家里共进午餐。瓦朗金是鞑靼族人，当时与莫斯科剧院一位也是鞑靼族的20余岁的女歌唱演员同居，因为两人都是文艺工作者，所以他的家充满了东方艺术情调。胡愈之与瓦朗金就苏联的婚姻制度、民族文化和国际文化等问题作了一次坦率而十分愉快的交谈。饭后胡愈之参观了莫斯科南郊的工人住宅区、乡苏维埃办公处和两处乡医院。晚上他又参观了苏联中央电报总局，接着参加了在电报总局附近一所大戏院召开的少年先锋大会。

1月30日上午，胡愈之参观了苏联共产党的理论最高研究机关共产党大学，拜会了著名经济学家瓦尔加教授。作为国际知名的大经济学家，胡愈之对瓦尔加的著作不但早有研读，心里更充满了敬佩，这次见面，瓦尔加给胡愈之留下了十分良好的印象。经瓦尔加的介绍，胡愈之还拜见了共产党大学的国际政治教授、中国问题专家伏丁斯基教授。从共产党大学出来后胡愈之顺道参观了苏联中央图书馆。下午，他在访问一位中国朋友不遇后，顺道访问了《文艺新闻》主笔I同志的家，不巧的是I也不在，他因此认识了I的夫人和女讽刺画家K同志，并与I夫妇的两个小孩成了朋友。

1月31日的上午和下午，胡愈之是分别在莫斯科的三山纺织厂和苏联国营农场的总管理机关谷麦托拉斯度过的。三山纺织厂虽算不上是莫斯科最大的纺织工厂，但也有3000多工人，除了与纺织工人有面对面的交谈外，三山纺织厂给胡愈之留下的最深印象，是它的车间环境、卫生设备的先进和完善。在谷麦托拉斯，胡愈之详细了解了苏联国营农场、农业经济政策、土地改革等情况，特别是对资本主义国家中根本不可能出现的农业集体化这一大胆尝试，他更是极为关注。

2月1日的白天，是胡愈之在莫斯科7天的参观中唯一一天可称为游览的日子，他游览了克里姆林宫，拜谒了列宁墓。这天晚间，胡愈之应邀到福金街6号的联络工人俱乐部，参加了莫斯科世界语者为他举行的招待会，并在会上作了关于世界语情况的报告。因招待会时间较迟，会前他又专门旁听了正在该俱乐部举行的家庭苏维埃妇女代表选举会议。

2 月 2 日上午，胡愈之到职业工会总部拜访了曾教授爱罗先珂世界语的 J 同志，下午在 J 的陪同下来到莫斯科近郊的阿摩汽车工厂参观并拜访了厂内《工人日报》的总编辑。同日晚，他又赴莫斯科大戏院观看了取材自中国的舞剧《红花》。

2 月 3 日是胡愈之离开莫斯科的日子。这天他参观了莫斯科模范小学，傍晚即踏上了由莫斯科经西伯利亚到中国东北的国际列车。①

虽然只有短短的七天时间，但是胡愈之感受到了完全不一样的世界，使他感受最深的是苏联这个国家人与人之间的关系。在他看来，这里的成人大都还是大孩子，天真、友爱、活泼、勇敢，每个人都活得那么坦荡与热情，不必再为生活而忧虑。而且，从苏联的发展，他还看到一个本质性的问题，那就是正当资本主义世界经历经济危机，全球一片萧条景象的时候，苏联恰好度过了艰难的过渡时期，开始了经济建设的第一个五年计划，全国上下出现了欣欣向荣的建设热潮，发生着许多奇迹。由此，胡愈之认识到一个真理：未来的世界是社会主义的，只有社会主义才能救中国。对于中国社会的未来发展，他心里也充满了信心和希望。

告别莫斯科，胡愈之经西伯利亚到达中国东北，回到阔别已久的祖国。那时中国正处于风声鹤唳的时期，国民党政府忙于围剿红军和各个革命根据地，镇压人民的反抗，给人感觉一片白色恐怖。为了

---

① 陈荣力：《大道之行——胡愈之传》，浙江人民出版社 2005 年版，第 83—85 页。

进一步看清目前中国的情况，胡愈之还特地转道去北平游览了几天。1931 年 2 月底，胡愈之抵达上海，又回到商务印书馆，仍在《东方杂志》当编辑。当时《东方杂志》的主编是钱智修，因其年纪比较大，加上于右任又将其拉去南京监察院任事，于是，胡愈之实际上担负起《东方杂志》主编的职责。

1931 年 2 月，上海新生命书局的老板樊仲云为了拓展书局下属的《社会与教育》杂志的销路，向从欧洲归来的胡愈之约稿。胡愈之答应了樊仲云的要求，提出就写自己在莫斯科的见闻，但有一个条件，那就是樊仲云不能删改一个字。樊仲云毫不迟疑地答应了。当时国民党政府是反苏的，正面宣传苏联肯定会遭到查禁，于是胡愈之与樊仲云商量就以游记的形式在《社会与教育》杂志上连载，从 1931 年 3 月起，每周发表一段，一共写了 6 万多字。《莫斯科印象记》刊登后，果然提升了《社会与教育》杂志的销量。樊仲云又趁热打铁，迅速组织人马，将《莫斯科印象记》结集成书，由新生命书局出版。1931 年 8 月《莫斯科印象记》单行本出版后，十分畅销，此后的一年多时间里一连再版了五次，可见影响有多深远。

这样的销量在 20 世纪 30 年代可谓是一个令人难以置信的奇迹。当然，这本书能够在国民党反动派进行文化"围剿"、查禁各种进步书刊的情况下出版，想来也是非常侥幸的事。"这是因为文章最初是在樊仲云编的杂志上发表的，书也是在他办的书店出版的，所以没有引起国民党反动派的注意。"①《莫斯科印象记》在当时中国文化知识界，尤其是青年群体中产生了很大影响，不久以后就引起了国民党政

① 胡愈之：《我的回忆》，载《胡愈之文集》（第六卷），生活·读书·新知三联书店1996 年版，第 335 页。

府的注意，书立即被查禁。但由于书早已流传开来，在大陆被禁，在香港、南洋等地翻印出版的却还有很多。

由于《莫斯科印象记》的出版，胡愈之一时成了备受关注的公众人物。"首先上海青年会就来找我去做报告，要我介绍苏联第一个五年计划建设的情况。不久，担任上海法学院副院长的沈钧儒，也要我去法学院给学生讲一讲苏联的情况。这样我和沈老相识了，后来成了忘年之交。这以后，苏州青年会也来要我去做报告，一个星期天我去了，但这一次国民党反动派出来干涉了，我一到苏州，警察局长就找我谈话，说上面有通知，不准谈苏联的问题。报告做不成了，只能在苏州游览。但来听报告的青年却不肯散，都跟在我的马车周围，边走边问我苏联的情况，这样实际上我是在游览途中，在马车上做了报告。"①

《莫斯科印象记》是胡愈之的一次不同寻常的采访成果。1917 年十月革命之后，世界上第一个社会主义国家苏联成立，当时全世界的资本主义国家都在反对它、歧视它，并对它进行新闻封锁。国民党政府也不例外，没有同苏联建立正常的外交关系，因此当时中国读者对苏联完全陌生。《莫斯科印象记》却将神秘的苏联展现在大家面前，集中反映了苏联社会主义制度的优越性。胡愈之列举了很多事例来说明这一点，如他描绘苏联家庭妇女的选举会，反映了作为劳动者的家庭妇女也享有平等的政治权利。苏维埃的代表是由群众公开选举的，候选人在选举会上须发表竞选演说，然后由群众当场表决。中老年的"管家婆"们不但静听候选人的演说，还向候选人提出质问，由候选

---

① 胡愈之：《我的回忆》，载《胡愈之文集》（第六卷），生活·读书·新知三联书店1996 年版，第 335 页。

人答辩，显得相当民主。另外，工厂的候选人都在工人中选出，公布后工人可提出更换的意见。再如他介绍自己参观纺织厂和汽车厂，发现苏联工人的生活都相当美满，因为工人一天只工作七小时，每工作四天就休息一天，他们的最低工资却比革命前高了一倍。还有，胡愈之观察到工人的雇佣和辞退都由厂委员会决定，厂长不称职时工厂委员也可以随时请政府撤换，所以管理人营私舞弊或官僚化的事情就不易发生。工厂都设有食堂、托儿所、俱乐部、图书馆，工人们一天除了睡觉，都可以在厂内活动，他们生活已经社会化了。工厂还设有工人法庭，有权惩罚违纪的工人。这些事例集中反映了苏联劳动人民享受到了翻身的幸福，对中国20世纪30年代的读者具有很大的吸引力。

在《莫斯科印象记》里，胡愈之描绘得最为细致的还是苏联的人际关系。胡愈之是个中国人，在苏联无亲无故，却受到了热情的接待：在劳动人民的集会上，他被选为主席团的成员，参观了克里姆林宫，拜谒了列宁墓，会见了著名的经济学者瓦尔加，还在苏联大戏院以前皇帝占用的包厢里看了芭蕾舞剧，莫斯科的世界语者为他举行了招待会……这些都充分表明苏联劳动人民十分好客，富有国际主义情感。到莫斯科市政府参观后，他觉得"一切情形和我们在英、法的市政厅所见的差不多。只是柜台内坐着办公的，女职员较多，态度和蔼，少一些官场气"①。

《莫斯科印象记》还表现了胡愈之对社会主义的憧憬和向往、对苏联这个新生的社会主义国家的赞美和肯定：

---

① 胡愈之：《莫斯科印象记》，载《胡愈之文集》（第二卷），生活·读书·新知三联书店1996年版，第364页。

日本的世界语者秋田雨雀先生于参加十月革命十周年纪念游俄归来后写了一本《青年苏维埃俄罗斯》。在那书里，他说：

知道苏俄的将来的，便知道了全人类的将来。

苏维埃联邦正在改造的旅途中，它的将来，还没有人能知道。但是单就目前说，十月革命却已产生了许多奇迹。而就我所见，最大的奇迹是人性的发见。

在莫斯科使我最惊奇的，是我所遇见的许多成人，都是大孩子：天真，友爱，活泼，勇敢。有些人曲解唯物主义，以为苏维埃的生活是冷酷的、机械的、反人性的。我的所见，恰巧是相反。我在那里是一个生客，但是住了一二天，就觉得个个人是可亲的、坦白的、热情的。

但是想起来这也并不足以惊异。因为苏维埃革命，是以废除掠夺制度、奴隶制度为目的的。掠夺制度一旦废除以后，有手有脑的人，不必再为生活而忧虑；人不必依靠剥削别人或向人求乞而生存；这样成人与孩子间的鸿沟自然是给填平了。

……

要是我们的知觉还未完全麻痹了，当着这伟大的创造和这些诚实、勇敢、热烈的创造者的面前我们是不免要面红耳赤的。[①]

这里，胡愈之看到了苏联社会主义革命的本质，看到了人性的发现、尊重和解放的重要性。

《莫斯科印象记》的写作和刊发，对当时的中国文化知识界，尤

---

① 胡愈之：《莫斯科印象记》，载《胡愈之文集》（第二卷），生活·读书·新知三联书店 1996 年版，第 354—355 页。

其是广大青年知识分子产生了巨大冲击，引起强烈的反响，影响了一代甚至几代中国人。鲁迅先生曾这样说："这一年内，也遇到了两部不必用心戒备，居然看完了的书，一是胡愈之先生的《莫斯科印象记》，一就是《苏联见闻录》。"①

邹韬奋则于1931年9月26日的《生活》周刊第6卷第40期上发表了《读〈莫斯科印象记〉》一文，开篇就指出了《莫斯科印象记》的重要性：

> 胡君于今年一二月间亲在莫斯科观察一星期，此书便是他在该处所得的"印象"，全书虽有一五一页，但以著者亲切有味的叙述，通畅流利的文笔，令人非终卷不能自休，看完时觉得没有这么多的页数似的。苏联的主义如何是另一问题，但是他们现在努力于为民众谋经济上及教育上的建设，不久以前蒋作宾氏游俄一月，也有很深的感动。记者最近在沪曾有一次在友人处遇着蒋氏，谈及此点，蒋氏亦以我国对苏联现状须作切实的研究为言。我国的中山先生建议以三民主义拯救国族，为全国志士所信仰，但扰攘数年，最与全国民众生活上有密切关系的民生主义，仍未见诸实行，我们每闻苏联建设之新闻，未尝不怃然长叹。②

《莫斯科印象记》的发表，还有两个重要的意义。一是对中国世界语运动的发展具有重要的意义。一些青年从这本书里看到世界语在

---

① 鲁迅：《林克多〈苏联见闻录〉序》，载《鲁迅全集》（第四卷），人民文学出版社2005年版，第435页。

② 邹韬奋：《韬奋书话》，学林出版社2000年版，第49页。

国际交往中能起到重大作用，纷纷开始学习世界语。1931 年底，胡愈之、楼适夷、叶籁士、张企程等积极联络世界语者，多方努力，建立了中国青年世界语者联盟（后称为中国左翼世界语者联盟），胡愈之被推选为联盟书记。后来在这个基础上又成立了上海世界语者协会，出版了《世界》这个刊物，提出了"为中国的解放而用世界语"的口号，还定期举办世界语学习班和函授教学，进一步推进了中国世界语运动的发展。二是引起了中国共产党对胡愈之的关注。有一天，沈雁冰（茅盾）打电话给胡愈之，请他到自己家里来，说有一个熟人要和他谈谈。胡愈之随即赶到茅盾家中，才知道所谓的"熟人"就是张闻天。确实，张闻天也算是"熟人"，因为过去张闻天常给《东方杂志》写稿，和胡愈之比较熟悉。这次张闻天是代表中国共产党来了解胡愈之对党的看法以及对党的态度。虽然胡愈之没有明确表示自己入党的意愿，但两人的交谈还是十分融洽的，既谈了工作，又谈了思想。可惜之后两人没能再次深谈，直到新中国成立后，两人才有机会再度相遇。

四、协办《生活》周刊

1931 年 9 月 18 日，日本关东军突然炮击中国东北军的北大营并向沈阳进攻，制造了震惊中外的"九一八"事变。19 日，日军侵占了沈阳，几天之内又占领长春、吉林等地。"九一八"事变是日本帝国主义企图以武力征服中国的开端。面对日本帝国主义的侵略行径，国民党蒋介石政府却采取"绝对不抵抗政策"，强行命令张学良的东北军撤至山海关内，把东北拱手送给了日本。日本帝国主义的侵略罪行和蒋介石政府的卖国政策，激起了全国人民抗日反蒋的怒潮，掀起了声势浩大的抗日救亡运动。对国际形势有深刻了解的胡愈之，一下子就看穿了日本侵占东北的意图，不是像很多人想象的那样仅是要进攻苏联，而是要全面鲸吞整个中国，侵占东北仅仅是侵略的开端。为了让处于迷茫的中国人民清醒地认识到危机，胡愈之在 9 月 26 日的《社会与教育》杂志上发表了《尚欲维持中日邦交乎?》一文，在中国最早提出了对日"断交宣战"的抗日主张。然而，国民党蒋介石政府似乎对这些都熟视无睹，非但没有断绝与日本的外交关系，还仍旧允许日本公使领事在中国领土上行使职权，而中国政府还对其以国宾相待。如此软弱的态度，令全国人民所不耻，胡愈之更是义愤填膺，他对蒋介石政府发出严厉的诘问："日本帝国主义现在已成为我国四万万五千万民众的深仇大敌，而政府还和他折冲樽俎，蒋作宾还在东京，呈递国书，代表国民政府主席，向敌国天皇致祝，这不是一个极大的矛盾吗?"① 在《尚欲维持中日邦交乎?》这篇文章的最后，胡愈之还掷地有声地指出："非取断然的措置，便是投降。现在是只有这两条路。"② 当时，如此明确宣传抗日并提出抗日主张的文章还没有，所以《尚欲维持中日邦交乎?》这篇文章发表以后影响非常大，广大爱国群众都支持胡愈之的意见和要求，《社会与教育》杂志也因此而销路大增，从原来的数千份一下子突增到两万份。

---

① 胡愈之:《尚欲维持中日邦交乎?》，载《胡愈之文集》(第二卷)，生活·读书·新知三联书店 1996 年版，第 448 页。

② 胡愈之:《尚欲维持中日邦交乎?》，载《胡愈之文集》(第二卷)，生活·读书·新知三联书店 1996 年版，第 448 页。

　　"九一八"事变不久，在与开明书店老朋友的聚会上，胡愈之、夏丏尊、叶圣陶、章锡琛、吴觉农、夏衍、宋云彬等人都就严峻的国内形势和国际局势发表了自己的看法，胡愈之的发言显得与众不同，他认为美国罗斯福的"新政"已初见成效，欧美和日本帝国主义之间的矛盾必然会日益加剧，所以当前最重要的问题是团结人民，反对国民党的反共反苏政策。中国政府应该和苏联复交，争取苏联的援助。

　　1931 年冬，上海一些研究国际问题的共产党员筹备成立"苏联之友会"，胡愈之也应邀参加。当时这些人都认为现在当务之急是"武装保卫苏联"，因为日本侵占中国的东北，其最终目标还是为了进攻苏联，所以，成立苏联之友会的目的，就是要号召全国劳动者起来武装保卫苏联，并认为中国苏维埃政府与苏联联合是没有问题的。这是当时党内"左"倾冒险主义的思想，胡愈之没有赞同，他在发言中表示：中国与苏联交好非常有必要，要促成中苏两国政府建立抗日同盟，而不仅仅只是中华苏维埃政府与苏联联合，因为中苏两国政府形成抗日联盟就可以对日形成有效的威慑，也可以促使蒋介石政府"改弦更张"，放弃不抵抗政策。"联苏抗日"的主张显示了胡愈之作为一个国际问题专家的卓越眼光，这是他洞察东西帝国主义之间的矛盾得出的真知灼见，显然和其他人的意见不一致，所以并未得到大家的支持。

　　随后，胡愈之在《东方杂志》等报刊上发表了一系列主张争取广大群众、团结一切可以团结的人联合抗日的文章。但是，此时中共中央内部以王明为代表的"左"倾冒险主义却依然执迷不悟，继续提出"武装保卫苏联"、"中间派是最危险的敌人"等不利于时局发展的口号。甚至中国左翼作家联盟还发起了一场反对"第三种人"的论争，竟然把胡愈之看成是右倾机会主义者，在一些小报上讽刺胡愈之想到国民党外交部去做官，是喝了宋美龄的洗脚水被迷了魂。但是，作为一个引导舆论的新闻工作者，胡愈之感到责任之所在，本着实事求是的精神继续坦率地发表文章，宣扬自己的观点和主张。夏衍回忆起这段历史时期的胡愈之，就说："胡愈之当年并没有被错误的批评所吓倒，他还是不断地发表文章，指出在日本帝国主义的进攻中，民族资本家开始对国民党不满，国民党内部也有'不愿做奴隶的人'，蔡廷锴、蒋光鼐的十九路军在上海奋起抗战，就证明了这一点，而这一场淞沪战争又得到了上海工商界头面人物的支持，这一切也就说明了当政的国民党也不是铁板一块。……在30年代初期王明路线占上风时期，在进步文化界能有这种实事求是的远见卓识，实在是难能可贵的。"[①] 后来，1932年底，国民党政府迫于全国民众的舆论压力和强烈要求，与苏联恢复了正常外交关系。"在我国艰苦抗战的八年中，苏联一直在财政、军事等方面给中国以无私的援助，为中国抗日战争的胜利作出了重大贡献，这是中国人民永远不会忘记的。这一切也证明了胡愈之当初提出的'中苏友好，联合抗日'主张是正确的。"[②]

随着胡愈之的名气越来越大，主持《生活》周刊的邹韬奋开始向胡愈之约稿，二人也因此成为志同道合的好友，开始了正式合作。邹韬奋（1895—1944），中国卓越的新闻记者、政论家和出版家。1922年从圣约翰毕业后进入黄炎培等创办的中华职业教育社任编辑部主任，开始从事教育和编辑工作。1926年10月，邹韬奋接替银行家王

---

① 夏衍：《中华民族的脊梁——胡愈之》，载费孝通、夏衍等：《胡愈之印象记》（增补本），中国友谊出版公司1996年版，第6页。

② 朱顺佐、金普森：《胡愈之传》，杭州大学出版社1991年版，第75页。

志莘任《生活》周刊第二任主编，以犀利之笔，力主正义舆论，抨击黑暗势力，为《生活》周刊打开了新局面，革新后的《生活》周刊以"暗示人生修养，唤起服务精神，力谋社会改造"为宗旨，面貌焕然一新。

"九一八"事变后不久，邹韬奋在好友毕云程的陪同下来找胡愈之。毕云程当时是上海一纱厂的高级职员，早年和胡愈之在"惜阴公学"夜校补习英语的时候相识，由他牵线搭桥，胡愈之和邹韬奋两人在闸北宝山路东方图书馆内会面了。两人互相闻名已久，终于可以坐到一起倾心交谈，大有相见恨晚的感觉，一谈就是三个多小时。两人就"九一八"事变后国内外局势进行讨论，观点趋向一致，都深受对方启发。胡愈之的高瞻远瞩和博学多识给邹韬奋留下深刻印象，而胡愈之对邹韬奋也是刮目相看。临走时，邹韬奋向胡愈之约稿，希望他能为《生活》周刊写点东西。胡愈之说："现在办刊物，首先就应该宣传抗日，你要我写文章，我就写抗日的文章。"[1] 邹韬奋表示赞同。

《生活》周刊在邹韬奋的主持下，发展迅速，由原来以指导职业教育为主发展成指导生活问题、提高人生修养和力求社会改造的刊物，变得非常生动活泼，到 1930 年，发行量从原来不足 3000 份一下子飙升到 12 万份，这在当时是创纪录的。胡愈之在《生活》周刊上发表的第一篇文章题为《一年来的国际》，发表在 1931 年纪念辛亥革命 20 周年的特刊上。该文对一年来的国际形势进行了深刻的分析，联系到第一次世界大战爆发前的情况，胡愈之在文章最后指出："一九一一年与一二年的巴尔干战争，是一九一四年世界大战的序幕。假如我们的推断不错，一九三一年日本对我国东三省的强暴侵略

---

[1] 胡愈之：《我的回忆》，载《胡愈之文集》（第六卷），生活·读书·新知三联书店 1996 年版，第 338 页。

行为，亦将成为第二次世界大战的序幕。"[1] 以后的国际形势发展，不幸被胡愈之言中了。1937 年，卢沟桥事变发生；1939 年，希特勒统治下的德国进攻波兰，第二次世界大战全面爆发。《一年来的国际》对国际形势准确而透彻的分析，拓展了人们的视野，让人耳目一新。从此，《生活》周刊逐渐改变方向，关心与议论国家民族大事成为主旋律，刊物与全国人民反蒋抗日的愿望相吻合，越来越受到读者的欢迎。

后来，《生活》周刊每期组稿会都邀请胡愈之出席。"往往是在饭馆里几个人一起吃饭，同时就商谈下期刊物的内容，结果几乎每期总是确定以宣传抗日为主要宗旨。后来我们也常在一起讨论国内外形势，研究一些政治理论问题，我以'伏生'、'景观'等笔名为《生活》周刊写了许多文章。就这样，《生活》周刊与社会的现实斗争密切联系，渐渐地变为主持正义的舆论机关，《生活》周刊的政治影响也逐渐扩大了。邹韬奋也在实际斗争中成为一名坚强的爱国民主战士，我与邹韬奋也在共同战斗中建立起最亲密的友情。"[2]

"九一八"事变后，中国民间的反日情绪高涨，日本方面声称将采取自卫手段保护在中国的日侨利益。1932 年 1 月 24 日，日本海军陆战队向上海增兵，当时负责防卫上海的中国军队是粤军的十九路军，由蒋光鼐及蔡廷锴指挥，京沪卫戍司令为陈铭枢。陈铭枢及十九路军主张应对日军挑衅，但国民政府会议后则主张忍让，并于

---

[1] 胡愈之：《一年来的国际》，载《胡愈之文集》（第二卷），生活·读书·新知三联书店 1996 年版，第 453 页。

[2] 胡愈之：《我的回忆》，载《胡愈之文集》（第六卷），生活·读书·新知三联书店 1996 年版，第 338 页。

1月23日由军政部长何应钦下令十九路军五日内从上海换防。1月28日23时30分，日军海军陆战队2300人在坦克掩护下，沿北四川路西侧的每一条支路：靶子路、虹江路、横浜路，等等，向西占领淞沪铁路防线，在天通庵车站遇到中国驻军十九路军的坚决抵抗，"一·二八"事变就此爆发。

就在"一·二八"事变的前几天，胡愈之得了疟疾，高烧不止，病情相当严重。胡愈之在二弟胡仲持的再三劝说下，于1月27日住进了上海红十字医院。第二天战争就爆发了，闸北处于最前线。商务印书馆的编译所和印刷厂，还有胡愈之在上海的家，都在闸北区的宝山路，全被炸毁。大批伤兵住进了上海红十字医院，连走廊上都住满了。医院无法再待了，胡愈之待高烧稍退就出院，立即坐船到宁波转回老家上虞。本来病还没全好，加上旅途颠簸，到家后胡愈之的病情更加严重了，转为伤寒，医生都对此束手无策。最后，还是胡愈之的堂兄胡仲宣救活了他，他是专治伤寒的中医，当年胡愈之在绍兴府中学堂染上伤寒时，也是胡仲宣保住了他的命。在上海，胡愈之的同事、朋友找不到胡愈之，都以为他遇难了，这是胡愈之第一次被误传死讯。大家为此感到十分痛心，甚至胡愈之在法国的朋友也来电询问。直到5月，胡愈之病愈后重返上海，大家才知道实情。

不过，回到上海后，胡愈之却失业了。商务印书馆被炸，商务总经理王云五为了减少损失，只好采取解雇全体员工的方法。1932年2月初，商务下属的各所、印刷厂以及在虹口、西门的两家分店均停业关门，员工一律解雇，听候重新雇佣。这样的处置对全体商务员工无疑是莫大的打击，很多员工都在商务工作了很多年，被解雇后福利待遇都没有了，退俸金也只发给原金额的17.8%，员工们生活陷入了困顿。即便是像杜亚泉那样的知名人士，也在劫难逃。杜亚泉是商务的创建者之一，而且兼任理化部主任、《东方杂志》主编，他已经效力于商务 28 个年头了，原本按照商务规定，杜亚泉退休后可以得到一万多元的退俸金，但商务实行全员解雇后，无法支付退俸金。无奈之下，杜亚泉只身回到上虞老家，只能靠变卖田地勉强维持生计，不久生病，1933 年 12 月 6 日因无钱医治不幸去世。

胡愈之没有工作，就帮助邹韬奋编辑《生活》周刊，为《生活》周刊写稿，成了《生活》周刊不可或缺的撰稿人。以后胡愈之几乎每期都在《生活》周刊上发表文章，而且都用"伏生"这个笔名，于是，一个深受广大读者喜爱的国际问题专家"伏生"渐渐为人们所熟悉。这些文章如《远东问题的关键在欧洲》、《德国政局的展望》、《论智利革命》、《德国赔偿问题之僵局》、《裁军会议的新把戏》、《彷徨中的英国》、《德国政治的法西斯化》、《德国政治的新分野》、《从罗斯福当选说到战债问题》、《日内瓦的黄昏》、《屈辱惨痛的一事》、《大众利益与政治》、《最近的国际形势》等，都对国际格局和国内形势的把握及时深刻，分析独到犀利，引起强烈反响。如《最近的国际形势》一文对当时的国际形势总结和分析道：

（一）因空前的世界经济恐慌，达到了顶点，资本帝国主义的内部矛盾，日益暴露，其本身崩溃可计日而待。

（二）帝国主义为求掩饰其内部的矛盾，避免其本身的崩溃，对于争夺世界市场及殖民地的斗争，遂愈益尖锐化。最后终于不免转变成公开的武力冲突。所以帝国主义的第二次世界战争，已无法避免，而这世界战争便将直接促成帝国主义的灭亡。

（三）这帝国主义的世界战争，包含着两个可能性，一为帝国主义的内部战争，二为帝国主义的反苏联战争。

（四）因为目前已在世界战争的前夜，所以帝国主义在加紧扩张军备，准备厮杀。同时则又用国际联盟，《非战公约》那些伪善的面具来掩护他们的备战的事实，并以欺骗爱和平的民众。

（五）中国这一块广大的商品及投资市场，在帝国主义势力支配之下，日益加深殖民地化。同时帝国主义内部的矛盾，也在这一块肥大的土地内，特别显现，帝国主义者一方面联合镇压中国的民族解放运动，在另一方面则互相争夺在中国的经济政治军事利益。"九一八"以来，日本帝国主义的武力占领，日美对立关系的显露，日俄冲突的尖锐化，便成了未来世界战争的导火索。①

分析了这些之后，胡愈之特别指出，中国的民众要必须充分认识帝国主义的真实面目，要用武力来和帝国主义及其同盟者作坚决的斗争，这是中国民族的唯一出路，也是最后一条必胜之路。随着胡愈之在《生活》周刊上发表文章日益增多，"伏生"的名气也越来越大，还曾经有人冒充"伏生"的笔名在其他报纸杂志上发表政论文，给胡愈之带来了不少麻烦。1933年3月，在邹韬奋的组织下，生活书店将胡愈之在1932年下半年发表的评论文章整理成《伏生国际论文集》予以出版，影响较大。

除了给《生活》周刊写稿，胡愈之还谋到了另外一份稳定工作。

---

① 胡愈之：《最近的国际形势》，载《胡愈之文集》（第三卷），生活·读书·新知三联书店1996年版，第79—80页。

1932 年 6 月，法国在上海新办了一个新闻通讯社——哈瓦斯社。哈瓦斯社成立后急需人才，向《申报》征询。当时正在《申报》工作的胡愈之二弟胡仲持得知消息后，向哈瓦斯社推荐了胡愈之。哈瓦斯社了解到胡愈之不仅善于分析国际问题、有新闻出版工作经验，而且还在法国留过学，懂得英语、法语和世界语，立即聘请他为哈瓦斯通讯社中文部编辑。胡愈之在哈瓦斯社工作颇为轻松，每天只需两个小时，上午 10 点收译电讯，编成电讯稿后 11 点左右向上海各报发稿，晚上 10 点再如此收发一次晚间电讯。这样一点也不影响胡愈之帮助邹韬奋编辑《生活》周刊，而且通过对电讯的编辑，胡愈之还能够及时了解到更多关于国际问题的信息，非常有利于他对国际问题的研究和撰写国际问题的评论文章。

由于《生活》周刊自"九一八"事变后一直宣传抗日救国，批评国民党政府妥协投降的"不抵抗政策"，终于引起蒋介石的注意和不满。蒋介石对黄炎培施加压力，要求黄炎培整改《生活》周刊的办刊方向。为了不让黄炎培感到为难，胡愈之和邹韬奋商量后决定将《生活》周刊从中华职业教育社分离出来，成为一个独立经营的刊物。同时，从长远打算，胡愈之又建议邹韬奋创办生活书店。因为有了自己的书店，不仅可以出版书籍期刊，加大宣传力度，而且万一《生活》周刊被国民党查封，也可以换一个名称继续出版。邹韬奋大为赞同，于是委托胡愈之负责具体的筹办工作。1932 年 7 月，生活书店在上海四马路（今福州路）顺利开张了。虽然胡愈之为生活书店的筹办和经营作出了很大贡献，但他并未在生活书店中担任过任何实职，也未谋取过什么名利。这就是胡愈之，不求名、不图利，踏实做人、真诚办事，令人感动。

从为《生活》周刊撰稿到帮助编辑《生活》周刊，再到创办生活书店，胡愈之和邹韬奋的交往越来越密切，合作更是越来越愉快。在胡愈之的影响下，邹韬奋的思想和觉悟都得到了提高，逐渐转变为向共产党靠拢的坚强革命者。"自从和胡愈之结识后，谈论政治问题就更多了。他们有一次召开一个座谈会……会上胡愈之提出了三个问题：第一，阶级重于民族，还是民族重于阶级？第二，生产力改变生产关系，还是生产关系改变生产力？第三，为理论而理论，还是为行动而理论？大家纷纷发言，讨论了很久。这些讨论，促使韬奋的思想进一步改变和《生活》周刊的内容向革命的方面前进。"[1]"胡愈之使邹韬奋'靠近了党'，这是确凿的事实，因为胡愈之是当时邹韬奋所能接触的离共产党最近的人，并受到胡的多方面帮助和影响。"[2]

五、复刊《东方杂志》

1932 年 8 月 1 日，商务印书馆对外宣布正式复业。商务旗下的《东方杂志》也面临复刊，王云五力邀胡愈之前来担任主编。他答应了王云五的邀请，愿意出任《东方杂志》的主编，不过有几个要求希望王云五应允，那就是：1.采取承包的办法，由商务拨给刊物编辑、出版的费用；2.由胡愈之自己找房子，请编辑，定内容；3.商务不得干涉杂志的编辑活动。王云五同意了。

---

① 邵公文：《胡愈之与邹韬奋》，载费孝通、夏衍等：《胡愈之印象记》（增补本），中国友谊出版公司 1996 年版，第 123—124 页。

② 沈谦芳：《邹韬奋传》，山东人民出版社 1998 年版，第 178 页。

1932 年 10 月 16 日，在胡愈之和其他编辑们的努力下，新复刊的《东方杂志》与读者见面了。作为主编的胡愈之为复刊号写了卷头语《本刊的新生》：

> 一年来日本帝国主义向东北与上海武力进攻，整个的中国民族，遭遇了历史上稀有的大牺牲，在这巨大的民族牺牲中，商务印书馆所受的一部分损害，实在等于沧海一粟。要是拿历年来帝国主义在政治、军事、经济、文化上所加于民族全体的危害总算一下，那末本刊这次因国难而遭受的损失，又算得了什么！常言道："多难兴邦"。国难不一定就算是灾害。……从兵燹后的灰烬瓦砾中，竭力挣扎，重新振作，创造本刊的新生，创造民族的新生，这是本志复刊的一点小小的——也许是过分夸大的——愿望。
>
> ……
>
> 以文字作分析现实指导现实的工具，以文字作民族斗争社会斗争的利器，我们将以此求本刊的新生，更以此求中国知识者的新生。我们不敢相信一定可以达到我们的标的，但是能做到几分，我们就做几分。①

这里，胡愈之旗帜鲜明地表达了宣传抗日救亡的主张，也明确了复刊后《东方杂志》的编辑方针以及努力的方向。在胡愈之的主持下，复刊后的《东方杂志》顺应时代的潮流，努力改革刊物内容、创新刊

---

① 胡愈之：《本刊的新生》，载《胡愈之文集》（第三卷），生活·读书·新知三联书店 1996 年版，第 83—85 页。

物版式，大量刊登中共党员和进步作者写的文章，迅速成为抗日救亡的重要宣传阵地，销路大大增加。正如茅盾所说："胡愈之想在商务这个顽固堡垒中辟出一块进步的阵地来，把《东方杂志》办成一个宣传进步思想的刊物。他乘当时民众抗日热情的高涨，在《东方杂志》上大登宣传抗日的文章和揭露帝国主义实质的文章，他又借中苏复交之机，大力介绍苏联的建设成就，甚至出了一期《苏联现状专号》。胡愈之这样做，阻力很大。"①

1933年元旦，胡愈之在《东方杂志》第30卷第1号上组织了一个"新年的梦想"征文活动，向全国各界知名人士发出四百多封征稿信。

在征稿信中胡愈之这样写道：

在这昏黑的年头，莫说东北三千万人民，在帝国主义的枪刺下活受罪，便是我们整个国家，整个民族也都沦陷在苦海之中。沉闷的空气窒塞住每一个人，在家只是皱眉叹气挨磨自己的生命。先生，你也应该有同样的感觉吧？但是我们真的没有出路了吗？我们绝不作如此想？固然！我们对现局不愉快，我们却还有将来。我们诅咒今日，却还有明日。假如白天的现实生活是紧张而闷气的，在这漫长的冬夜里我们至少还可以做一二个甜蜜的舒适的梦。梦是我们所有的神圣的权利啊！

虽然是梦，但如果想到梦是代表"希望"与未来这一点，就可见不是全然无益的事，它或者竟是能够鼓舞我们前进的勇气

---

① 转引自于友：《胡愈之传》，新华出版社1993年版，第86页。

的，我们想。

因此，我们特发起，在1933年的新年，让我们大家来做一回好梦。对于理想的中国、理想的个人生活，各人应该有各人不同的梦。

征稿信的末尾还附了两个问题：一是"先生梦想中未来的中国是怎样的？（请描写一个轮廓或叙述未来中国的一个方面）"。二是"先生个人的生活中有什么梦想？（这梦想当然是不一定能实现的）"。这次征文得到142位知识分子的响应，柳亚子、徐悲鸿、郑振铎、巴金、郁达夫、孙伏园、老舍、叶圣陶、邹韬奋、俞平伯、茅盾、周作人、冰心、周谷城、夏丏尊、罗文干、洪深、金仲华、陶孟和、傅东华、范寿康、毕云程、宋云彬、陈翰笙、周予同、林语堂、施蛰存、孙福熙、陈乃乾、钱君匋等纷纷寄来稿件，述说自己新年的梦想和希望。胡愈之在《〈新年的梦想〉读后感》一文里对这些应征的稿件进行了分析，发现梦想有两种倾向：一是物质的需要远过于精神的追求，说明现在社会正处于经济崩溃的边缘，物质需要都得不到满足，何谈精神文化生活？二是咒诅国家，对现在的中国现实进行了批判，大家都渴望有一个蜕皮换骨改造过的新中国，虽然它在现实中不会出现，至少在梦想中是应有的。所以，胡愈之总结说："最后我们感觉到知识分子悲观的气氛是太浓厚了。不但在现实的生活中大家感到没有出路，连梦也大多是恶梦或噩梦。巴金先生说：'中国是没有未来的。'钱君匋先生以为'未来的中国是一团糟'。谢扶雅先生说：'中国不是由日本独占便是国际共管。'……这是很明白的，在内乱外患交迫的今日，大家不会做出好梦来。不过希望还是到处流露的。正如伍迁耀先生说：'要过些时候，太阳才出来罢。'"①

《东方杂志》关于"新年的梦想"的征稿在当时引起了广泛的热议，参加者众多，大家提供了各式各样的梦，不管是甜梦、吉梦、好梦，还是苦梦、恶梦、噩梦，以及奇梦、白日梦，都是每个个体对自身、对国家的感悟与希冀，能够从不同角度折射社会现实，也在一定程度上反映了时代的心声。

胡愈之向社会各界征求说梦，当时鲁迅没有参加，却在征文活动结束之后写了一篇杂文《听说梦》，发表在《申报》副刊《自由谈》上，对这次征文活动提出了批评：

大年初一，新得到一本《东方杂志》新年特大号，临末有《新年的梦想》，问的是"梦想中的未来中国"和"个人生活"，答的有一百四十多人。记者的苦心，我是明白的，想必以为言论不如来说梦，而且与其说所谓真话之假，不如来谈谈梦话之真，我高兴地翻了一下，知道记者先生却大大地失败了。

当我还未得到这本特大号之前，就遇到过一位投稿者，他比我先看见印本，自说他的答案已被资本家删改了，他所说的梦其实并不如此。这可见资本家虽然还没法禁止人们做梦，而说了出来，倘为权力所及，却要干涉的，决不给你自由。这一点，已是记者的大失败。

但我们且不去管这改梦案子，只来看写着的梦境罢，诚如记者所说，来答复的几乎全部是知识分子。首先，是谁也觉得生活

---

① 胡愈之：《〈新年的梦想〉读后感》，载《胡愈之文集》（第三卷），生活·读书·新知三联书店 1996 年版，第 122 页。

不安定，其次，是许多人梦想着将来的好社会，"各尽所能"呀，"大同世界"呀，很有些"越轨"气息了。（末三句是我添的，记者并没有说。）①

　　鲁迅对形势的分析非常准确。的确，这个有些"越轨"气息的"新年的梦想"征文活动一开始，就引起了国民党政府的不满。商务负责人王云五找来胡愈之，要求征文中的有些文章最好不要用，或者改一改。胡愈之不同意，王云五气得收回了《东方杂志》的编辑权。在胡愈之的坚持下，"新年的梦想"专号按时刊发了，但胡愈之却于1933年3月再次被迫离开了《东方杂志》和商务印书馆。

　　胡愈之离开商务印书馆后，王云五便把《东方杂志》交给汪精卫的亲信李圣五和陈协恭，他们接手后，《东方杂志》刊登的第一篇文章就是汪精卫写的，可见《东方杂志》的内容迥异于从前，不再具有积极引导思想的作用。胡愈之自此离开后再也没有回过商务工作。失去了《东方杂志》这块阵地，胡愈之后来在回忆中表示甚为可惜：

　　　　《东方杂志》是个很有影响的刊物，失去这个阵地是很可惜的，后来鲁迅先生也说没有必要搞这样一个"梦"的专栏。今天回过头来看，当时我们如果做得更策略一些，保持这块阵地，对革命文化工作的发展更有利。②

---

　　①　鲁迅：《听说梦》，载《鲁迅全集》（第四卷），人民文学出版社2005年版，第481—482页。

　　②　胡愈之：《我的回忆》，载《胡愈之文集》（第六卷），生活·读书·新知三联书店1996年版，第343页。

六、生活书店"总设计师"

1932 年夏秋之间，由宋庆龄、蔡元培、杨杏佛、鲁迅等发起，酝酿成立一个爱国民主的革命团体——中国民权保障同盟。1932 年 12 月 18 日，他们在《申报》上公开发表了《发起中国民权保障同盟》之宣言。宣言中明确中国民权保障同盟的宗旨是：反对国民党统治集团的政治迫害，争取公民言论、出版、结社、集会等自由和权利，争取国际和平民主力量的声援，同时联合其他进步团体开展抗日救亡运动。在鲁迅的邀请下，胡愈之参加了民权保障同盟。1933 年 1 月 17 日，胡愈之与邹韬奋接到周建人的通知，鲁迅邀请他们去参加在上海法租界亚尔培路（即今陕西南路）133 号中央研究院分院召开的民权保障同盟成立大会。会议决定将"同盟"总部设在上海，在上海、北平等地设立分会。所以，这次会议既是"同盟"的第一次大会，也是上海分会的成立大会。这次与会人员有宋庆龄、蔡元培、鲁迅、杨杏佛、胡愈之、邹韬奋、林语堂等知名人士以及宋庆龄的英文秘书、德国《法兰克福日报》驻远东美籍记者史沫特莱、外国特约记者伊罗生等十几个人。会议选举产生了"同盟"上海总部临时中央执行委员会，宋庆龄、蔡元培、鲁迅、杨杏佛、胡愈之、邹韬奋、林语堂、伊罗生、黎沛华 9 人为执行委员。其中，宋庆龄为主席，蔡元培为副主席，中央研究院秘书杨杏佛担任总干事，宣传主任则由林语堂担任。

"同盟"成立后大致每周召开一次会议，多数由总干事杨杏佛主持。每次会议的主要内容是收集国民党特务机关抓人、迫害政治犯的事实，并向外国记者揭露或发表宣言，对国民党反动政府侵犯人权的罪行提出抗议。胡愈之除了积极参加"同盟"的救援之外，还依托"同盟"的力量，开展了营救进步世界语者的活动，如成功营救了"左翼世界语联盟"的肖聪、学世界语的爱国诗人艾青和徐懋庸等。中国民权保障同盟的活动，引起了国民党蒋介石政府的仇视。国民党当局曾多次对宋庆龄、蔡元培等提出警告，还寄来恐吓信进行威胁，但"同盟"成员并不屈服。于是，国民党当局决定采取暗杀行动。考虑到"同盟"正副主席宋庆龄、蔡元培的威望，国民党特务们把暗杀目标定为"同盟"的实际负责人杨杏佛。1933年6月18日上午，杨杏佛被暗杀身亡。杨杏佛遇害的消息震惊国内外，一时间人心惶惶，国民党特务机构"蓝衣社"还在《中国论坛》上特意刊登了一份56人的"勾命单"，宋庆龄、蔡元培、鲁迅、胡愈之、茅盾、邹韬奋等"同盟"主要成员皆在其中。然而，"同盟"同人并未害怕，而是相当气愤，大家不畏强暴，毅然都去中央研究院参加杨杏佛的成殓、公祭仪式。在大会上，宋庆龄公开表示："杨杏佛被残酷地杀害了，但是我们并没有被压倒，杨杏佛为同情自由付出的代价，反而使我们更坚定地斗争下去，再接再厉，直到我们达到应该达到的目的。"[1]胡愈之也高度评价了杨杏佛的功绩，赞扬他"为公而死，殊可钦敬"。

加入中国民权保障同盟以后，胡愈之在争取民权、反抗国民党当局的独裁统治以及进行抗日宣传方面都有出色的表现，引起了中国共产党对他的更多关注。1933年9月的某一天，中共党员、"左翼社会科学联合会"书记张庆孚（新中国成立后曾任林业部副部长）作为入党介绍人，中共中央组织部直接批准胡愈之加入中国共产党。胡愈之

---

① 蒋洪斌：《宋庆龄》，江苏人民出版社1987年版，第98页。

直接受党的秘密机关中央特科领导，是党在国统区为数不多的特别党员之一，主要任务是为党收集各类情报。因为是特别党员，胡愈之的党员身份不能公开，所以不用参加党的基层组织活动，也不用参加公开活动，只和介绍人张庆孚发生单线联系。

1934 年，张庆孚应组织要求离开上海去苏区工作，将胡愈之的关系转交给了王学文（新中国成立后任中央党校顾问，著名经济学家）。王学文与胡愈之的接触只有两三次，之后又将胡愈之的关系交给了曾任中央执行局特科负责人的宣侠父。宣侠父在 1935 年去香港前把胡愈之的关系转交给当时公开身份是上海徐家汇一家小印刷厂老板的严希纯（新中国成立后在中央统战部工作）。作为特别党员，党组织与胡愈之都是单线联系，所以极少有人知道胡愈之竟然是共产党员。

杨杏佛遭暗杀后，邹韬奋、胡愈之等人都上了暗杀黑名单。1933 年 7 月 14 日，邹韬奋搭乘意大利"佛尔第"号邮轮离开上海，被迫踏上逃亡欧美的旅程。邹韬奋走了，胡愈之接替他担负起《生活》周刊的策划、编辑和生活书店的经营工作。

胡愈之之所以还能留在上海，主要是因为哈瓦斯社的工作为他提供了保护伞。哈瓦斯社作为法国人办的通讯社，在上海的负责人却是中国人张冀枢。张冀枢是法国人的买办，又拜了上海流氓大亨杜月笙为"老头子"，并担任上海法租界工部局的华人董事，在法租界很有势力。他知道胡愈之从事抗日救亡活动也不干涉，为了留住这个人才，张冀枢除了几次给胡愈之涨薪之外，还专门用自己的汽车接送胡愈之上下班，这就相对保证了胡愈之的人身安全。

邹韬奋在主持《生活》周刊的时候，每期都有一个品牌栏目——

"小言论"，由他亲自执笔，以针砭时弊、爱国抗日为主题，深受广大读者喜爱。邹韬奋出国后，胡愈之将"小言论"改为社评，先是由周刊编辑部言论部同人共同负责完成，不再由个人署名。后来，社评形式的"小言论"则全部由胡愈之一个人负责撰写，也不再署名。从《生活》周刊第 8 卷第 28 期起到第 8 卷第 50 期终结为止，胡愈之共撰写了 73 篇"小言论"，每期都有三篇以上。这些"小言论"继承了邹韬奋"小言论"的针砭时弊风格，分析国际问题、简评国内时政，抗日救国的立场进一步鲜明，同样受到广大读者的欢迎。在胡愈之等人的努力下，生活书店和《生活》周刊很快团结和聚拢了一大批文化界的进步人士，成为广大爱国力量的重要喉舌。《生活》周刊销量最高时达到 20 万份。1933 年 11 月发生"福建事变"①，导致《生活》周刊被查禁了。

因为"福建事变"爆发后，胡愈之在 11 月 25 日第 8 卷第 47 期的《生活》周刊上发表了《民众自己起来吧》的"小言论"，对福建的"人民革命政府"表示支持和赞扬，号召民众赶快起来反蒋抗日，争取民族革命的最后胜利。国民党政府本来就对《生活》周刊的倾向大为不满，现在又发表了这样的言论，当然是忍无可忍。12 月 8 日，国民党上海市党部以"言论反动，思想过激，毁谤党国"为由将《生活》

---

① 1931 年"九一八"事变发生，李济深、陈铭枢、蒋光鼐、蔡廷锴等人主张抗日，却遭到蒋介石政府的反对，于是他们与蒋介石的矛盾日益激化。1932 年淞沪抗战爆发，参战主力国民革命军第十九路军却被蒋介石调离上海，前往福建剿共，而蒋介石政权则与日本帝国主义签署了中日《淞沪停战协定》，引起全国公愤。1933 年 3 月，日军占领热河，妥协的蒋介石政府又与日本方面签订《塘沽协定》。在福建的李济深等人通电全国表示反蒋抗日，1933 年 11 月 20 日，他们在福州南校场召开大会，决定成立"中华共和国人民革命政府"，并召开"中国人民临时代表大会"，发表《人民权利宣言》，"福建事变"由此爆发。

周刊强行查封。幸亏胡愈之和邹韬奋早有准备，之前已经创立了生活书店，所以《生活》周刊虽被查禁，却不影响生活书店的照常运行。邹韬奋在出国前还写好了《与读者诸君告别》的"终刊词"，立场坚定、态度鲜明地表示："记者所始终认为绝对不容侵犯的是本刊在言论上的独立精神，也就是所谓报格。倘须屈服于干涉言论的附带条件，无论出于何种方式，记者为自己人格计，为本刊报格计，都抱有宁为玉碎不为瓦全的决心。"[①] 后来胡愈之将之刊登在《生活》周刊最后一期，也就是 12 月 16 日第 8 卷第 50 期上。

1934 年 2 月 10 日，有生活书店作依托，胡愈之和艾寒松等又创办了一本新刊物《新生》周刊，代替《生活》周刊，由邹韬奋的好友杜重远挂名主编。"杜重远是东北人，曾留学日本，后在东北创办了一家颇具规模的瓷厂，成为一个不小的民族资本家。他曾做过张学良的秘书，与张学良的关系很密切，与东北军上层人物也都有来往，这时他虽没有在东北军中工作，但仍是东北军中有影响的人物。一九三一年九一八事变，日本侵占了他的家乡，也使他失去了自己创办的企业。一九三二年他来到上海，因为是民族资本家，和'职教社'都有联系，所以也结识了邹韬奋。当时他一面在上海郊区办了一个以养猪为主的农场，一面也参加了生活书店和《生活》周刊的一些文化工作，这样我和杜重远也认识了。"[②] 因杜重远的身份很特殊，又与时任上海淞沪警备司令的蔡劲军是好友，所以请他出面做刊物主编，相对而言方便很多。《新生》周刊实际上是由胡愈之和艾寒松负责编辑

---

① 张之华：《邹韬奋》，人民日报出版社 1998 年版，第 223 页。
② 胡愈之：《我的回忆》，载《胡愈之文集》（第六卷），生活·读书·新知三联书店 1996 年版，第 348 页。

工作，原来《生活》周刊的老读者也明白《新生》就是《生活》的延续和"新生"，所以订阅量还是不错的。于是，《新生》周刊成了宣传抗日救亡的又一重要阵地。

《新生》周刊发展态势良好，胡愈之与杜重远的交往也越来越密切，两人经常在一起谈论国际国内政治形势，胡愈之的"反蒋抗日"等主张对杜重远产生了影响。胡愈之动员杜重远帮助共产党与张学良取得联系，促使东北军转向抗日斗争。杜重远觉得很有道理，加上对蒋介石集团的妥协投降政策一直不满，答应可以做张学良和东北军的思想工作。之后，在胡愈之的感召下，杜重远也主动申请入党。胡愈之将杜重远介绍给他的介绍人张庆孚。张庆孚根据现实条件，觉得杜重远留在党外支持党的工作比现在入党更有利。杜重远欣然接受，从此与胡愈之并肩战斗，两人成了亲密的战友。

1934 年下半年起，国民党政府为了控制舆论，实施图书杂志审查办法，一切准备出版的书籍、杂志清样都必须要经过国民党上海市党部审查。1935 年 5 月 4 日，《新生》周刊登载了艾寒松以"易水"为笔名写的《闲话皇帝》一文，讲的是关于日本天皇以搜集植物标本作为日常工作，没有实权的问题。当时送审的时候，国民党检察机关认为并无大碍，便签发了许可证。没想到该文发表后，立即引起了日本方面的警觉，认为这是对日本天皇的有意侮辱。日本政府遂根据所谓的国际法向国民党政府提出强烈抗议。蒋介石不想得罪日本方面，便派人来上海调查，会同杜月笙、潘公展等人来做杜重远工作，想要回盖有审查图章的清样，以便把责任都推到杜重远身上。胡愈之与杜重远把清样锁进银行保险库中不予交出，国民党政府只好与杜重远商量，如果杜重远把责任承担起来，法庭就按违反报刊审查法定罪，只判处罚款，而且罚款由国民党政府承担。在与胡愈之商量后，觉得应以大局为重，杜重远便答应了国民党的要求。但到法庭开庭那天，日本方面却认为国民党对杜重远只判处罚款，判处太轻，继续闹事抗议。软弱妥协的国民党政府只好第二次开庭审理此案，改判杜重远14个月徒刑，并勒令《新生》周刊停刊。这就是著名的"新生事件"。出版才一年多的《新生》周刊，又于1935年7月被扼杀了。

胡愈之帮助生活书店经营期间，从1933年7月到1935年7月，成功创办了八种期刊，成为现代中国出版史上的佳话。这八种期刊大致如下：

1933年7月，胡愈之联合郑振铎、傅东华、茅盾、洪深、陈望道、郁达夫、叶圣陶、徐调孚九人创办了《文学》大型月刊。这是生活书店主办的第一本大型文艺刊物，编辑力量雄厚，内容丰富，思想进步，出版后大受读者欢迎，发行量很大。1934年9月16日，创办了《世界知识》。这是现代中国第一本专门介绍国际形势和世界新知识的刊物，为半月刊。差不多是同一天，鲁迅、茅盾、黎烈文等发起，着重介绍世界各国进步文艺作品的《译文》杂志亦在生活书店创办出版。四天后，1934年9月20日，陈望道主编的文艺刊物《太白》半月刊创办，专门刊登小品文。《太白》的编辑阵容很强大，有朱自清、叶圣陶、黎烈文、郑振铎、郁达夫、曹聚仁、傅东华、徐调孚、艾寒松、徐懋庸等。1935年5月和7月，平心、艾寒松主编的《读书和出版》杂志和沈兹九主编的《妇女生活》月刊也由生活书店相继出版。沈兹九在生活书店的支持下，创办《妇女生活》月刊，这是胡愈之与沈兹九的第一次合作，为以后两人结为伉俪打下了良好的基础。在《读书和出版》、《妇女生活》创办后，生活书店还创办了《生活知识》

和《生活教育》杂志。

在抓好期刊出版的同时，胡愈之又将生活书店的功能完善，扩大图书出版业务，聘请由苏联回国的中共地下党员张仲实担任总编辑，专门负责图书的出版。不久，钱亦石、钱俊瑞、沈志远、林默涵等都先后参加了图书编辑的领导工作。图书部先后出版了《时事问题丛刊》、《学习与研究丛刊》、《黑白丛书》、《青年自学丛书》、《世界学术名著译丛》、《新中国大学丛书》等。这些书籍不仅传播了科学文化知识，而且教育广大读者运用辩证唯物主义和历史唯物主义的观点认识世界和了解中国，强调抗日救亡的重要，认清中华民族的真正出路。

生活书店在1933年到1935年的三年间，图书出版达到七百多种，成为在经营上可与商务、中华、世界、开明等相提并论的大出版机构。当年生活书店的工作人员胡耐秋回忆说："胡愈之紧抓编辑工作这三年，正是《生活》周刊和生活书店同国民党反动派已经发生尖锐矛盾的时期，也是革命阵营同国民党反动派之间进行文化'围剿'和反'围剿'的时期，斗争虽然很尖锐，但生活书店却在斗争中得到了发展。"于是，胡耐秋把胡愈之称为"生活书店的总设计师"、"令人崇敬的纯真无私的无产阶级出版家"。[1]

1935年8月，邹韬奋从美国旧金山乘船归来，发现生活书店发展得如此红火，感慨良多，作了如下总结：

　　　　本店在我出国后，由于诸位同事的努力，在我出国后的第二年间，不但不衰落，而且有着长足的发展。伯昕先生的辛勤支

---

[1]　胡耐秋：《生活书店的总设计师》，载费孝通、夏衍等：《胡愈之印象记》（增补本）中国友谊出版公司1996年版，第118页。

撑，怨劳不辞，诸同事的同心协力，积极工作，愈之先生的热心赞助，策划周详，以及云程、仲实诸先生的加入共同努力，为本店发展史上造成最灿烂的一页。试举其荦荦大端：

一、杂志种类大增，有《文学》、《世界知识》、《妇女生活》、《太白》、《译文》、《生活教育》等等，都是风云一时，万人争诵，杂志订户亦随着突飞猛进。

二、本版书大增加。我们最初是以经售外版书为大宗，这时自己也有了编印本版书的计划。

三、邮购户大增。

四、创制全国出版物联合广告，首创十大银行免费汇款，以便读者订购书报。

五、同事人数由三十人左右突增至六七十人。

六、租赁四马路店址（今上海福州路），并在该屋三楼之上自建四楼。①

---

① 钱小柏、雷群明：《韬奋与出版》，学林出版社 1983 年版，第 19—20 页。

胡愈之铜像

上虞县立高等小学

胡愈之在春晖中学与开明书店友人合影（左二为胡愈之）

访问德国时的胡愈之

《东方杂志》"五卅事件临时增刊"

《新生》创刊号

胡愈之在杭州与《东方红》编辑部人员合影（左五为胡愈之）

1983年民盟中央领导合影（前排左三为胡愈之）

勑（敕）五堂（胡愈之故居）

第四章

抗日办报与创建出版机构

1934 年 9 月 16 日，中国第一本专门介绍
国际形势和世界新知识的刊物——《世界知
识》在生活书店诞生了，这是胡愈之一直倡导
的结果。1936 年 6 月 7 日，《生活日报》在香
港正式创刊，在胡愈之的影响下，《生活日报》
改变了反蒋抗日的主旨，开始执行党的抗日民
族统一战线政策。1937 年 1 月 15 日，中国第
一本大型综合性文摘刊物《月报》在开明书店
正式出版，胡愈之担任主编。《月报》大量地
选用时事性、政论性以及知识性的文章，帮助
广大读者了解中国和世界的形势。同时，胡愈
之还参与了文化救亡的另一重要阵地——《救
亡日报》的领导与编辑工作。值得一提的是，
留在"孤岛"的胡愈之还协助王任叔、林淡秋

等人出版了《译报》和《每日译报》等抗日报刊。1938年4月下旬，胡愈之到武汉担任了政治部第三厅第五处处长，筹划成立中国青年记者学会，并和范长江一起筹建国际新闻社，打破国民党中央通讯社对新闻消息的垄断。后来，胡愈之到桂林任职，还兴办了一个规模不小的出版机构——文化供应社，并成功扩大了生活书店规模。可见，抗日战争期间，在党领导下的胡愈之左冲右突，在出版文化界为中国抗战作出了杰出贡献。

一、开展救国会工作

1935年7月，杜重远因"新生事件"被判刑后，关押在上海最大的监狱——漕河泾监狱。国民党政府自知理亏，不能把杜重远当一般犯人看待，再加上当时上海淞沪警备司令蔡劲军也对杜重远多方照顾，所以特意在漕河泾监狱后面空地上造了一幢小房子，让杜重远居住，还派专人做饭，也有家人伺候，对外还允许电话联系。同时，如果有人来探望杜重远，也必须征得杜重远的同意。实际上监禁只是为了遮掩日本人的耳目，在里面隐居而已。就这样，这幢小房子竟然成了杜重远与东北军和进步人士接触、开展抗日救亡宣传运动最安全的地方。

杜重远被判刑关押，引起了东北军人士的关注，许多东北军的上层人物，专程来上海探望。这时张学良将军和东北军人士，对蒋介石不让东北军抗日而叫去进攻红军的罪恶阴谋已有所认识，都希望能找到新的道路，实现抗日，打回东北老家去。所以，东北军人士来看望杜重远，正是杜重远向他们做工作的极好机会，以促使东北军能反蒋抗日。当时，我每个星期日都要到杜重远那里去，把外面的消息带给他，他也叫我帮他一起做东北军人士的工作，往往在那里停留一整天。杜重远总是事先约好一些东北军的人来，我们在一起交谈，向他们指出日本的侵略野心和蒋介石不抵抗政策的本质，宣传共产党一贯反蒋抗日的主张，鼓励东北军站到反蒋抗日的一边来。……这样就为张、杨和党谈判联合抗日奠定了基础。应该说，以后"西安事变"的发生，与我们这一时期对张学良和东北军人士的说服争取工作也是有一定关系的。①

1935 年 11 月，与胡愈之保持单线联系的严希纯被捕，紧接着生活书店负责人毕云程也被国民党逮捕。毕云程不是党员，原是民族资本家穆藕初的高级职员，所以很快就由穆藕初保释出来。胡愈之担心严希纯能否坚持住（后来事实证明，严希纯在狱中表现非常好，胡愈之并没有暴露），如果坚持不住，那么他的处境就比较危险了。"新生事件"发生后，邹韬奋已提前回国，这时力劝胡愈之赶快离开上海。此时，胡愈之还有一个重要任务要完成，那就是将张学良和东北军决心联共抗日的消息报告给党中央。现在严希纯被捕，与党的唯一联系也切断了，而且，当时上海的党组织已遭到严重破坏，所以胡愈之只能去香港寻找宣侠父来想办法联系党组织。

---

① 胡愈之：《我的回忆》，载《胡愈之文集》（第六卷），生活·读书·新知三联书店 1996 年版，第 351—352 页。

1935 年 12 月 10 日，胡愈之从上海秘密逃往香港。在香港胡愈之找到了宣侠父，当时宣侠父已担任党的华南工委书记。胡愈之将张学良和东北军的情况汇报给宣侠父后，宣侠父也很振奋，觉得此事重大，必须尽快报告给党中央。但是，香港方面也与刚刚经过长征到达陕北的党中央失去了联系，唯一的办法就是要通过在法国巴黎主持《救国时报》的吴玉章，与驻莫斯科共产国际的中共代表团取得联系。宣侠父经过联系后，决定让胡愈之先到法国，然后去苏联将消息报告给中共代表团。不久，驻莫斯科共产国际的中共代表团请胡愈之立即过来，同时还转来了苏联作家高尔基邀请鲁迅先生前去疗养的消息，希望胡愈之把鲁迅一起带到苏联。

1936 年 1 月，胡愈之又秘密潜回上海，找到鲁迅并转达了苏联方面的邀请，被鲁迅谢绝了。胡愈之只能赶紧再回到香港，化装成华侨商人坐船到达法国。在巴黎，吴玉章热情地接待了胡愈之，并为他办好了去苏联的手续。1936 年 2 月，胡愈之终于顺利抵达莫斯科。在莫斯科火车站，迎接胡愈之的竟然是潘汉年，这是胡愈之没有想到的。潘汉年 1927 年在上海办创造社的《幻洲》杂志时就和胡愈之相识，他是遵义会议后辗转来到苏联的。在莫斯科，胡愈之还遇到了两位熟人，一位是生活书店的艾寒松，因为写《闲话皇帝》一文被迫流亡出国，来到苏联；还有一位是瞿秋白的妻子杨之华，瞿秋白牺牲后，是胡愈之转告她出国来苏联的。另外，胡愈之在莫斯科还见到了在香港时认识的上海妇女运动骨干胡兰畦。

在莫斯科中共代表团驻地，胡愈之见到了代表团团长王明，向他详细汇报了国内情况，特别是关于张学良思想转变的情况和东北军的动态。这时，潘汉年向胡愈之传达了 1935 年 7 月召开的共产国际第七次代表大会的精神，这次大会上确定了建立国际反法西斯统一战线的方针，要求凡是遭受法西斯侵略威胁的国家，都应该联合各党派各阶级群众建立民族统一战线。在中国，就是要实现国共合作，建立抗日民族统一战线，共同抗击日本帝国主义的侵略。在莫斯科，胡愈之还看到了由共产国际中国代表团起草，以党中央名义发表的《为抗日救国告全体同胞书》，即《八一宣言》。康生也找胡愈之谈了一次话，了解胡愈之入党的经过，对胡愈之的经历比较佩服，还让胡愈之填写了一个登记表。不久以后，共产国际与中共中央取得了联系，张学良也与陕北党中央有了直接来往，国民党政府这时也与苏联建立了外交关系，并通过驻苏联大使馆与共产国际中国代表团有所接触，国共合作和建立抗日民族统一战线正在酝酿中。

1936 年 4 月，在莫斯科的王明觉得胡愈之任务已经完成，要他原路返回香港，并让他把不懂外语的潘汉年带到香港，告诉他以后就在潘汉年的领导下工作。这样，4 月间，胡愈之与潘汉年又经法国坐船回到香港。在船上，胡愈之还从法文版转译了苏联作家伊林著的少年读物《书的故事》（1937 年由生活书店出版）。1936 年 8 月，胡愈之从香港回到上海，以聚餐会的形式，参与救国会的工作。

救国会，全称全国各界救国联合会，1936 年 6 月 1 日，在上海成立，宋庆龄、何香凝、沈钧儒、章乃器、李公朴、沙千里、史良、王造时以及当时还在香港的胡愈之、邹韬奋、陶行知等为领导成员。全国各界救国联合会是在妇女救国会、上海文化救国会以及各地救国组织相继成立的基础上建立起来的。当时参加救国会的代表，有一些是地下党员，还有一些是国民党反蒋实力派的代表，如两广、十九路军和冯玉祥等的代表，因此救国会的宣言、纲领、口号等都比较

"左"，对蒋介石集团不能起到争取团结的作用。于是，潘汉年找到还在香港的邹韬奋、陶行知商议，建议由救国会主要成员联名发表一个体现中间派精神的宣言，由胡愈之起草，题目定为《为抗日救亡告全国同胞书》。这封公开信基本上和《八一宣言》的调子相近，邹韬奋、陶行知签名后再由邹韬奋亲自送到上海要沈钧儒、章乃器签名。沈钧儒看后表示赞同签了名，但章乃器觉得有点"右"，主张修改，并将题目改为《团结御侮的几个基本条件与最低要求》。修改后的文件虽然还保留了和《八一宣言》相同的一些论点，但失去了中间派色彩，因此该文由沈钧儒、章乃器、陶行知、邹韬奋四人联名发表在 1936 年 7 月 15 日的《生活日报》上，没有产生应有的影响，国民党地区的报纸很少登载。

1936 年 2 月，"左联"解散。4 月底，冯雪峰被党中央派遣到上海，从事重组上海党组织的工作。在离开延安前，冯雪峰被告知到上海后可以先找到鲁迅和胡愈之，了解上海的党员情况，以便恢复上海党组织。之所以要找胡愈之，是因为长期在上海工作的胡愈之是特别党员，还未暴露，其他党员因上海党组织被破坏后是否发生变化，党中央不是很清楚。而且，冯雪峰与胡愈之相互认识、交往密切。1932 年，冯雪峰在上海从事共产党的文委工作时，曾在《东方杂志》上发表过文章，还和胡愈之联名发表过《上海文化界告知全世界书》。到上海后，冯雪峰得知胡愈之身在香港，便去信让胡愈之回上海。经潘汉年同意后，胡愈之于 1936 年 6 月秘密潜回上海。回到上海后，胡愈之住在二弟胡仲持家中，冯雪峰、胡愈之二人在胡仲持家中会面。胡愈之将上海的情况详细地告诉了冯雪峰，并介绍自己了解的比较可靠的党员给冯雪峰，夏衍就是其中的一位。第二天，冯雪峰找到夏衍，接着根据夏衍、胡愈之提供的线索找到了其他一些可靠的共产党员，很快成立了上海党的临时工作委员会，开始重建上海党组织。冯雪峰从胡愈之那儿得知潘汉年已经从莫斯科回到香港，于是，冯雪峰和胡愈之一同到了香港，在香港与潘汉年商议在上海进行的党组织工作。同时，潘汉年根据冯雪峰提供的交通路线，去陕北找到了党中央。

当时，胡愈之的保密工作做得很好，除了党中央，几乎没有人知道他特别党员的身份。于是，当冯雪峰通过胡愈之找到夏衍的时候，对于夏衍认为自己"先找党外，后找党内"的想法，冯雪峰和胡愈之都无法解释说明。直到1979年，中央统战部公开了胡愈之的党员身份，胡愈之才终于有机会说明情况。

1936年8月，胡愈之和邹韬奋一同回到了上海。胡愈之仍为哈瓦斯社工作，由于胡愈之之前已给哈瓦斯社介绍了费彝民、杨承芳两名员工，所以回到哈瓦斯社工作后胡愈之轻松了很多，不必每天都去上班，开始有更多时间从事抗日救亡运动。潘汉年去了陕北，胡愈之更多的是在冯雪峰的领导下进行工作。此间，胡愈之的工作主要是策划救国会的活动，在救国会活动中贯彻党的政策和指示。

救国会是一个半公开的、松散的群众团体，没有严密的组织，也没有专门的办公机构和办事人员，一切活动全靠全体会员的爱国热情和自觉行动。加入进来的会员思想驳杂，对很多问题都持有分歧意见。要使救国会的活动更好开展，就必须要统一会员的思想。胡愈之为此颇费脑筋，尽量从全民族团结抗日的立场出发，努力使各会员达成一致意见。救国会的很多重要文件都是胡愈之的手笔，所以，对救国会内情了解比较多的宣侠父把胡愈之称为"救国会的灵魂"。在胡愈之等人的努力下，救国会成为中国共产党抗日救亡运动的重要支持力量。

1936 年 11 月 23 日清晨，因救国会屡次掀起汹涌澎湃的抗日救亡运动，特别是利用鲁迅葬礼的游行示威，引起日本方面的多次抗议，本来就仇视救国会的国民党上海特别市政府勾结法租界巡捕房，悍然逮捕了沈钧儒、邹韬奋、章乃器、李公朴、沙千里、王造时、史良七位救国会领导，制造了震惊中外的救国会"七君子事件"。11 月 24 日，国民党上海特别市政府给"七君子"定了"莫须有"罪名：非法组织所谓上海救国会，策划上海总罢工，煽动阶级斗争，阴谋推翻国民政府等。

国民党政府不顾民意、倒行逆施的行为激起了全国人民的极大愤慨，全国各地掀起了声援和营救"七君子"运动。胡愈之以"救国会"的名义担负起声援营救的组织工作，救国会当时没有专门的办公地点和办事人员，于是，胡愈之便把自己在生活书店的办公室变成救国会的联络地址，接收来自全国各地的营救函电。在这里，胡愈之坐镇指挥和组织营救工作，并得到中共上海党的领导潘汉年、冯雪峰的支持与配合。11 月 24 日，胡愈之代表救国会起草并发表了《为沈钧儒等领袖无辜被捕紧急宣言》，表示救国会成员既以身许国，就决不会屈服于逮捕等暴行。同日，北平文化教育界掀起了大规模的声援活动，李达、许德珩、许寿裳等 107 人联名致电国民党南京政府，赞扬"七君子"爱国无罪，要求政府立即无条件释放他们，免除全民谴责。11 月 26 日，宋庆龄发表《为"七君子"被捕而发表的声明》，一针见血地指出国民党政府的这些暴虐行为都是由于害怕日本帝国主义所致。11 月 27 日，救国会又发布《为七领袖无辜被捕告当局及国人书》，强调"他们将坚决秉承领袖们过去的言论主张，永远继续地奋斗下去!"要求国民党当局立即释放被捕七领袖,停止内战一致抗日。11 月 30 日,延安的《红色中华》杂志也发表文章,谴责国民党政府对爱国者实行高压政策。另外,冯玉祥、于右任等国民党中的开明人士还在南京发起了 10 万人签名活动,援救"七君子"。广西实力派李宗仁、白崇禧也致电南京政府进行营救。北平学生还以罢课和组织请愿队的方式到南京提出释放"七君子"的要求。"七君子"事件在海外也引起了极大的反响,世界各地的爱国侨领和国际知名人士如罗曼·罗兰、爱因斯坦、杜威、罗素等都致电国民党政府,希望尽快释放"七君子"。

国民党政府一意孤行,逮捕救国会领袖、压迫群众抗日救国运动的同时,蒋介石还亲自飞到西安,督促爱国将领张学良、杨虎城进攻陕北红军。12 月 12 日,张学良、杨虎城在忍无可忍的情况下,将蒋介石扣留起来,逼迫蒋介石联共抗日,西安事变爆发。西安事变发生后,张、杨提出的解决事局的八项主张中,其中有一条就是"立即释放上海被捕之爱国领袖"。

胡愈之作为"救国会的灵魂",在冯雪峰和上海临时党组织的领导和支持下,一方面通过报刊等媒体工具大造舆论,大量报道"七君子"在狱中的斗争和国内外各方面人士的援救情况,谴责国民党政府的暴行;另一方面想方设法与身陷囹圄的"七君子"保持联系,进行各方面的努力和斗争。"在监狱内部,正如沈钧儒提出的'七个人是一个人',坚持抗日救国的原则立场,以一致的主张和行动进行斗争。我们用一切办法把消息送到狱内,使他们正确了解外面的形势,确定斗争对策。特别是'西安事变'后的一段时间,国民党反动派突然加强了控制,不准到监狱探望,也不准他们看报,我就把国际国内的形势及斗争的设想写成信，贴身放在韬奋、公仆、乃器的几个小孩身上，由孩子带进监狱（当时由于看守所所长的同情和通融，允许小孩进去探望），我们还设法把单独关押在女监的史良，也和男监互通信息，这样就'七个人是一个人'了。"①

面对国内外一片要求释放救国会领袖的抗议声，国民党政府感到很为难。人已经抓了，不甘心就这么放了，但如果判刑的话，全国人民又不答应，所以干脆不放不审，押在苏州监狱里。1937年4月，再也无法拖下去了，国民党政府勉强提出起诉。到了6月上旬开庭审判，"七君子"在法庭上义正词严的辩驳，使检察官们十分尴尬。在第一次审判的当天，胡愈之就和上海各报联系好，要他们留出一定的版面准备报道这次审判情况。晚上，胡愈之听取了去苏州听审记者的汇报，立即执笔写了《爱国无罪听审记》的报道。写完一部分立即交人刻印，随即送到各报馆排版，就这样写一部分送一部分，一共分四次写完，完稿时已是凌晨3点了。这篇报道第二天一大早就在上海的几大报纸整版登载出来，揭露了国民党政府所谓审判的真实情况，引起很大轰动。

1937年6月25日，国民党法庭进行第二次审判，准备强行对"七君子"判罪，然后送反省院悔过再予以释放。胡愈之想出了应对之策，首先让"七君子"以申请法官回避的办法打乱法庭草率结案的企图；其次，在这一天，请求宋庆龄、何香凝出面发起了一场"爱国入狱运动"。胡愈之和宋庆龄、何香凝、诸青来、彭文应、潘大逵、王统照、张天翼、张宗麟、陈波儿、沈兹九等16人向苏州高等法院递交

---

① 胡愈之：《我的回忆》，载《胡愈之文集》（第六卷），生活·读书·新知三联书店1996年版，第361—362页。

了一个呈文，提出"七君子"若爱国有罪，大家愿意和他们一起入狱领罪。第二天，又向新闻界发表书面谈话，发布了《救国入狱运动宣言》。这样一来，社会各界都纷纷响应，都签名要求爱国入狱。7月5日，宋庆龄、胡愈之等十几个人带着简单的生活用品直奔苏州高等法院，要求坐牢，弄得法院院长狼狈不堪，无言应对。爱国入狱运动极大地鼓舞了全国民众抗日爱国的热情。在众人的努力之下，救国会"七君子"终于在7月底被国民党政府无罪释放。

二、协办《世界知识》

一直以来，被称为国际问题研究专家的胡愈之注重引进"西学"，对世界的政治、军事、经济形势尤其关注。20世纪30年代初，胡愈之看到国际形势的日益紧张，国际关系空前复杂，国际局势动荡不安，似乎新的世界大战一触即发，尤其是1933年5月德国希特勒政府上台，更加剧了世界的动荡。另外，世界科学发明和技术进步也发展到了一个前所未有的阶段。胡愈之觉得让全国人民对国际形势有所了解，才能明白今天中国所处的国际环境，从而让人民大众产生一种危机感：如今的中国已是世界的中国，中国已被卷入世界革命的狂潮中，如果固守着原有的社会和经济模式，必将会被世界所淘汰。尤其是十月革命之后，胡愈之更加相信中国的出路在于走俄国人的道路，他已经在生活书店增办了《文学》、《太白》等杂志，传播国际知识，但还是不够，所以，他一直考虑要创办一本普及宣传国际知识的刊物。夏衍曾回忆说，胡愈之在与他交往时多次提到，希特勒的纳粹党在德国登台了，国际形势瞬息万变，现在急需有一本专门介绍和评论国际局势的杂志。

1933年冬天，已秘密加入中国共产党的胡愈之参加了由地下党员钱俊瑞等主持的"苏联之友社"。大家经常聚会，有一天晚上，胡愈之、钱俊瑞、金仲华、钱亦石、毕云程、张明养、王纪元、章乃器等十几人又聚在了一起，讨论如何开展宣传苏联等问题。会上，胡愈之提出创办一本专门的刊物来宣传国际时事的建议，得到与会者的赞成。会后，胡愈之与徐伯昕等几个生活书店的负责人商议创办刊物之事，也得到了他们的支持。

1934年9月16日，中国第一本专门介绍国际形势和世界新知识的刊物——《世界知识》在生活书店诞生了。

《世界知识》为半月刊，对外挂名的主编是毕云程，实际主编乃是胡愈之，他为《世界知识》写了一篇有2500余字的创刊词：

中国是"世界的中国"了。

假如西藏高原和印度洋、中国海的深渊，永远是不可飞越的天然门户，那么一切洋鬼子都给滚出去，让我们关上大门，维持着"光荣的孤立"罢。

但是不能。

假如二千余年前建造的万里长城，还能抵挡近代的进攻武器，教胡骑不敢进窥中原，那么，就算已丢失了东北四省，我们也只好将就些，过着偏安的日子。

可是要将就也不让你将就下去。

……

总之，不管我们愿意也罢，不愿意也罢，中国——

中国到底是"世界的中国"了。

中国是"世界的中国"了。世界却又是一个什么世界呢？

近代的一大怪物——资本帝国主义——用了本国和殖民地内整千整万平民的血汗和枯骨作基础，建造起一座大厦，这就称作"文明世界"。"文明世界"的外表原是光辉灿烂的，可是内面和底层，却充满了丑恶、肮脏、黑暗和崎岖不平。因此这大厦，建造得不到几时，现在却已在整座儿动摇着了。

可不是吗？称为现代的奇迹的科学发明和技术进步，并不能造成"世上乐园"，却产生了战争、掠夺、饥饿和失业。帝国主义百余年来，从本国和殖民地巧取豪夺所积累的无量数财富，却变成阻碍肠胃消化的毒素，徒然使战争和屠杀连续地发生，失业队伍一天天扩大，人类休想再过一天安稳的日子。要是单从黑暗的方面来看，二十世纪过去了三分之一的今日，比罗马帝国没落期的黑暗时代，并没有相差多少。

……飓风是从最低的气压产生的。火山是从最脆弱的地面爆发的。远东战争的开始，如今已三年了，但是它的终了，一定是整座"文明世界"倒坍的日子罢。

我们的后面是坟墓，我们的前面是整个世界。怎样走上这世界的光明大道去，这需要勇气，需要毅力，——但尤其需要知识。

《世界知识》却在这个时候，呱呱堕地了。这绝不是偶然的。

祝福这小东西罢！它将帮助你认识世界！在走向"世界的中国"的途程上，它将尽一点小小的力量。

祝福这小东西罢！

祝福这小东西的朋友们罢!

这是一篇极富鼓动性和感染力的发刊词,说理透彻,观点鲜明,字里行间闪现着乐观主义战斗精神。《世界知识》半月刊旨在帮助人们认识世界、了解世界、观察世界,打开了一扇看世界的窗户,长期为其撰稿的有夏衍、钱俊瑞、钱亦石、金仲华、张仲实、平心、张明养、羊枣、孙怀仁、胡仲持、王纪元、邵宗汉、郑森禹、姜君辰等进步文化人士,可谓阵容强大。由于《世界知识》的持续出版,使广大读者对世界的了解越来越深入,极大地满足了读者对世界的好奇心,因此它的销路不断扩大。由此,也带动生活书店出版了一系列有关世界各国知识的图书,使生活书店的名气越来越大。1936 年,世界知识社还创办了第一本《世界知识年鉴》。①

后来,随着时局的变化,《世界知识》半月刊几度中断出版。经过几度搬迁和复刊,新中国成立以后它还一直坚持出版,长时期为广大读者提供爱国主义和国际主义思想的营养,培养了一批又一批"睁眼看世界"的人。

1984 年,在庆祝《世界知识》创刊 50 周年纪念会上,胡愈之的老战友夏衍写了一篇文章,题目是《一个老兵的祝愿》,文中特别指出:

在纪念《世界知识》创刊五十年的时候,我们应当记住,在夜色如磐的日子里,在国际问题这个荒芜的土壤里亲手播下这颗种子的胡愈之同志,要具有何等的勇气、卓识和远见。他的白骨

---

① 参见于友:《胡愈之传》,新华出版社 1993 年版,第 136 页。

之心，青云之志是永远值得我们学习的。①

而曾主持编纂中国第一部大百科全书的出版家姜椿芳也在纪念文章中这样评价：

> 五十年形势大变，中国面目也大变。一个期刊能基本上连续不断地维持 50 年，反映、分析论述这翻天覆地的半个世纪的世界大事，向中国人民介绍世界各方面的知识，在世界范围内说，也是少有的。
>
> 引导中国人民放眼世界，用中国人的眼光来看世界，用世界形势发展的角度来看中国的事情，必须有一个望远镜式的、显微镜式的刊物来肩负这个任务。从这一点说，1934 年在上海创刊的《世界知识》半月刊，应该受到极高荣誉，大声赞美，高度评价，隆重纪念。②

三、协编《月报》等进步报刊

1936 年西安事变发生后，胡愈之考虑到加强抗日民族统一战线宣传的重要性，就与开明书店商议，计划出版一种大型综合性的文摘刊物。文摘性刊物这种媒体形式当时在国外已十分流行，但在国内还

---

① 《〈世界知识〉创刊五十周年纪念集》，世界知识出版社 1984 年版，第 39 页。
② 《〈世界知识〉创刊五十周年纪念集》，世界知识出版社 1984 年版，第 75 页。

没有出现。胡愈之的想法得到了开明书店的夏丏尊、叶圣陶等老朋友的大力支持,1937 年 1 月 15 日,中国第一本大型综合性文摘刊物《月报》在开明书店正式出版。之所以取名为《月报》,是按月进行报道的意思。《月报》没有创刊词,胡愈之写了一篇卷首语《这一月》说明了刊物的宗旨:国内报刊数以千计,那上面的文字、图画、数据等并非篇篇精彩,读者也读不胜读,本刊旨在取它们的精华,办一本"真正像样子的综合刊物"。夏丏尊担任《月报》的社长,编辑有胡愈之、邵宗汉、孙怀仁、叶圣陶、胡仲持等,其中,胡愈之是实际的主编,刊物的版面设计、主题策划和具体的编辑工作都由他来完成。

一般而言,作为文摘性的刊物,专发别家报刊的文章而不发自己组织文章,可以刊载各方面各种不同的意见和主张,但不能有自己的意见和主张。胡愈之主持《月报》时遵循了这种原则,注重客观的介绍,避免主观的批评。当然,这并不代表《月报》没有自己的目标和定位,胡愈之等人当时创办《月报》的目的很明确,就是要突出宣传奋起救亡、统一抗日的主旨,大量地选用时事性、政论性以及知识性的文章,帮助广大读者了解中国和世界的形势,激发民众的抗日热情和指引正确的舆论方向。

《月报》每一期都设有政治、经济、社会、学术、文艺、参考资料等专栏,选用的文章和资料多达 100 余篇,厚达 250 页,内容也非常丰富,如创刊号的政治栏选用了《1937 年的展望》(金仲华、胡适、钱俊瑞、顾颉刚)、《现代战争论》(杨杰)、《百灵庙战役之经过及其教训》(长江)、《西安事变目击记》(蒋方震)等文章,还推出了介绍国外政治形势的文章如《西班牙的战争与和平》、《苏联的新政》等;经济栏则有《1937 年资本主义世界经济的展望》、《中国财政的新阶段》

等；文艺栏是大家关注最多的，推出了芦焚、蒋牧良、端木蕻良的小说，朱自清的游记，夏衍的剧本，景宋（许广平）、许寿裳回忆鲁迅的文章，还有郭沫若、周作人以及朱光潜的文章等。《月报》还在各个专栏发表综合一个月情况的"情报"，如创刊号的"政治情报"（指的是政治栏的情报）综合报道了1936年12月西安事变发生后，军事法庭判处张学良10年徒刑，但蒋介石具呈国民党政府，责令张学良"戴罪立功"以及张学良在孔祥熙家度过当年除夕的情况。这些"情报"反应快速，都是很新鲜的消息，让人耳目一新。另外，《月报》还设有"漫画一月"的专栏，每期都刊载几十幅中外讽刺性漫画，极大地推动了漫画这一新兴艺术形式在中国的传播和普及。因为《月报》容量大，内容除了文字、漫画和图片之外，还有歌曲、笑话、游戏征答，等等，大大开拓了期刊的集纳和综合功能，它的很多做法和尝试对后来的期刊发展都有很大影响。

尤其值得称道的是《月报》尊重读者的做法。它把为读者服务看成是第一需要，所以非常重视读者的意见。为此曾专门举办读者投票评判最满意和最不满意的文章活动，在刊物上公开投票结果，甚至连最不满意文章的作者名字都照登不误，毫不隐讳，然后再根据读者反馈的情况对文章的选用进行改进。为读者着想，内容与形式又完全不同于其他期刊，所以《月报》一出版就受到广大读者的欢迎和好评，被誉为期刊中的"一朵灿烂的奇葩"和"智识的乐园"。有些读者甚至还说"省事省钱，造福不浅"等，因为一册在手，所有信息尽在掌握之中。《月报》影响和感召了一大批读者，许多有抱负的青年也由此走上了革命道路。新中国成立后负责《新华月报》出版工作的范用，对《月报》对其的影响作出这样的评价：

当年阅读《月报》，其心情犹如小孩子走进了糖果点心店。尽管有的我看得懂，有的似懂非懂，有的压根儿不懂，但看得津津有味，看得废寝忘食。感谢这本刊物把一个15岁的少年引进了一个新的天地，大大拓展了我的思想领域和知识领域，从此体会到文摘杂志的好处。尤其令人难忘的是，那时正是民族危机深重，日本帝国主义大举入侵迫在眉睫，《月报》以大量篇幅刊载有关文章，使国人认识到团结御侮、奋起抗战是唯一的出路。……我就是在《月报》的感召下，迎接神圣抗战的揭幕，迎接大时代的到来。这年冬天我奔武汉，走重庆，投入抗战的洪流。①

1937年8月13日，日军开始进攻上海，上海军民奋勇反击，"淞沪会战"正式打响，这是中日双方在中国抗日战争中的第一场大型会战，也是整个中日战争中进行的规模最大、战斗最惨烈的一场战役。在这场战役中，开明书店设在闸北的印刷厂被战火焚毁，《月报》是由这个印刷厂印刷的，到那时还只出版了7期，就不得不被迫停刊，甚是可惜。

1935年11月16日，回国不久的邹韬奋创办了《大众生活》周刊，重新树起一面宣传抗日救亡的大旗。但因为坚持抗日救国的立场和言论，出版16期的《大众生活》周刊于1936年2月26日被国民党政府下令查禁。国民党当局企图拉拢邹韬奋，但被邹韬奋拒绝，这样一来，就惹恼了国民党当局，邹韬奋不得不离开上海去香港发展。1936年3月，邹韬奋离开上海来到香港，立即电邀胡愈之来香港协助他创

---

① 范用：《忘不了愈之先生，忘不了〈月报〉》，载费孝通、夏衍等：《胡愈之印象记》（增补本），中国友谊出版公司1996年版，第427—428页。

办《生活日报》。接到邹韬奋电报时，胡愈之正在和潘汉年从莫斯科返回国内的途中。胡愈之同潘汉年商量，潘汉年认为最近世界形势发生了变化，《生活日报》不能再搞反蒋抗日宣传了，所以他要胡愈之告诉邹韬奋，报纸暂缓出版。1936年5月初，胡愈之与潘汉年回到香港。胡愈之向邹韬奋介绍了共产国际关于建立国际反法西斯统一战线的方针，并告诉邹韬奋报纸的宣传也应由反蒋抗日向联蒋抗日转变，要争取国民党一起抗日。邹韬奋完全赞同胡愈之的意见，1936年6月7日《生活日报》在香港正式创刊，改变了反蒋抗日的主旨，开始执行党的抗日民族统一战线政策，同时出版发行的还有《生活日报星期增刊》。

《生活日报》在邹、胡两位的共同努力下，呼吁建立抗日民族统一战线，适应时代潮流，受到读者的关注，因此创办不久销量就达2万份。可是，香港偏处一隅，将报纸寄到上海费时又费力，而且报社的房租特别贵。另外，香港的新闻检查制度也很严，帝国主义之类的词不允许见报，"反抗的呼声"等词句也要删去，等等，所以《生活日报》在香港持续出版了55天，当所有的经费都用完后，不得不于1936年7月31日宣告停刊。此时，《生活日报星期增刊》则改名为《生活日报周刊》，仅在香港出了三期后又更名为《生活星期刊》，于8月16日移往上海继续出版。胡愈之和邹韬奋也随之回到了上海。

新中国成立后，胡愈之还对自己参与经营《生活日报》这段经历写了一篇回忆性文章，题为《韬奋与〈生活日报〉》，文中他这样评价道：

　　从思想上说，韬奋当时还只是革命的民主主义者，还不是马克思主义者。他所描绘的理想的《生活日报》，有一些是出于主观主义的，没有科学根据的。但是他是革命的乐观主义者，他是想用办报的理想，来促进新中国的实现。新中国成立已快到五十年了。韬奋这种抱负和理想，可以说已经实现了一大部分。但是总的说来，我们的新闻工作，离开现代化，还有一定的距离。那么，四十多年前邹韬奋同志的主张，不也是在今天推动我们前进的一种力量吗？①

1937 年 8 月 19 日，刚从狱中释放不久的邹韬奋创办了《抗战》三日刊，胡愈之、金仲华、胡绳、钱俊瑞、艾思奇等人积极撰稿，胡愈之还参与了编辑工作。同时，胡愈之还参与了文化救亡的另一重要阵地——《救亡日报》的领导与编辑工作。《救亡日报》是上海文化界救亡协会成立之后，听从周恩来指示，由上海文救会的共产党员倡议创办的一份机关报，一份国共合作的报纸和文化界统一战线的报纸。当时，中共这边派郭沫若、潘汉年出面与上海文救会的主席潘公展商谈，最终双方达成协议，《救亡日报》由郭沫若当社长，夏衍任中共指派的总编辑，暨南大学教授樊仲云为国民党指派的总编辑，国共两党各出五百元作为创报经费，并成立了一个双方都能接受的编委会，委员有巴金、王芸生、王任叔、阿英、汪馥泉、邵宗汉、金仲华、茅盾、长江、柯灵、胡仲持、胡愈之、陈子展、郭沫若、夏丏尊、夏衍、章乃器、张天翼、邹韬奋、傅东华、曾虚白、叶灵凤、鲁少飞、樊仲云、郑伯奇、郑振铎、钱亦石、谢六逸、萨空了、顾执中30 人。此外，在文救会里还设立了一个"会报委员会"，由潘公展、

---

① 胡愈之：《韬奋与〈生活日报〉》，载《胡愈之文集》（第六卷），生活·读书·新知三联书店 1996 年版，第 90 页。

潘汉年、胡愈之、叶灵凤、汪馥泉五人组成，作为《救亡日报》的领导机构，其中，潘公展、潘汉年仅是挂名而已。

1937 年 8 月 24 日《救亡日报》创刊，由于报社经费极少，工作人员都不支领工资，因此真正参加实际工作的全是中共方面的人，樊仲云、汪馥泉等都没有参与实际编辑工作，所以报社实际领导重任都落在了胡愈之身上，参与报纸编辑的中共人员还有夏衍、叶文津、周钢鸣、彭启一、姚潜修、郁风等。利用《救亡日报》这块阵地，胡愈之、夏衍与在上海党的负责人一起，维护了抗日民族统一战线，正如于友在《胡愈之传》中所描述的那样：

> 另据《救亡日报》记者彭启一的回忆文章，10 月 27 日日军在上海前线攻下了七宝、大场一线之后，上海已形成了两面被包围的形势，整个上海的沦陷已迫在眼前，上海市内谣言四起，盛传英美法三国已经出面调停，日军将不再进攻南京。当时国民党亲日派张群等人在上海活动频繁。针对这一形势，夏衍、胡愈之和在上海的党的负责人研究之后，拟出了以下几句口号：
>
> "坚持抗战！反对分裂！反对妥协！"
>
> "战则存！和则亡！"
>
> "主和者就是汉奸！"
>
> 这几条口号第二天用头号宋体字在《救亡日报》第一版上刊登出来，引起了广泛的注意。这些口号振奋了爱国者的人心，打击了投降分子的阴谋。[①]

---

① 于友：《胡愈之传》，新华出版社 1993 年版，第 190 页。

　　值得一提的是，"胡愈之和夏衍这时已都是党在上海重要的文化战士，他们在《救亡日报》在上海出版期间，进行了亲密无间的合作，建立了深厚的战斗友谊。胡愈之支持《救亡日报》的经过，胡本人所作《我的回忆》内只字未提。但是《救亡日报》同人在1987年出版的《〈救亡日报〉的风雨岁月》一书中就着重提到了这位文化战士，不仅提到他在上海时期的协作，还提到了胡在桂林时期对该报的支援"①。

　　1937年11月12日，淞沪会战坚持了近三个月后，抵挡不住日军的进攻，上海最终沦陷。上海沦陷后，英法租界宣布中立，所以上海的英法租界成为被日军四面包围下的"孤岛"。当时一大批文化界爱国人士逃到武汉和香港等地，胡愈之等一些人却留在了"孤岛"，继续领导救国会的工作。因上海的陷落，《抗战》三日刊、《救亡日报》、《立报》、《大公报》等抗日报刊要么停办，要么迁往武汉等地，上海还剩下的《申报》和《新闻报》等也不敢再报道抗战新闻和抗日言论，胡愈之便联合当时中共江苏省委地下党员成立的文化工作委员会，创办了《团结》、《集纳》、《上海人报》等报刊，继续以巧妙的方式报道抗战消息，鼓舞人心。不久，租界当局强令中国人不许出版抗日报刊，胡愈之和王任叔、林淡秋、梅益、恽逸群、胡仲持等人又利用外商主办名义，出版了《译报》，内容完全是外文报刊所载的消息和文章的译文，照样向中国读者报道了诸如南京大屠杀一类的重大消息，还发表了埃德加·斯诺所写《西行漫记》中有关红军的文章。《译报》坚持了近一个月后，被租界当局勒令停刊。1938年1月，停刊后的《译

---

　　① 于友：《胡愈之传》，新华出版社1993年版，第190页。

报》更名为《每日译报》继续出版，除了刊登译文外，还增加了社论、新闻和专稿，并附加了王任叔主编的副刊《大家谈》。《每日译报》最了不起的事情就是刊登了毛泽东的《论持久战》，受到广大读者欢迎，增强了人民群众坚持抗战的决心和信心。曾在《大家谈》上发表过长篇通俗小说《新水浒》的现代作家谷斯范于 1989 年写过一篇文章，对当时《每日译报》的情况进行了回忆：

> 这是中共地下江苏省委文委主持的报纸，广泛团结了上海文化界、教育界、出版界、职业界、金融界、妇女界、宗教界的知名人士，在他们的支持下匆促上马，白手起家。自己没有印刷厂，委托《华美晚报》代印，租了爱多亚路 117 号几间房子，编辑部设在三楼，发行所在二楼，报社穷，对工作人员只供给膳食，每月发一点生活补贴……

> 当时编辑部里充满了乐观的气氛。尽管我们都是些穷文化人，处于"孤岛"特殊环境，谁也没有固定的工资收入，稿费低得可怜，物价一天天飞涨，回到家里不能不为柴米油盐发愁。但跨进编辑部的门，就一切丢诸脑后。1938 年 8 月 23 日起，连续十二天刊完了毛泽东的《论持久战》。那几天的《每日译报》，可说是洛阳纸贵，报摊上的零售报卖个精光。街头巷尾，《论持久战》成了热门话题。当然，编辑部里谈得更热闹，《论持久战》的发表是宣传工作的一次重大胜利，大大加强 300 万市民及上海附近报纸到达地区的人民群众对最后胜利的信心。[1]

---

[1]　谷斯范：《回忆〈每日译报〉》，载《抗战纪事》，中国友谊出版公司 1989 年版，第 110—112 页。

当时胡愈之虽然离开了上海，但坚持主持《译报》和《每日译报》工作的则是他的老朋友王任叔、梅益、林淡秋、恽逸群、胡仲持等人，接受胡愈之的指导，所以不管是《译报》还是《每日译报》都有他的一份功劳。可惜的是，《每日译报》坚持了大半年后，迫于多方的压力也终于停刊了。

四、翻译出版《西行漫记》

上海沦陷后，胡愈之仍留在"孤岛"负责救国会的领导工作，创办了抗日报刊《团结》、《集纳》、《译报》等，竭力构筑抗日救国文化阵地和组织广泛的抗日统一战线。最令人称道的是，他还在困境重重的情况下，完成了中国进步文化出版史上两个意义重大的项目，那就是首次翻译出版了《西行漫记》和首次编印了《鲁迅全集》。

1937年胡愈之在上海主持救国会的对外宣传工作，与美国记者埃德加·斯诺熟识。埃德加·斯诺1905年出生于美国堪萨斯城的一个贫困家庭。大学毕业后进入堪萨斯城的《星报》和纽约的《太阳报》工作，后来又在远洋货轮上当了船员，游历了中美洲和夏威夷，其间仍然为美国的一些报纸供稿。1928年斯诺来到上海，担任《密勒氏评论报》的助理编辑，并兼任纽约《太阳报》和伦敦《每日先驱报》的特约通讯员。1930年以后，他为采集新闻，去了中国和亚洲的很多地方，包括中国的东北三省、内蒙古、台湾以及日本、朝鲜和荷属东印度（即印尼）等国家和地区。他还在中国西南各省游历，徒步经过云南西部，到达缅甸和印度，访问了甘地和其他印度革命领袖。

1931 年"九一八"事变，斯诺正在上海，目睹了 1932 年的淞沪战争。后来，斯诺到北平燕京大学任教，担任新闻系教授两年，并学习中国语文。其间，他认识了美国著名记者史沫特莱，和鲁迅、宋庆龄以及中共一些地下党员有所接触，还编译了一部英文版的现代中国短篇小说集《活的中国》，首次把鲁迅的著作介绍到西方。[①]

1937 年 11 月，胡愈之在上海斯诺的住处看到 *Red Star over China*，这是英国年轻的出版商维克多·戈兰茨的公司寄给斯诺的样书。斯诺将这本书送给胡愈之并告诉他，此书原名是 *Red Star in China*，排字工人将 in 错排为 over，斯诺反而觉得错得恰到好处，于是将错就错，正式出版就成了这个书名，如果译成中文书名就是《红星照耀中国》。胡愈之看了之后爱不释手，特有的政治敏感使他觉得这本书对中国读者很重要，应尽快翻译成中文，让被蒙蔽的中国民众真正了解陕北根据地和中国共产党。

《红星照耀中国》共有 12 章，总字数约为 30 万，一个人短时间内是不可能翻译完成的。于是，胡愈之从当时经常在八仙桥青年会地下室餐厅参加聚餐会的上海左翼文化人中发掘了擅长翻译的 12 个人组成翻译团队，每人负责一章的翻译。这 12 人为王厂青、林淡秋、陈仲逸、章育武、吴景崧、胡仲持、许达、傅东华、邵宗汉、倪文宙、梅益、冯宾符。据了解，其中陈仲逸是胡愈之的笔名。在每人译成一章后，由胡仲持负责统一汇总译校，最后再由胡愈之认真审阅并进行润色加工，统一风格。翻译过程中，翻译者往往会遇到一些原书难于理解的文字，胡愈之就多次同斯诺研究，请斯诺对原作作一些补充和

---

① 参见胡愈之：《〈西行漫记〉中文重译本序》，载《胡愈之文集》（第六卷），生活·读书·新知三联书店 1996 年版，第 97—98 页。

修改。遇到一些难以确定的姓名和地名时，胡愈之就向当时上海的中共领导人、长征干部刘少文请教，得到不少帮助。斯诺还为胡愈之提供了许多珍贵的图片，不少是英文原作中没有发表过的，特别是一些人物照片，比如毛泽东戴八角帽的那张，是斯诺自己拍摄的，从来没有公开过。

翻译工作紧锣密鼓地开展起来后，胡愈之却又面临更大的难题，那就是这部书以什么名义出版、如何筹措经费以及怎么印刷和推销的问题。虽然当时国共已实行了第二次合作，但《红星照耀中国》这样一本正面宣传中国共产党的书，在国统区出版是非常困难的。聪明的胡愈之想到上海英法租界沦为"孤岛"后，有一定的自由空间，于是便积极利用租界这一特殊的环境，借用"复社"这个名字来出版此书。"复社"原是反清复明的一个组织，是明末继东林党之后谋求挽救大明王朝统治的一批江南知识分子组成的，胡愈之借用这个名字，寓意不言而喻。当然，"复社"也不是一个正式的出版社，只是一个虚的招牌，实际上设在胡愈之和其二弟胡仲持合住的英法租界交界处福熙路安乐村174号的家里，张宗麟担任"复社"的经理。

上海沦陷后，许多的报刊、书店和出版社都迁往内地，但印刷厂因为设备的问题不好搬走，大多闲置了起来。胡愈之找到自己熟悉的商务印书馆的印刷厂，同工人们商量出版《红星照耀中国》这本书，得到大家的支持，同意可以先不付钱就出书。然而，印刷费可以暂欠，但印刷厂无钱买纸张，还得靠胡愈之等人想办法。参加聚餐会的同人们纷纷慷慨解囊，但也只凑了一点，远远不够。胡愈之思前想后，终于想到了预约推销的办法，也就是说先联系想购书的人，每册预收书价1元，凑够买纸张的钱后出书，然后再把书给要购买的人。

这样，这本书就在商务印书馆的印刷厂开印，印制质量特别好，深红色封面，大 32 开，插图全用道林纸，十分清晰。

胡愈之考虑到新译的书不仅要在上海和内地发行，还要远销海外华侨聚居地区，如果用斯诺的原名《红星照耀中国》，肯定会引起国民党政府的不满，因此他和译者们商量，决定改用《西行漫记》作中译本的书名。《西行漫记》从书名来看，类似一本游记，不容易引人注意，有利于刊印发行。还有一个原因，就是胡愈之受范长江的启发，当时范长江作为《大公报》记者跟随国民党部队去了西北，写了一系列关于中国共产党和红军的报道，辑成《中国的西北角》一书，限于当时的条件，不能写得那么明显，但从此"西"或"西北"便成了中国共产党所在地的代称，因而以《西行漫记》为书名，能够让人联想到在西北的中国共产党。

《西行漫记》用"复社"的名义翻译、印刷、出版和发行，从1937 年 12 月开始到 1938 年 2 月出书，前后不过 2 个多月的时间，速度可谓惊人，创造了中国翻译、出版史上的奇迹。《西行漫记》一出版就在海内外引起强烈反响，人们知道它是写中国共产党和工农红军的，购书十分踊跃，第一版很快销售一空。1938 年 4 月 10 日再版，10 月 10 日第三版，11 月 10 日第四版，半年之中它就连续印了 4 版，总销数近 10 万本，这还不包括新加坡、菲律宾等华人聚居地出现的无数翻印本和重印本。这本书正划破重重乌云的闪电，为处于迷茫、黑暗中的中国人民和世界人民预见即将出现的曙光，使他们对满目疮痍的中国有了更深刻的正确认识，胡愈之也说："《西行漫记》出版后不久，一九三八年五月我离开上海去汉口，主要是为了筹集经费准备出版鲁迅全集。但是由于郭老要我参加第三厅的工作一直没回去。我在外面看到《西行漫记》影响很大。香港的出版商翻印了许多，远销南洋，对于华侨起了很大作用。甚至可以说，它的中译本在旧中国起了比英文本更大的作用。"①

1939 年 4 月 10 日，复社又印行了《西行漫记》第五版，这是增订版，初印 3000 册。

现在我们看到的中文译本基本上都是以这一版为底本，为什么呢？

《红星照耀中国》原著，用斯诺自己的话说："完稿于 1937 年 7 月。其时日本军队的炮火正在我所居位的北京城外打响。在中国，七月的枪声拉开了八年抗日战争的帷幕。"1937 年 10 月英国戈兰茨版和 1938 年 1 月的美国蓝登书屋版内容完全相同。由于日寇全面扩大侵略战争，华北与江南战局发生急剧变化。1938 年美国版准备再版时，斯诺夫妇已到上海进行采访，住在今日南京西路泰兴路口里麦德赫斯特公寓。他随即接受了出版商的建议，赶写了第十三章《旭日上的暗影》，简要地论述了日本发动的侵华战争，对中国人民的英勇抗战作了乐观的展望，并对中国共产党战士的著名游击战术，进行探讨和适当分析，进而揭示了日本太阳旗上的阴影。同时，还对原著所写的十二章作了一些修订，删去第十一章中《那个外国智囊》（讲第三国际派遣来苏区的德国人李德情况）。在斯诺的热情帮助下，《西行漫记》中文本于 1939 年 4 月 10 日印行了增订第五版。不

---

① 胡愈之：《〈西行漫记〉中译本翻译出版情况》，载《读书》杂志编辑部编：《一灯风雨：〈读书〉书人书话精粹》，生活·读书·新知三联书店 2011 年版，第 80 页。

仅有初版就有的许多珍贵的照片，且其内容已不是初版的十二章，而是增加了第十三章《旭日上的暗影》。复社《西行漫记》增订第五版，实际是按斯诺在上海所作的修订译出的；他还应约于 1938 年 1 月 24 日为中译本撰写了诚挚动人的序言，这也是最初国外原版所没有的，洋溢着对中国人民真切热情的友谊。[①]

《西行漫记》的翻译基本上保持了原著的优美文笔，将作者斯诺自 1936 年 6 月至 10 月在中国西北革命根据地（以延安为中心的陕甘宁边区）的真实记录如实地翻译了过来。斯诺在这部长篇纪实报告文学中探讨了中国革命发生的背景以及蓬勃发展的原因，对万里长征表达了由衷的钦佩之情。他第一次较为全面地向全世界真实报道了中国革命格局、中国工农红军以及许多红军领袖、红军将领的情况。他不但细致描绘了中国共产党人和红军战士坚韧不拔、英勇卓绝的斗争形象，而且也花费了大量笔墨细致刻画了毛泽东、周恩来、彭德怀、贺龙等中国共产党的领导人和红军将领伟大而平凡的精神风貌。斯诺用毋庸置疑的事实向世界预言：中国共产党及其领导的革命事业犹如一颗闪亮的红星，不仅照耀着中国的西北，而且必将照耀全中国，照耀全世界。

《西行漫记》给广大读者带来了空前强大的精神力量，使得海内外众多正直进步人士对国民党一直以来刻意丑化中国共产党的反面宣传有了正确认识，更加拥护中国共产党的抗日主张，积极投身于中国共产党领导的民族解放事业。许多青年，包括海外华侨青年读了这本

---

① 戴文葆：《〈胡愈之译文集〉编后记》，载《胡愈之译文集》（下），译林出版社 1999 年版，第 549—550 页。

书后，积极奔向延安、奔向解放区，加入红军队伍，投身于抗日战争和中国革命。《西行漫记》的出版可以说是一个标志，对中国的抗日战争、对中国共产党领导下的人民解放事业乃至对整个中国新民主主义革命都影响深远。

五、筹资出版《鲁迅全集》

1936 年 10 月 19 日清晨，中国民族革命先驱、进步文化旗手鲁迅先生在上海大陆新村寓中病逝，享年 56 岁。那天天刚亮，胡愈之就接到冯雪峰的电话，被告知这一消息，这犹如晴天霹雳，与鲁迅有着师生缘的胡愈之一下子惊呆了。鲁迅的死，震惊了全国。在延安的中共中央指示，"鲁迅的丧事由救国会出面来办比较合适"，于是冯雪峰找到胡愈之，请他联系救国会主持鲁迅葬礼。这样，虽然冯雪峰是鲁迅葬礼的主要领导者和策划者，但实际操办人却是胡愈之。胡愈之找到沈钧儒和救国会的其他领导人，大家共同商讨后决定：鲁迅的葬礼以上海各界救国联合会名义主办，通过鲁迅的葬礼，还要发动一次民众的政治性示威，把抗日救亡运动推向新的高潮。鲁迅的葬礼办得十分隆重，人们先将鲁迅的遗体安放在万国殡仪馆的鲜花丛中，遗体上覆盖着沈钧儒书写的"民族魂"三个大字的锦旗，让各界民众前来瞻仰遗容，进行了三天吊唁活动，从早到晚吊唁人群川流不息，累计数万人。

1936 年 10 月 22 日下午两点，送葬仪式正式开始。鲁迅的灵柩由巴金、胡风、萧军、黄源等人抬上灵车，自发送葬者达 7000 多人，灵车由万国殡仪馆缓缓驶向万国公墓，送葬队伍长达 2 华里多。胡愈

之和宋庆龄、蔡元培、沈钧儒、王造时、章乃器、史良、李公朴、邹
韬奋、郑振铎、叶圣陶、王统照、巴金、胡风、夏丏尊、郁达夫、沈
兹九、陈子展、徐调孚、蔡楚生、郑君里、欧阳予倩、袁牧之、赵
丹、陈波儿、内山完造、池田幸子等各界著名人士走在队伍的前列，
大家一边走一边高喊着"纪念鲁迅先生，打倒日本帝国主义"、"鲁迅
先生不死，中华民族万岁"等口号，群情激愤，送葬仪式变成了一次
大规模的群众游行示威活动，将抗日救亡运动推向了高潮。租界当局
不好制止送葬仪式，为防止暴乱，只好派出大批骑警一路监视。下
午4点多，送葬队伍到达万国公墓。"蔡元培、宋庆龄都参加了葬礼，
并在葬礼上讲了话，我在葬礼的最后宣读了悼词。鲁迅先生的葬仪团
结了左、中、右各界人士和广大民众，体现了鲁迅先生不分派别，一
致对外，联合抗日的精神，向消极抗日的国民党反动派和气焰嚣张的
日本侵略者显示了团结抗日、一致救亡的威力。"① 胡愈之代表治丧委
员会宣读的悼词表达了各界民众的心声："鲁迅先生的遗体埋葬在黄
土之中，鲁迅先生的遗教将永远埋葬在全世界爱好和平与自由的人们
的心底。""我们决心继承鲁迅先生的遗志，与世界上一切恶势力奋斗。
不妥协，不投降，以使妖魔灭迹，和平和自由出现在人间。"

　　出版《鲁迅全集》早在1937年7月中旬筹备纪念鲁迅逝世一周
年大会上就有人提出，但因为时值抗战和各种条件的限制，暂时被搁
置下来。上海成为"孤岛"之后，许广平虽然把鲁迅全部手稿藏到了
租界的一个秘密地方保存下来，但还是忧心忡忡，怕租界一旦被日军
占领，手稿可能会被日军毁去。在当时那种情况下，将那么多手稿转

---

① 胡愈之：《我的回忆》，载《胡愈之文集》（第六卷），生活·读书·新知三联书店
1996年版，第360页。

移到国统区也是不现实的，而且国民党政府一向不喜欢鲁迅的文章，即使弄过去也有可能被没收。作为鲁迅纪念委员会的主要成员和鲁迅的学生，胡愈之当时也非常焦虑，与许广平以及其他纪念委员会的成员多次商量后，决定赶快编印出版《鲁迅全集》，这样就可以保存这份珍贵的文化遗产了。对于胡愈之来说，刚刚成功翻译出版了《西行漫记》，所以觉得出版《鲁迅全集》也应该不是很难的事。

为了使《鲁迅全集》出版合法，胡愈之征得许广平同意后，立即给时任国民党中宣部部长的邵力子写了一封恳求信，并附上《鲁迅全集》书稿的清样，恳请国民党中宣部审定并批准出版。邵力子也是绍兴人，早年加入同盟会，1919 年加入中国国民党，曾与柳亚子发起组织南社，提倡革新文学。1921 年加入上海共产主义小组，同年以国民党员特别身份跨党加入中国共产党。他一直主张国共合作。邵力子对鲁迅颇为敬重，也清楚出版《鲁迅全集》意义重大。在收到《鲁迅全集》清样的第二天，他就把国民党中宣部编审会总干事朱子爽找来，一起审阅《鲁迅全集》书稿清样。从早上 7 时到下午 3 时，邵力子等人马不停蹄，仅用了大半天时间就完成了五六百万字《鲁迅全集》清样的审查工作，然后责令办妥一切合法出版的手续。

接下来，就是出版经费的问题。胡愈之也采用出版《西行漫记》的做法——预约推销开始筹款。与《西行漫记》不同的是，《鲁迅全集》多达五六百万字，如果印制出来的话相当于 20 本《西行漫记》，虽然当时上海的纸张等比较便宜，但核算成本，也需卖 20 元钱一套才不至于亏本。如此兵荒马乱之际，有钱人纷纷南下广州、武汉和香港，能花 20 元钱买一套《鲁迅全集》的人在上海很难找了。聪明的胡愈之想出一个办法，决定将《鲁迅全集》印成两种版本，一是平装本，一是精装本。平装本只卖 8 元钱一套，精装本则售 100 元一套。精装本带有纪念价值，专门配有一个木制书箱，外刻"鲁迅全集，蔡元培题"等字样。精装本成本 30 元左右，这样以盈补亏，整个出版发行就不至于亏损了。平装本主要在上海本地预约收款，比较好推销。至于精装本的推销，胡愈之和巴人（王任叔）、许广平等人商量后，决定把重点放到香港和武汉去。1938 年 4 月下旬，胡愈之离沪赴港，开展精装本的推销筹款工作。

到达香港后，胡愈之找到蔡元培和宋庆龄，得到他们热情的帮助和支持。蔡元培不但题写了"鲁迅全集"四字，还同宋庆龄一起发表了关于"鲁迅全集募集纪念本启事"，号召广大民众踊跃预购。胡愈之推销《鲁迅全集》的办法是开茶话会，他邀请那些进步资本家、开明人士乃至国民党的要员参加茶话会，向他们介绍有关《鲁迅全集》的出版情况，请他们预购。这个方法很有成效，购买者比较多，国民党要人孙科甚至一下子订购了 10 套。接着，胡愈之又去广州继续用这个办法推销，也有不小的收获。5 月，胡愈之又去了武汉，遇到周恩来和沈钧儒等人，推销情况更加令人乐观。周恩来积极支持，指示武汉八路军办事处预订了许多部，并让办事处也要想办法去推销。沈钧儒则专门举办了一次茶话会帮助推销，首先得到邵力子的积极响应，一口气订购了 10 套，有了邵力子的带头，当时在场的国民党官员们也就纷纷预购，在武汉一下子筹募了数万元资金。另外，远在美国的陶行知、新加坡的王纪元以及身在华南地区的巴金、茅盾等人也都积极想办法进行推销，短短一个多月时间，就募得预购款四万多元，《鲁迅全集》的出版资金基本到位。

《鲁迅全集》原定仍以上海复社名义出版，但胡愈之考虑到以后发行更为方便，便改为以"鲁迅纪念委员会"名义出版。1938 年 6 月 15 日，历史上第一套《鲁迅全集》平装本正式出版，8 月 1 日，精装本又宣告问世。兵荒马乱的艰难困境下，一套 600 余万字、皇皇达 20 卷本的《鲁迅全集》仅用了 4 个多月的时间就完成出版，意义极其重大，对于人类伟大的遗产——鲁迅著作的保护和抢救起到至关重要的作用。其中，胡愈之功不可没，正是他不遗余力地奔走筹划，《鲁迅全集》才能够顺利地在上海"孤岛"成功出版，体现了其非凡的组织能力和创新能力。

许广平在《鲁迅全集》编校后记中写道："出版先生全集，保卫祖国文化，实为急不容缓之事"，"幸胡愈之先生，本其一向从事文化工作之热忱，积极计划全集出版事业"，"他奔走擘画，不遗余力"。[1] 郑振铎在 1945 年发表的《忆愈之》一文中也说："《鲁迅全集》的编印出版，也是他所一力主持着的，在那样人力物力缺乏的时候，但他的毅力却战胜了一切，使这二十巨册的皇皇大著能够在很短的时间内印出。"[2]《鲁迅全集》的出版，令胡愈之感到由衷的欣慰，"纸张寿于金石"，他最为敬重的老师的著作能千秋万代，永远流传了。

六、创建国际新闻社

上海和南京相继沦陷后，全国政治、经济、军事、文化中心转移

---

[1] 见《鲁迅全集》（第 20 卷），鲁迅纪念委员会编印，1938 年版，第 651 页。

[2] 郑振铎:《忆愈之》，载费孝通、夏衍等:《胡愈之印象记》（增补本），中国友谊出版公司 1996 年版，第 500 页。

到了华中的武汉。1938年1月1日，国民党政府改组，蒋介石专门负责军事，不再兼任行政院长的职务。2月1日，成立国民政府军事委员会为政治部。为了体现第二次国共合作的精神，政治部由国共双方人员共同参与工作，其中，部长为国民党湖北省政府主席陈诚，副部长由代表共产党立场的周恩来和代表第三党的黄琪翔两人分别担任。在政治部下，设有三个厅，三个厅厅长分别为贺衷寒、康泽、郭沫若。第三厅厅长郭沫若是蒋介石钦点的，因为他曾在大革命时期担任过国民革命军总政治部副主任。郭沫若本不愿意就职，是在周恩来耐心说服下才同意的。第三厅的人事安排由周恩来与各方面协商确定，集中了全国文化界众多知名人士，如徐寿轩、张志让、尹柏林、洪深、郑用之、徐悲鸿、杜国庠、冯乃超、阳翰笙等等，这是一厅、二厅无法相比的。三厅又下设三个处，即：五处——主管文字宣传，胡愈之当处长；六处——主管艺术宣传，田汉当处长；七处——主管对敌宣传，原定由郁达夫担任处长，因郁达夫在福建无法及时赶到，改由原来做过春晖中学校长的范寿康担任。后来，郁达夫赶到武汉后担任厅设计委员的职务。

胡愈之也是在周恩来和郭沫若的劝说下勉强就任第三厅第五处处长的。上任后就发现国民党的官不好做，因为当时国民党只是为了装门面才让共产党和其他爱国人士到政治部来工作，并不想让这些人能发挥作用，所以千方百计地限制第三厅里的人，郭沫若领导的第三厅必须不断地斗争和突破，才能做一点有益于抗战的事。胡愈之感叹，这是"当抗战官，吃摩擦饭"，因而向周恩来提出辞职，要求去延安发展。为此，周恩来特地找胡愈之作了一次通宵长谈，他要胡愈之好好学习毛泽东发表的《论持久战》一书，指出只有坚持抗日民族统一战线，才能争取抗战的最后胜利。现在当务之急是尽力做好宣传工作，提高群众的觉悟，巩固和发展抗日民族统一战线，使国民党搞颠倒黑白和妥协投降的阴谋难以得逞。在向国民党进行统一战线工作中，既要排除各种困难做好工作，又要坚持党的独立自主原则，不作无原则的让步。周恩来的一席话，使胡愈之的认识有了很大的提高，也大大坚定了他在三厅开展工作的决心。1937 年 10 月 19 日，在鲁迅逝世一周年纪念会上，胡愈之就和周恩来见过面，那时周恩来就在胡愈之心中留下了深刻的印象。这次长谈，使胡愈之对周恩来更加钦佩和敬仰，毫无疑问，周恩来对胡愈之的人生产生了重大影响。

胡愈之在周恩来的直接领导下开展了大量的对外新闻宣传工作，收到比较好的效果。一直从事新闻工作的经历，使胡愈之和武汉的新闻记者打成一片。当时武汉已成为全国新的政治、军事和文化中心，各地报纸的记者云集武汉，他们大都是热血青年，爱国抗日，热心于宣传抗战形势。胡愈之便以三厅五处的名义指导他们工作，鼓励他们到作战部队当战地记者，多写战地通讯，报道前线真实情况，鼓舞全民抗战。

抗战初期，还在上海的胡愈之就想策划一个全国性的记者组织，以统一战线的原则团结新闻记者，考虑到一般的记者组织必须要吸纳很多国民党新闻机关的首脑人物参加，工作很难开展，因而当时决定筹组一个青年记者的全国性组织，后来因局势变化没有来得及实施。到武汉后，胡愈之发现有这么多热血青年记者聚集在这里，热心抗日救国，于是就与当时同在武汉的《大公报》记者范长江、《新华日报》编辑徐迈进商量，筹划成立"中国青年记者学会"。之所以取名为"中国青年记者学会"，有三层含义：一是它的参加主体都是青年人；二是只吸收报社的从业人员即记者参加，不吸收报社的老板或主持人；三是学会组织，因为国统区成立一般的群众组织很难审批，而作为学术性的组织比较容易获准。中国青年记者学会宣告成立，范长江在成立大会上致开幕词，特别强调学会是利用讨论会的方式，学习新闻界前辈的经验，大家一起交流工作经验并进行自我教育。作为中国青年记者学会的发起人，胡愈之并没有在学会内担任领导职务，原因是他作为"政府官员"不好过来任职，但"实际上在思想和组织方面掌握方向"的人正是他，说他是学会的"总设计师"也不为过。学会在成立时有二百多名会员，后来在各地相继成立分会，会员一下子猛增到五百人左右，成为中国共产党直接领导下的又一个统一战线组织。

胡愈之主持三厅五处工作，其中一项任务就是负责向外国记者提供战时新闻。当时国民党中央的国际宣传处也有这项任务，但国际宣传处发不出什么消息，于是国际宣传处的负责人曾虚白和董显光就与胡愈之联系，希望借助三厅五处的力量，共同发布外宣新闻。曾虚白过去曾给《世界知识》杂志投过稿，与胡愈之比较熟悉。这样，胡愈之便与他们合作，每周召开一次外国记者招待会，提供中国抗战的真实消息。过了一阵子，曾虚白找到已与《大公报》脱离关系的范长江，要他到国际宣传处工作。范长江找胡愈之商量，两人一起过来请示周恩来。周恩来认为这是一个机会，可以去，但必须有一个条件，那就是光一个人去没用，要去就要同意成立一个国际新闻社，团结一批人，这样才能保证新闻的供应。曾虚白同意了范长江的意见，设立国际新闻社（简称"国新社"），还答应每月供给几百元稿费。胡愈之与范长江利用中国青年记者学会的力量筹建了国际新闻社，既向国际宣传处发稿，也向国统区的各地报纸发稿，在一定程度上打破了国民党中央通讯社对新闻消息的垄断。国新社贯彻的是抗日民族统一战线的方针，宣扬团结、抗战，反对分裂、投降。

当然，胡愈之在武汉这段时间里，也受到了王明右倾错误的影响，当时王明只讲联合不讲斗争，要一切服从统一战线，所以有很多事情不敢冲破国民党的限制，最令人遗憾的有两件事情：一件是救国会领袖沈钧儒、邹韬奋等这时都在武汉，他们希望恢复救国会的活动，并希望在新形势下组成政党形式，胡愈之把这个问题向王明、博古谈了多次都不得要领；另一件是杜重远的安排问题，当时杜重远没有正式工作，思想上很苦闷，他不想去国民党那边工作，想来做一些有利于人民抗战的事，但王明迟迟不敢决定，后来杜重远只好去了新疆发展，却没想到在那里牺牲了，令人惋惜。

胡愈之主持第五处工作的时候，也没有停止手中的笔，然而他的文章却多次遭到国民党方面的限制，甚至蒋介石也对其进行了责难。1938 年 9 月 4 日，是当时苏联倡导的国际青年节，为纪念这一节日，胡愈之在《新华日报》上发表了一篇《中国青年运动的统一与中国青年解放》的文章，认为青年是中国抗战救国最重要的力量，但是，"中国到目前还未能脱尽封建残余，几千年以来，父权制度，宗法社会，把青年的心灵体魄等等束缚着"[1]，因而希望把青年从封建桎梏下解放出来，"我们过去的青年典型是'循良子弟'，而我们现在所需要的青年典型是'英勇斗士'"[2]，"我们需要更多的英勇斗士，不需要更多的

---

[1]　胡愈之：《中国青年运动的统一与中国青年解放》，载《胡愈之文集》（第四卷），生活·读书·新知三联书店 1996 年版，第 22 页。

[2]　胡愈之：《中国青年运动的统一与中国青年解放》，载《胡愈之文集》（第四卷），生活·读书·新知三联书店 1996 年版，第 23 页。

循良子弟"①，并把后面两句话作为题词刊登了出来。但是这篇文章，却引起了蒋介石的极大不满，他在上面用红蓝铅笔画了许多杠杠，批得乱七八糟，其中一条批注是："没有循良子弟，哪有英勇斗士。"陈布雷写信把这份批过的剪报送给胡愈之，信上说：蒋介石看了很不满意，以后不要再有这样色彩的文章在报纸上发表。这使胡愈之进一步看清国民党蒋介石集团严厉压制青年活动、压制革命和进步团体的真面目。

1938 年 5 月，徐州会战失败后，武汉遭到日军的大规模进攻。10 月，武汉已处在日军的包围之中，国民党党政机关纷纷撤离，就在这个时候，朱德来到了武汉。胡愈之在周恩来的住处第一次见到朱德，心情无比激动。朱德对胡愈之的工作予以了肯定，并为他题词，称赞他是国际问题专家。1938 年 10 月 24 日，武汉沦陷前一天，胡愈之照例参加了三厅在汉口怡和街举行的最后一次外国记者招待会。傍晚时分，胡愈之才和周恩来、郭沫若等人撤离武汉，随后日军就占领了武汉。胡愈之和郭沫若一起走水路到沙市，然后坐车到长沙，10 月 30 日到达长沙。当时日军已向岳阳逼近，长沙也即将沦陷，从武汉撤下来的军委会政治部一片混乱，传闻要进行整编。胡愈之在三厅干了五个多月，觉得没什么意思，现在要进行整编，正好提出辞职。周恩来批准了胡愈之的辞职请求，但没有安排他去延安，而是建议他前往桂林做广西李宗仁、白崇禧的统战工作，同时把桂林的抗日文化活动开展起来。胡愈之听从周恩来的安排，1938 年 11 月 10 日离开长沙去了桂林。11 月 13 日，国民党军队放弃岳阳，火烧长

---

①　胡愈之：《中国青年运动的统一与中国青年解放》，载《胡愈之文集》（第四卷），生活·读书·新知三联书店 1996 年版，第 23 页。

沙，制造了震惊中外的"长沙大火案"，全城房屋大部分被焚毁，居民也烧死两万多人。胡愈之在途中听到"长沙大火案"的消息，也大为震惊，感到无比悲愤。胡愈之若是再迟两天撤离长沙，也许也会遭到不测。

11月中旬，胡愈之到达桂林。自武汉失守后，国民党的统治中心迁移到陪都重庆。当时重庆环境很恶劣，汪精卫等亲日派早就在那里，汉奸、特务一大堆，加上日本帝国主义侵占武汉后，加强了对国民党的政治诱降，蒋介石开始有点消极抗战、积极反共，这种气氛下很难开展抗日文化活动。然而，当时广西情况却比较好，李宗仁、白崇禧和蒋介石不和，抗日态度比较坚决，国民党特务也不敢在桂系地盘上活动，所以广西一时成了西南后方政治气氛较为新鲜活跃的地区。正是出于这些考虑，周恩来把胡愈之介绍到桂林去，本打算要他去做白崇禧的秘书，但白崇禧把想找胡愈之当秘书的事向蒋介石汇报后，蒋介石坚决反对，白崇禧也只好作罢。

当不成秘书的胡愈之被安排到广西建设研究会。广西建设研究会成立于1937年10月，表面上是一个学术研究团体，其实是桂系以反蒋抗日为目的，团结各派政治力量而建立的一个"国民参政会"式机构，同时也是桂系的一个智囊集体和咨询机构。桂系三巨头李宗仁、白崇禧和黄旭初分别担任正副会长，具体工作则由常务理事李任仁和陈劭先两人主持。李任仁、陈劭先两人先前都与救国会有过密切联系，在他们的安排下，胡愈之被聘为广西建设研究会委员，并担任该会的文化部副主任。这样，胡愈之与广西上层人物就建立了联系。

1938年12月，胡愈之到重庆与邹韬奋商量生活书店的革新问题，并向周恩来汇报了桂林的工作情况，周恩来指示他应该把香港的国际新闻社与桂林的国际新闻社合并起来，这样就可以人员统一使用、稿件资源共享。香港国际新闻社是恽逸群等一些在上海"孤岛"时期坚持宣传抗日的同志转移到香港后发起成立的，当时归属中共华南局领导。香港国际新闻社以航邮的方式向海外数十家华文报纸发新闻稿和通讯稿，经费一直靠胡愈之在武汉第三厅筹措支持。带着合并这个任务，1939年2月，胡愈之离开重庆到达香港，在香港和大家取得一致意见后又绕道越南返回桂林。1939年夏天，在胡愈之与范长江的共同努力下，香港和桂林的国新社正式合并。按照周恩来的部署，合并后的国新社的总部设在桂林，不久后又在重庆设立办事处，由刘尊棋、王纪元、于友负责，这样就形成了桂林、香港、重庆三地掎角之势，各有分工，总社和重庆办事处向国统区报刊供稿，香港分社则负责向海外和华侨报刊供稿。所以，国新社供稿的报刊遍及东南、西南、西北各地，再加上海外东南亚、美国、澳洲以及非洲的报刊，一共达到150家以上。胡愈之在总社的地位非常特殊，没有担任任何正式领导职务，只是挂了一个"特约撰稿人"的头衔。1939年夏至1940年夏，是国新社发展的鼎盛时期，旗下的撰稿人有夏衍、阳翰笙、张志让、张铁生、邵宗汉、宋云彬等一大批文化名人，他们的稿件深受读者欢迎，如羊枣的军事专论，千家驹、骆耕漠的经济专论，胡愈之、张志让的国内外政治形势专论等都十分精彩。此时的国新社在中国共产党的直接领导下，与《新华日报》一起成为相辅相成的革命新闻宣传机关。

七、创办文化供应社

在桂林，胡愈之遵照周恩来的指示，同文化界知名人士和广西上层人士保持密切联系。与在上海时一样，胡愈之牵头搞了一个聚餐会，每周一次，经常参加的有张志让、杨东莼、千家驹、陈劭先、李任仁、张铁生、姜君辰、陈此生等。大家边吃边聊，讨论抗战形势，交换做好抗日文化宣传工作的意见。这些参加聚餐的人，都是桂林各文教机构和社团中的人，他们之间的交流无疑推动了桂林抗日文化活动的发展。这时胡愈之曾参与创办的《救亡日报》从广州迁到桂林，不久在桂林复刊；原来由三厅组织起来的一些文艺界人士和团体，也来到桂林立足和演出；生活书店等出版机构也迁到桂林开设分店和门市；胡愈之把在武汉、以救国会名义创办的刊物《国民公论》也迁到桂林继续出版。这样，本来并不繁荣的桂林，一下子成了"文化城"，抗日文化运动迅速发展起来，成了国民党统治下大后方唯一的抗日文化绿洲。周恩来曾三次来桂林部署工作，并征得白崇禧同意，于1938年11月在桂林设立了以李克农为首的八路军办事处，加强了党对广西地区抗日工作的领导。

桂林文化活动全面开展起来之后，胡愈之与李任仁磋商，决定由救国会和广西建设研究会合作创办一个文化出版机构——文化供应社，沈钧儒为此还专程来桂林一次，提供了救国会方面的启动资金300元，资金是由杜重远从新疆盛世才那里弄来的。1939年10月，文化供应社正式成立，聘请李任仁为董事长，陈劭先为社长，胡愈之为董事和编辑部主任。胡愈之根据他在上海参加商务与生活书店工作的经验，设计了文化供应社的规章制度。胡愈之还延聘了王鲁彦、宋云彬、张志让、傅彬然、林山、曹伯韩、杨承芳等知名文化人士参加供应社的工作。文化供应社的工作方针是配合抗战建国的需要，为抗战前线和大后方供应文化食粮。为民众和士兵提供读物、印制词典和百科全书、编撰和编译学术名著、制造和供应各项文化用品，并在全国建立文化室和文化网络是文化供应社的长期工作任务。文化供应社成立后确实做了不少工作，如编印了一套小百科全书式的通俗文库——《国民必读》，出版了一本百科全书式的参考书——《抗战建国辞典》，尤其是出版了现代作家谷斯范的长篇通俗小说《新水浒》等，取得了不菲的成绩。胡愈之本人对《新水浒》非常肯定，给予了较高的评价，也带来了良好的效应：

> 胡愈之看重的这本通俗小说，1940 年出版后，一直受到广大读者的喜爱。茅盾读后在 1940 年延安出版的《中国文化》第一至第四期上发表了长达 6000 字的书评——《关于〈新水浒〉——一部利用旧形式的长篇小说》。另一有名的通俗小说《新儿女英雄传》的作者孔厥说过，他是受了谷斯范作品的影响才写通俗小说的。一直到 1983 年湖南人民出版社还重印了当年文化供应社出版的《新水浒》，第一次就印了 124000 册。胡愈之推荐的文艺作品一直流传到今天，还启发了一大批文艺工作者。①

文化供应社是胡愈之立足战时广西的实际，精心构筑的一个文化

---

① 于友：《胡愈之传》，新华出版社 1993 年版，第 239 页。

平台，经过一年左右的发展，变成一个具有不小规模和影响的出版机构，成为与救亡日报社、国际新闻社齐名的三大民主文化团体之一，它编辑出版的教育性、社会性、知识性的著作和文艺作品、实用百科等书籍，对战时文化建设、抗日文化宣传以及提高大众文化水平等方面产生了深远影响，它也成了"桂林文化城"的一个重要组成部分。文化供应社在胡愈之离去后仍继续得到发展，对于广西的文化普及工作起到了较大的推动作用。

值得一提的是，这时期胡愈之真正在生活书店任职了。1937年"八一三"淞沪会战后，上海沦陷，生活书店迁到武汉。1938年10月武汉沦陷后，生活书店又迁到重庆，邹韬奋将生活书店总管理处设在重庆市的民族路冉家巷13号。抗战期间，生活书店由于适应群众的需要，发展仍然迅速，但国民党对它的压制却越来越严重，因此生活书店搬到重庆后业务活动很难开展。该如何摆脱困境，邹韬奋与生活书店的一些职工都十分着急，所以邹韬奋力邀胡愈之过来助阵。

1938年12月胡愈之到重庆后，与邹韬奋一起召集生活书店的负责人开会，提出生活书店在抗战时期的经营方针：一是促进大众化，二是供应抗战需要，三是发展服务精神；发展方针则是大力发展分店，把抗日文化种子撒到全国各地去，各个分店既独立经营，又与总店保持业务联系，这样既扩大了生活书店的业务和影响，又可以避免国民党政府一下子把生活书店整个儿扼杀。在这次会上，胡愈之还对生活书店总管理处的机构进行了改革，由原来的五个部调整为总务、生产、营业和服务四个部，将原来的编辑部升格为编审委员会，直属总经理。大家一致推举胡愈之为编审委员会的主席，这是胡愈之第一次真正在生活书店任职。

1939 年 2 月 24 日，生活书店召开社员大会，选举邹韬奋、胡愈之、金仲华、沈钧儒、杜重远、张仲实、徐伯昕、王志莘等为第五届理事会理事。经过此番改革和调整，生活书店的发展方向和经营方针得到了明确，此后不到一年的时间里，在国统区的大小城市办起了五十多个分、支店。生活书店发展进入全盛时期，在抗日文化的传播史上涂上了浓重的一笔，所起的作用是无可估量的。这一切当然离不开胡愈之。所以，1940 年邹韬奋在生活书店的内部刊物《店务通讯》第 72 期上专门发表了一篇文章赞扬胡愈之：

> 我们的胡主席是胡愈之先生，他不是"国府主席"，却是我们书店的编审委员会主席。……胡主席是本店的最有功勋的一位同事。他参加本店创办时的计划，等于本店"大宪章"的《社章》就是由他起草的。他对本店的重大贡献不仅是编审，在实际上是包括了我们的整个事业。但是他总是淡泊为怀，不自居功。他的计划力极为朋友们所心折，所以有"诸葛亮"的绰号。……他的特长不仅文章万人传诵，而且对出版营业无所不精，他的特性是视友为己，热血心肠。他是我们的事业的同志，患难的挚友。

胡愈之回到桂林后就住在生活书店桂林分店的宿舍里，与书店的职工一起过着集体生活。他还把原来在武汉出版的救国会机关刊物《国民公论》移到桂林，由生活书店分店出版。这是一本进步理论刊物，由胡愈之、张志让、千家驹、张铁生四人轮流主编，主要登载评论国内外形势的文章。

从 1938 年 11 月从长沙至桂林，到 1940 年 6 月离开桂林赴香港，胡愈之在桂林这座风景如画、后来成为抗日文化绿洲的城市，做了大量的工作：

> 愈老除了担任国际新闻社的领导工作外，还负责主编《国民公论》，主持广西文化供应社的工作。文化城中的文化人，无论办报纸、办杂志、开书店、出版图书，有事都去请教愈老，人们称他为文化界的"参谋长"。常见他奔走于《救亡日报》、生活书店、新知书店、开明书店……之间，在我的印象中，他是"文化城"中第一大忙人。①

将胡愈之誉为文化界的"参谋长"、"大忙人"一点都不为过，他每天都在开展具体的抗日文化工作，奔波于出版社、杂志社和进步抗日文化组织和团体，为大家出谋划策。与此同时，他还撰写了大量的分析世界形势、解答民众疑惑、鼓舞联合抗日、呼吁民主政治的文章，对于唤醒民众的民主政治意识、坚定抗战的勇气和信心起到了非常大的作用。"许多前辈回顾当年时说过，桂林能成为文化城，思想上政治上出现非常活跃的局面，要归功于当时中共的统一战线政策，归功于当时在桂林工作的大批'文化人'。熟悉情况的人还认为，就个人作用来说，应该首推当时起带头作用的胡愈之和夏衍他们两位。"②

1939 年 12 月至 1940 年初，蒋介石发动了抗战以来的第一次反共高潮，在国统区实施"溶共"、"防共"、"限共"、"反共"的政策，

---

① 王淮冰：《长遗风范启后人》，载江苏省哲学社会科学界联合会编：《点水集》，第 408 页。

② 于友：《奋斗不息 诲人不倦》，载费孝通、夏衍等：《胡愈之印象记》（增补本），中国友谊出版公司 1996 年版，第 276 页。

抗日民主运动大受影响。从 1939 年到 1940 年上半年，生活书店就有 16 个分店被查封或被迫停业。广西的形势开始逆转，蒋介石将大批中央军开进广西，撤销了军委会桂林行营，并对白崇禧指挥桂南会战失利予以严厉处分，此后还将他调到重庆。在蒋介石的高压下，白崇禧及桂系被迫同意与蒋介石一起反共。大批国民党军统、中统特务潜入桂林，先进的抗日文化团体和组织被监视和捣毁，胡愈之、夏衍、范长江等人上了国民党特务的黑名单。针对形势的变化，1940 年 5 月党中央发出《放手发展抗日力量，抵抗反共顽固派的进攻》的党内指示，强调全党要"应付可能的全国性的突然事变"，"在精神上有所准备，在工作上有所布置"，并且具体指示：在国统区凡有被国民党捕杀危险的公开或半公开的干部，应转移隐蔽起来，或者调到军队工作。根据这一指示，1940 年六七月间，李克农紧急约见胡愈之，要求他首先撤离桂林。"他说隐蔽起来的办法有三条：一是改名换姓易地而居；二是到八路军、新四军去；三是到香港和国外。他认为我是个出头露面的人，谁都认识。第一条道行不通，第二条道要冲破国民党的封锁也不易，只有第三条道，先去香港比较合适。"①不久，李克农就给胡愈之弄到一张去香港的机票，正好此时从上海撤离到香港的胡愈之二弟胡仲持有病，胡愈之就以处理家事为由离开了桂林。"胡愈之在桂林的近两年的时间中，抗日救亡工作搞得有声有色，他创造性的贯彻执行中共的抗日民族统一战线的策略方针，以'救国会'的身份与广西各方面人士接触。他紧密团结了广西各界民主人士，发展了广西的进步势力，努力争取中间势力，包括对李宗仁、白崇禧、黄旭初等，

① 胡愈之：《我的回忆》，载《胡愈之文集》（第六卷），生活·读书·新知三联书店1996 年版，第 379 页。

通过各种渠道来影响和争取他们，使他们坚持团结抗日的立场，孤立了顽固势力，使国民党蒋介石的特务分子在广西也不敢横行，桂林一时成了西南大后方的一块抗日文化的绿洲。胡愈之为'文化城'的开创作出了巨大的贡献。1984年冬，广西出版了一本回忆录，题名《桂林文化城纪事》，书中很大一部分纪念文章都歌颂了胡愈之的功绩。"①

　　1940年7月，胡愈之由桂林乘飞机抵达香港，当时他还不知道党组织的具体安排，而是按照李克农的指示，找到中共南方工作委员会的负责人廖承志。1933年，廖承志被胡愈之等民权保障同盟的人从监狱中救出后，随即进入苏区并随红四方面军长征到达延安，后来服从党组织的安排，被委派到香港承担海外联络工作。廖承志是广东人，能说英、法、德、俄、日等多种语言，因而让他到香港工作是特别合适的。此时，胡愈之的二弟胡仲持也进入了国新社香港分社和《世界知识》"香港版"工作。胡愈之便和胡仲持住在一起，并帮助国新社香港分社和《世界知识》"香港版"工作，撰写有关抗战文章。

---

① 朱顺佐、金普森：《胡愈之传》，杭州大学出版社1991年版，第180页。

第五章

南洋办报与主持《南侨日报》

胡愈之在党组织的安排下，从香港奔赴新加坡主持《南洋商报》的编辑工作，他对《南洋商报》进行了一系列改革和创新，主要归纳为三点：一是增加宣传抗战的内容，突出强调民族团结、南洋华侨团结及南洋华侨在抗战救国中的作用；二是营造特色，以社论和专论为抓手，引起读者兴趣；三是适应新形势，加大改革版面和栏目的力度，扩充版面。胡愈之身体力行地撰写长篇社论，引起很大反响。而且，通过胡愈之、郁达夫和俞颂华三人的努力，南洋最有影响的两家华文报纸《南洋商报》和《星洲日报》化干戈为玉帛，携手抗日，为保卫南洋作出了重要贡献。1941 年 12 月 8 日，太平洋战争爆发，很快波及新加坡，胡愈之与郁达夫等人被迫逃亡印尼的苏门答腊岛，隐姓埋名生活，等到日本帝国主义宣布无条件投降时，胡愈之才知道郁达夫已被日本帝国主义秘密杀害了。胡愈之等人重新回到新加坡后，创办了《风下》周刊和《南侨日报》等，这些报刊在报道国内战局和国际形势，反映侨民心声，维护侨民利益，团结和引导南洋华侨认清形势、响应党的号召、支持国内革命战争中，发挥了重大作用。

一、接编《南洋商报》

1940 年 10 月底，廖承志告诉胡愈之，周恩来指示将派他去新加坡担任《南洋商报》编辑主任（即主编），并让他尽快准备起来。《南洋商报》是由新加坡著名爱国侨领陈嘉庚于 1923 年创办的，这时换了主人，全部股权归陈嘉庚的女婿、实业家李光前及其弟李玉荣所有，掌管《南洋商报》经营和编辑方针的则是董事经理、老报人傅无闷。傅无闷有着相当的政治眼光和政治敏感度，结合当时的抗战形势，他想把报纸办成拥护抗日筹赈爱国运动、拥护南侨总会、拥护爱国侨领陈嘉庚的阵地和喉舌，以适应广大爱国华侨的要求，扩大报纸发行量。1939 年秋，《南洋商报》编辑张楚琨以该报特派员的身份回国采访抗战新闻，同时接受傅无闷的委托，在国内物色一位在新闻界深孚众望的权威人士来报社任编辑主任。张楚琨 20 世纪 20 年代曾在上海参加过中共领导的反帝大同盟，不幸被捕后被关押在苏州监狱，同共产党员徐迈进关在一起。1934 年被释放后就远赴新加坡从事新闻编辑工作。1939 年张楚琨回国采访时在重庆遇见了徐迈进。当时徐迈进在《新华日报》任编辑，他将张楚琨引荐给周恩来认识。于是，张楚琨多次采访了周恩来。周恩来对南洋情况非常重视，经常向张楚琨询问南洋华侨抗日救国运动、南侨总会，特别是爱国华侨领袖的情况。周恩来还问张楚琨华侨的爱国运动需要什么帮助，张楚琨就建议应加强南洋进步力量的舆论阵地，附带提到《南洋商报》经理傅无闷要他在国内物色一位有名望的编辑主任的事，还说如果这个人能主持《南洋商报》的编辑工作，就一定能够支持陈嘉庚的抗日筹赈爱国运动。周恩来非常赞成张楚琨的看法，答应一定为他们推荐合适的人选。

在张楚琨完成采访任务准备返回新加坡之前，周恩来又一次同他谈话，说去《南洋商报》的人选已经安排好，要他到香港之后找廖承志联系。张楚琨到香港后找到廖承志才知道周恩来安排的竟是国际问题专家和社会活动家胡愈之。张楚琨非常高兴，立即将消息报告给傅无闷，傅无闷很快来电表示同意。为了做好迎接胡愈之的准备工作，张楚琨在香港只逗留了几天，便返回新加坡了。但是胡愈之接到这个任务的时候，颇为犹豫，南洋远在千里，自己又人生地不熟，他很担心在那里无法顺利开展工作，完成不了党交派的任务。当廖承志告诉他，这是周恩来的建议和决定时，胡愈之便爽快答应了。出于对周恩来的钦佩和敬仰，他相信周恩来这样安排肯定是经过深思熟虑的，自己只要去执行就好。廖承志也认为这是一个良好的机会，因为去了可以扩大党在南洋侨胞中的影响，加强对侨胞的抗日宣传，进一步发展抗日民族统一战线。廖承志最后还交代胡愈之到新加坡后，要经常同张楚琨联系。

1940 年 11 月下旬，胡愈之与一同受聘于《南洋商报》的王纪元离开香港远赴新加坡。当时新加坡和马来亚还是一个整体，处在英国殖民统治下，情况极为复杂。由于英国正忙于对付德国，顾不上自己的亚洲殖民地，尽量与亚洲的日本谋求妥协，因而对于华侨的抗日救国运动，英殖民者是加以限制的。国民党在新加坡设有领事馆，在华侨中有相当大的影响力和势力，胡愈之是被国民党列入黑名单的，若是正式办理手续，一定不会被新加坡当局批准。于是，胡愈之便和普通闯南洋的同胞一样，乘坐三等舱去新加坡。当时中国到南洋的旅客，坐一、二等舱的必须随身携带护照或有关证明材料，坐三等舱的则不用任何证明材料，但是到了新加坡后必须集中待在一个叫旗章山的小岛上几天，进行所谓的体检。如果体检的时候暴露身份，也会被拒绝入境的。胡愈之与廖承志商量后，想出一个妙计，那就是花 100 港元事先在香港找一个英国医生给胡愈之开一张体检合格证明，这样便免去到新加坡还要体检的麻烦。这样胡愈之就以本名胡学愚登记，坐了三等舱去新加坡。在船上还巧遇张楚琨的妻子和女儿，大家彼此照应，平安到达新加坡。那张医生的体检合格证明果然让胡愈之免去了体检这一关，顺利入境。

胡愈之和王纪元到达新加坡的第二天，也就是 1940 年 12 月 2 日，《南洋商报》便刊登了二人的照片，告知读者此二人将在《南洋商报》任职的消息。新闻一见报，就引起了读者的极大关注，因为胡愈之的许多文章如《莫斯科印象记》，包括翻译作品《西行漫记》等曾在南洋风靡一时，而且胡愈之在《东方杂志》工作那段时间，该杂志在南洋也很畅销，所以，"胡愈之"这个名字在南洋有很高的知名度。但是，胡愈之的到来却让新加坡英国殖民当局大为吃惊，他们马上查阅近期入境名单，发现没有胡愈之的入境信息，所以怀疑胡愈之是非法入境，便立即传讯胡愈之。胡愈之早就做好了准备，一到华民政务司，马上递上自己的名片，上面印有"胡学愚号愈之"。胡愈之解释说："报社催我到职，所以来不及办理护照，就坐三等舱赶来了，但我体检合格，是合法入境的。入境时我就用我胡学愚的名字，因为愈之是我的别号，中国人习惯在正式场合都是用名不用号的。"① 华民政务司的官员也知道中国人确实有名号这样的习惯，无法追究责任，只能任胡愈之留在新加坡。

1941 年 1 月 1 日，胡愈之正式就任《南洋商报》编辑主任，按照周恩来的指示，他是以无党派人士的身份主持工作的。胡愈之一上任，就对《南洋商报》进行大胆而富有实效的革新，起到良好的效果，扩大了报纸的销量，将之打造成爱国侨胞支持国内抗日的有力工具。以《南洋商报》为纽带，胡愈之与陈嘉庚之间也建立了良好的合作关系和深厚的友谊。

陈嘉庚出生于福建，17 岁（1891 年）时渡洋前往新加坡谋生，经过多年打拼之后，在橡胶业方面独领风骚，被誉为"橡胶大王"。另外，他还经营米厂、木材厂、冰糖厂、饼干厂、皮鞋厂等，是一位实力雄厚的大实业家。早年受孙中山革命思想的熏陶，陈嘉庚热情投身于民主革命。抗日战争爆发后，他坚定地支持国内抗日，登高一呼，号召南洋爱国华侨成立"南侨筹赈总会"，筹款支持国内抗战，在海内外产生了很大影响。1940 年 3 月，陈嘉庚率领回国慰劳视察团进行了为期近九个月的回国访问。陈嘉庚首先到达国统区的重庆，拜访了多名国民党政要及将领，战时陪都重庆的各方面状况让陈

---

① 胡愈之：《我的回忆》，载《胡愈之文集》（第六卷），生活·读书·新知三联书店 1996 年版，第 381 页。

嘉庚很失望，印象不太好。于是，他不顾国民党当局的阻拦，毅然前往红色根据地——延安访问。在延安，陈嘉庚见到了毛泽东等中共领导人。延安蓬勃向上的新气象，中国共产党人艰苦奋斗的精神，使陈嘉庚看到了中国的希望，思想也发生了较大的转变，对当时中国的局势和中国共产党有了深刻的认识。他公开断言："中国的希望在延安。"之后，陈嘉庚回到他的家乡福建，但是，眼前的一切更令他大失所望，国民党福建省主席陈仪实行苛政，百姓的生活苦不堪言，陈嘉庚对此感到十分痛心。在回新加坡的途中，他在缅甸及马来亚各界群众的欢迎会上，批评国民党统治的腐败无能，宣扬中国共产党的主张，号召广大华侨坚持抗战、反对投降，坚持团结、反对分裂，坚持进步、反对倒退，令国民党当局很是不满。

1940 年 12 月 31 日，陈嘉庚返抵新加坡。胡愈之当天就在《南洋商报》上发表社论《陈嘉庚先生从祖国回来》，称赞陈嘉庚不远万里到前线慰劳英勇杀敌的将士和后方同胞，对陈嘉庚本着实事求是的精神，不畏艰险去了解中国真实的抗战情况由衷的钦佩，说他看到了祖国光明的一面，也敢于正视黑暗的一面。虽然到那时为止，胡愈之和陈嘉庚还未谋面，但因为陈嘉庚给《东方杂志》投过稿，而且《东方杂志》还发过陈嘉庚的自传，所以胡愈之对陈嘉庚并不陌生。陈嘉庚也是久闻胡愈之的大名，经常拜读他的文章，称他为富有卓见的国际问题专家。现在两人都在新加坡，终于有机会见面了。

当张楚琨把胡愈之介绍给陈嘉庚相识时，两人果然一见如故，谈得非常愉快。之后的一段时间里，在张楚琨的陪同下，胡愈之几乎每个星期都与陈嘉庚见面交谈，地点是福建人在新加坡兴建的俱乐部怡和轩或者陈嘉庚家中，他们谈国际国内形势、分析时局、谈国共两党的路线等等，涉及的问题非常广泛。令人称奇的是，两人的乡音都很重，胡愈之一口浓重的上虞腔，陈嘉庚一口难懂的闽南话，交谈非常吃力，幸亏有张楚琨在，两边的话他都懂，能充当翻译，偶尔也会谈几句自己的看法。这样，两人的谈话经常变成三个人共谈，在不断的交谈和思想碰撞中，大家都颇有收获，经常一谈就是深夜，不知疲倦。陈嘉庚对胡愈之的时事分析能力非常欣赏，而胡愈之则十分钦佩陈嘉庚的为人和爱国热忱，两人都把对方引为知己。

陈嘉庚与胡愈之接触后，思想认识得到了很大提高，更加坚定地支持中国共产党和延安，引起国民党方面的反对和仇视。为了打倒陈嘉庚，蒋介石委派国民党海外部部长吴铁城来到新加坡，名为宣慰侨胞，实际上是来组织华侨中的帮派反对陈嘉庚，阻挠陈嘉庚继续担任南侨总会主席。1941 年 3 月 29 日，南侨总会两年一次的会员大会召开，大会会期三天，参会代表 160 多人，代表了东南亚各地 1100 多万名华侨。第一天会上，吴铁城和国民党政府驻新加坡总领事高凌百上台发言，散布谣言，攻击陈嘉庚，要求华侨提高警惕，确立一个共同中心信仰，即三民主义、国民政府和蒋委员长。第二天会上，陈嘉庚将高凌百等人拒之门外，然后历数高总领事的三大罪状，对高的言论予以驳斥。第三天会上，大会选举南侨总会正副主席，陈嘉庚推辞不做，但众代表坚决拥护陈主席，选举结果是：在场 152 名代表中有 151 人推选陈嘉庚，剩下一票则是陈嘉庚自己的。陈嘉庚众望所归地继任了主席。大会期间，胡愈之写了一系列社论如《欢迎南侨代表大会》、《我们需要陈主席》、《这一悲壮的场面》、《公意的胜利》等，发表在《南洋商报》上，全力支持陈嘉庚。胡愈之还在社论《公意的胜利》中总结了这次陈嘉庚胜出的意义："可见全南洋华侨，不论是国民党员，或非国民党员，都是绝对接受陈嘉庚先生一向所坚持的团结抗战主张与无党无派立场的。这样，那一班专事制造摩擦、制造分裂、破坏团结、破坏南侨总会的分子，被打得落花流水，华侨的团结是大大加强了。"①

4月1日，也就是南侨大会结束的第二天，陈嘉庚又组织召开了南洋各界闽侨大会，出席会议的达313人。会上，陈嘉庚慷慨悲愤，再次揭露国民党福建省主席陈仪对福建人民的苛政，引起与会者的共鸣。第二天，闽侨大会投票决定向蒋介石委员长和林森主席致电，要求罢免陈仪职务，废除福建的苛政。作为支持，胡愈之在《南洋商报》上发表了《人民应有罢免权》的文章，他这样写道："以陈嘉庚的道德人格，绝不会在没有确凿证据之前及忍无可忍的情况下，任意攻击贪官污吏，他这样做也是完全出于救国救乡的意念。因为陈仪、徐学恕如不撤换，则中国未亡而福建先亡，而高凌百等人的活动，必导致华侨分裂内讧。大会代表一致接受陈嘉庚的报告，即表示信任陈主席。根据国父的民权主义，对违反人民利益的党政公务人员，人民有罢免权。"② 胡愈之与陈嘉庚并肩战斗，巩固了南洋侨胞抗日民族统一战线，扩大了中国共产党的影响。

为了改革《南洋商报》，胡愈之花了一个多星期的时间对《南洋商报》的版面布局和内容形式作了全面而又认真的研究分析。在了解情况、找出症结、明确办报方针之后，他即对《南洋商报》作了大胆

---

① 胡愈之：《我的回忆》，载《胡愈之文集》（第六卷），生活·读书·新知三联书店1996年版，第381页。

② 胡愈之：《我的回忆》，载《胡愈之文集》（第六卷），生活·读书·新知三联书店1996年版，第381页。

而富有实效的改革，主要归纳为三点：一是增加宣传抗战的内容，突出强调民族团结、南洋华侨团结及南洋华侨在抗战救国中的作用；二是营造特色，以社论和专论为抓手，引起读者兴趣；三是适应新形势，加大改革版面和栏目的力度，扩充版面。

1941 年 1 月 1 日，也就是胡愈之正式主持《南洋商报》的第一天，他就在《南洋商报》上发表了长达六千余字的社论《南洋的新时代》作为新年献辞。在这篇社论中，胡愈之着重分析了当时战争中的世界、中国和南洋等地区情况，指出南洋正处于两大战争的交叉点，要保卫南洋首先必须保卫中国，"南洋的军事地位提高了，经济地位提高了，政治地位也相应提高了，这表示南洋的新时代的到来，但这也表示南洋的更严重危机的到来"[①]，因为日本帝国主义已向南洋伸出罪恶的手，日寇的侵略不仅是一种威胁，而且是一种事实。这篇社论一发表就引起当地民众强烈的反响，陈嘉庚看到这篇文章时，也赞扬"胡先生不愧为国际问题专家"。四天后，皖南事变爆发，南洋地区所能得到的有关事变的消息很少。胡愈之通过国新社香港分社知道这一消息后，就在 1 月 17 日的《南洋商报》上刊登了《西行漫记》作者斯诺关于皖南事变的访问记。《南洋商报》以前没有安排专人撰写社论，有时两三天才发表一篇，内容也无计划，没有什么声势。胡愈之主持笔政之后，除需要发表专论的日子以外，每天都安排发表社论，基本上都由他自己操刀，用四号字，排在一版的左下角。1 月 17 日和 1 月 25 日，胡愈之连续在《南洋商报》上发表了《团结则存，分裂必亡》、《从新四军事件所引起的国内外反响》两篇社论，深刻地指出

[①]　胡愈之：《南洋的新时代》，载《胡愈之文集》（第四卷），生活·读书·新知三联书店 1996 年版，第 206 页。

现在人们应该心中只有国家和民族，不能存党派偏私之见。因为现值大败当前，失地未复，人们所要求的抗战建国，是民主团结，所反对的是和平妥协，是内战分裂。

胡愈之撰写的社论，内容广泛，见解独到，每一篇社论都体现了其丰富的学识、敏锐的观察力、深刻的分析力以及准确的判断力，引起无数读者的强烈共鸣。比如1941年2月14日至28日，日本蓄意南进，企图吞并英法在亚洲的殖民地，保卫南洋成为当时各界最为关心的问题，针对这个问题，胡愈之连续在《南洋商报》上发表了六篇关于"保卫南洋"的社论：第一论"战争是不是能够避免的"，第二论是"怎样避免战争的到来"，第三论是"保卫南洋与保卫中国的关系"，第四论是"英美合作问题"，第五论是"英美荷对日禁运问题"，第六论是"战争与民主"，当中胡愈之明确提出了战争胜利的四个法宝，即"援助中国抗战，加强英美合作，厉行对日禁运，实行远东民主"[①]。这些分析既合情合理、切中要害，又鲜明具体、深刻生动，在当时引起了很大的轰动。

胡愈之写社论一般在深夜，并且是看完报纸的大样后才执笔为文。"写作时，他烟不离口，笔不离手，才思敏捷，振笔疾书，写完一张即交工人排版，再写一张接着排版，不用更改一字。"[②] 所以他写的社论往往一气呵成，最能配合瞬息万变的形势，最具新鲜感。从1940年12月到1942年2月4日撤离新加坡，14个月时间内，胡愈之共为《南洋商报》撰写了290篇社论，每篇1500字左右，共达45

---

① 胡愈之：《再论保卫南洋——怎样避免战争的到来？》，载《胡愈之文集》（第四卷），生活·读书·新知三联书店1996年版，第221页。

② 陈荣力：《大道之行——胡愈之传》，浙江人民出版社2005年版，第209页。

万字左右。正是因为这些社论，使《南洋商报》在胡愈之任职革新后几个月内就销路大增，在当时的新加坡、马来亚及周边国家颇受欢迎，登上南洋地区侨报首位，在华侨爱国运动中起到了引领作用。

除了大量撰写社论之外，胡愈之对《南洋商报》的版面设计和栏目设置也作了积极改革。他认为报纸的版面和栏目就像人的五官，决定了一张报纸的形容和面貌，如果版面和栏目不吸引人的眼球，那么就会对销量产生一定的影响，从而影响到内容和质量。胡愈之能够在当时看到这一点，是有相当进步意义的。经胡愈之改编之后的《南洋商报》每日7大张28版，共设"综合"、"南洋新闻"、"本埠新闻"、"经济"、"文化"五大板块，同时增加新闻图片，按日推出新闻漫画，使报纸图文并茂，信息的表达更加直观，吸引读者眼球。他甚至打破传统规范，把漫画和新闻图片登在报名左右两个报眼上。在栏目设置上，除"中国与国际电讯新闻报道"、"特写及社论"、"醒狮副刊"等诸多栏目外，增设了"每周大事述评"、"每日一题"、"时代人物剪影"、"时势解题"、"经济常识"、"商业小辞典"、"每日辞源"等专栏。不久胡愈之又推出了《南洋商报》周刊，内容也是多姿多彩的。到了1941年，国际局势变得更加难以捉摸，《南洋商报》以最快的速度向读者报道时局的变化，曾一日出版过几次，分为《早报》、《午报》和《晚报》，《南洋商报》进入创办以来的繁盛期。①

与胡愈之同来新加坡的王纪元担任《南洋商报》副刊《狮声》的编辑。1941年6月前后，刘尊棋、张企程、蔡馥生、沈兹九等也来到新加坡，加盟《南洋商报》。有了这些人作为助手，胡愈之接手后

---

① 参见陈荣力：《大道之行——胡愈之传》，浙江人民出版社2005年版，第210页。

的《南洋商报》遂成为南洋地区编辑力量最为雄厚的报刊，这种声势与影响一直保持到 1942 年 1 月末日军攻陷新加坡。胡愈之在《南洋商报》的工作赢得了新加坡和马来亚当地华侨和进步人士的一致称赞。主政槟城《光华日报》的洪丝丝曾这样评价胡愈之：

> 1940 年胡愈之到新加坡，最初在《南洋商报》当总编辑，写社论。我在槟城现代报社创办的《现代周刊》上发表一篇文章，热烈欢迎他到南洋。记得我把胡适之、胡政之和胡愈之这"三胡"相提并论，指出他们"名相如实不相如"。我认为胡适之在新文化运动中提倡白话文，固然有所建树，但是不久在思想界就成为青年前进的绊脚石；胡政之创办的《大公报》在新闻界有它的特色，但对蒋介石的统治起着"小骂大帮忙"的作用；胡愈之则一贯进步，又是国际问题权威，他到南洋对华侨肯定会有重大的贡献。我对他的这个期望后来完全实现了。[①]

胡愈之还靠自己个人魅力解决了《南洋商报》与《星洲日报》两大报纸的宿怨。《星洲日报》是新加坡另一著名侨领胡文虎创办的，由于帮派观念在南洋根深蒂固，福建人尤其闽南人是《南洋商报》的读者，而广东人则偏爱《星洲日报》。两报一直不和，还经常发生冲突。胡愈之主编《南洋商报》之后，因他和《星洲日报》的副刊编辑郁达夫是故交，所以两报关系开始缓和下来。1941 年 6 月，著名报人俞颂华来到新加坡接任《星洲日报》主笔，因他与胡愈之也是二十

---

① 洪丝丝：《缅怀带路人》，载费孝通、夏衍等：《胡愈之印象记》（增补本），中国友谊出版公司 1996 年版，第 177—178 页。

多年的好朋友，两人约好两家报纸不能成为帮派斗争的工具，因而两报开始出现了融洽合作的良好局面。通过胡愈之、郁达夫和俞颂华三人的努力，南洋最有影响的两家华文报纸化干戈为玉帛，团结一致，携手抗日，为保卫南洋作出了重要贡献。"另外，马来亚的槟城《现代日报》请了国内进步报人邵宗汉当总编辑，文学家杨骚在南侨总会主编会刊《闽潮》，它们都成为《南洋商报》的同盟军，在新闻舆论上互相呼应，造成声势。"①

二、喜结良缘与逃亡印尼

1941年6月后，沈兹九、王任叔、张企程、杨骚、蔡馥生等相继来到新加坡，有了他们的加盟，胡愈之的工作开展起来更加顺利了。并且，沈兹九的到来，还翻开了胡愈之人生崭新的一页。

沈兹九（1898—1989），原名沈慕兰，浙江德清人，是著名导演沈西苓的姐姐。她的父亲是前清秀才，后来到杭州一家缫丝公司工作，沈兹九也因此来到杭州上学，就读于浙江女子师范学校。17岁那年，沈兹九与青年学生张嘉禄相恋而结婚。不久，生下女儿张绿漪。女儿出生后，张嘉禄考上北京大学哲学系。1921年6月，张嘉禄从北大毕业后返回故乡杭州，因途中劳累加上水土不服，回家后便传染上当时非常可怕的伤寒病，最终不治而亡。此时沈兹九才21岁，刚从浙江女子师范学校毕业，留在师范附小教书。年轻的沈兹九深受

---

① 于友：《胡愈之传》，新华出版社1993年版，第259页。

当时五四思潮影响，向往外面的精彩世界，不愿遵从传统妇女的道德规范，过所谓"守寡守节"的生活。于是，虽然受到婆家的百般阻挠，但沈兹九还是毅然决然地冲破世俗的枷锁，在父亲的资助下，1921年秋天东渡日本留学去了。沈兹九考取的是官费留学，进入了日本东京女子高等师范学校艺术科学习油画。沈兹九在日本待了4年，1925年回国后，先后任教于母校浙江女子师范学校、江苏松江女中、南京汇文女中等。这时，她将自己的名字沈慕兰改成了沈兹九。在浙江女子师范学校教书时，沈兹九认识了第二任丈夫徐庆誉，结婚后她才知道徐庆誉竟然是一个大男子主义者，两人之间很快就无法交流，"九一八"事变后徐庆誉跑回老家东北要去给伪满洲国当差，两人最终不欢而散。

1932年，沈兹九在朋友介绍下到上海中山文化教育馆工作，为该馆的杂志《时事类编》做翻译工作，接触了不少中共地下党员和进步人士，开始接受先进思想和党的影响，尤其是和李公朴结交，思想进步更快。1932年"一·二八"事变后，沈兹九受上海《申报》总经理史良才聘请为申报馆主持《妇女园地》，积极宣传抗日救亡主张，号召妇女争取解放。1934年10月史良才被国民党特务暗杀后，《妇女园地》被迫于1935年10月停刊，沈兹九赶在《妇女园地》被扼杀前就和杜君慧一起于1935年7月创刊《妇女生活》。在《妇女生活》出了几期难以为继的时候，胡愈之帮忙将该杂志转移到生活书店旗下出版，那时两人就有了合作。《妇女生活》在沈兹九的主持下，很快就成为号召妇女争取解放、投身抗日救亡运动的重要宣传阵地。

1935年，沈兹九与史良、胡子婴、王孝英、杜君慧、陈波儿等发起成立上海妇女界救国会，成为妇女救国会的主要领导。后来，沈兹九和史良还被选为上海各界救国联合会执委会委员。1936 年 11 月，沈钧儒、邹韬奋等救国会"七君子"被捕后，她和宋庆龄、胡愈之、何香凝、胡子婴等发起救国入狱运动，陪同宋庆龄前往苏州高等法院，要求一起被羁押。抗战开始后，沈兹九在宋美龄领导的全国新生活运动指导委员会担任领导职务。1939 年，沈兹九经邓颖超、钱俊瑞介绍，光荣地加入了中国共产党。1940 年，她和钱俊瑞一起秘密离开重庆，进入皖南新四军总部。1941 年 1 月，皖南事变发生后，沈兹九在周恩来的安排下，几经辗转，经上海、澳门、香港来到新加坡，协助胡愈之工作。

胡愈之与沈兹九原来就一起并肩战斗过，彼此算是老熟人、老朋友。所以，沈兹九一抵达新加坡，胡愈之就立刻安排她和她的女儿张绿漪到他暂住的简陋木楼的客房里居住。不久，沈兹九进入《南洋商报》担任《妇女周刊》的主编，女儿张绿漪则在附近的一所中学读书。

胡愈之与沈兹九朝夕相处、共同工作，日久生情。"沈兹九进一步受到胡愈之高尚品德和革命精神的感召和熏陶，思想上产生了强烈的好感，胡愈之也更赏识沈兹九的才干和勇气。他们都充分尊重对方的意志，将自己的心呈献出来。这种纯洁爱情的火焰，照亮了他们的心灵，冲破了生活的寂寞，使生活增添了温暖，工作增添了干劲，斗争增添了力量。"①

1941 年 9 月，45 岁的胡愈之和 43 岁的沈兹九，喜滋滋地在临时租用的一套海滨别墅里举行了婚礼，前来庆贺的都是经常交往的文化界人士，大家自己带来菜肴，由《星洲日报》主编俞颂华的夫人烹调，

---

① 朱顺佐、金普森：《胡愈之传》，杭州大学出版社 1991 年版，第 194 页。

然后众人一起在院子里席地而坐用餐。这样的婚礼是绝无仅有的,婚宴更像是一次愉快的野餐。胡愈之与沈兹九的结合,大家都认为是"天作之合"。从此,他们二人风雨同舟,建立起一个互敬互爱、和谐相处的新家庭,两个人的命运紧紧地联结在了一起,直至1986年胡愈之逝世,他们共同生活了45年,再也没有分开过。

1941年12月8日,日本帝国主义军队突袭美国海军太平洋舰队在夏威夷的基地——珍珠港,太平洋战争由此爆发。在这一天的半夜里,日机又轰炸了新加坡等地,日军同时在马来亚北部的哥打巴鲁登陆,新加坡登时陷入战火纷飞的局面。驻守马来亚和新加坡的英军开始抵抗,英殖民当局这才取消了抗日禁令。新加坡的华侨社会积极行动起来,很快掀起了抗敌保卫星马的热潮。胡愈之等组织了华侨社会的第一个抗日组织——"星洲华侨文化界战时工作团",把文化界的爱国人士都动员起来,推举郁达夫为团长、胡愈之为副团长、张楚琨为组织部长、王任叔为宣传部长、庄奎章为训练部长。战时工作团成立青年战工干部训练班,培养一批青年干部去担任民众武装的政训工作;又组织文艺宣传队,以戏剧、歌咏、演讲等形式深入群众进行抗敌宣传。接着"新加坡华侨抗战动员总会"成立,新加坡各界一致推举陈嘉庚为主席,胡愈之为执行委员兼宣传部长。一时间,华侨社会抗日情绪达到高潮,三千多人主动参加了抗日义勇军,星洲华侨文化界战时工作团的青年战工干部训练班学员则成为了抗日义勇军的政训人员。但是,华侨抗日义勇军成立后,英殖民当局却迟迟不发给武器,后来才给了一些19世纪的旧枪支,把他们送到前线当炮灰。马来亚战局发展很快,面对日军进攻,英军节节败退,毫无斗志,准备放弃新加坡。所以,尽管华侨英勇抗敌也无法扭转战局,只打了五十多天，马来亚已大部分陷落，新加坡成为孤岛。

1942 年 2 月 1 日，日本对新加坡发动攻击，英军无力抵抗，已准备投降，令人气愤的是英殖民当局根本不顾华侨抗日人士的安危，连撤退的船只都不提供，国民党领事馆百般刁难，也不给华侨发回国护照。陈嘉庚大为失望，为了华侨的安全，他立即通知大家撤离新加坡。2 月 3 日，陈嘉庚便与抗日委员会的一部分工作人员逃去印尼爪哇，在泗水附近隐藏起来直到战争结束，胡愈之召集文化界的抗日人士商量了一下，决定先坐船撤到新加坡对面的印尼苏门答腊岛的乡村去，那里易于躲藏。沈兹九和女儿张绿漪随同张楚琨的妻女和刘武丹一家先抵达苏门答腊附近的一个叫石叻班让的小岛。2 月 4 日早晨，胡愈之和郁达夫、张楚琨等 28 人乘坐刘武丹事前租好的一条破旧电船撤离新加坡，前去和刘武丹、沈兹九他们会合。船已破旧，经常需要停下来修理，再加上荷兰殖民当局刁难，本来半天的路程，他们却在海上漂流了两天，直到 2 月 6 日晚间才到达石叻班让岛。

石叻班让岛是个仅有数千人的小岛，短短几天就会聚了两百多个从新加坡逃难过来的难民。这里离新加坡近，如果荷兰殖民者不抵抗的话，日军很快就会打到这里，胡愈之他们是文化人，都来南洋不久，不容易隐蔽，所以得赶快撤离。于是，大家决定先去爪哇，再从那里设法回国。胡愈之等要求去爪哇，岛上的荷兰官员做不了主，送他们去了另一个较大的望加丽岛找荷兰分州长请示。在望加丽，荷兰分州长也不放行，让胡愈之等人进退不得。2 月 15 日，驻新加坡英军司令率七万英军向日军投降，新加坡全面沦陷。与新加坡一水之隔的望加丽岛的荷兰殖民者听说后，准备逃跑。这时，胡愈之他们的行动不再受限制，但能用的交通工具都被荷兰人扣留了，大家心急如焚。幸亏有一位热心的华侨陈仲培伸出了援助之手，把胡愈之他们带到望加丽对岸一个叫保东的小村里，在他家住下暂避风头。

保东村比较偏僻，胡愈之他们改名换姓后便在保东村住了下来。没有事情做，他们便开始学习印尼语。此间，郁达夫依然坚持每天写诗，他的 11 首乱离杂诗基本上是在保东村写成的。在保东村住了约一个半月，大家发现这里也越来越不安全。日军已占领万隆和泗水，去爪哇是不可能的了。随着印尼的沦陷，日军迟早都要接管保东一带，几个外人住在陈仲培家，也恐给他带来不利。于是，胡愈之他们商议后决定兵分两路，郁达夫与王纪元先去离保东村十多里处一个叫彭鹤岭的小村临时开家杂货店隐居下来，而胡愈之一家和邵宗汉则到与彭鹤岭一水之隔的巴唐岛原始森林中，也是由陈仲培办的一家"木廊"（即森林采伐工场）里做记账员和工头隐匿。后来大家觉得这样非长久之计，因为日军还是有可能找到这些地方，大家决定到苏门答腊岛大陆去。郁达夫他们先走，到达苏门答腊西部的巴爷公务，接着胡愈之他们也去了那里。

巴爷公务处在巴东东北 180 公里处，离武吉丁宜 33 公里，高山美拉比和欣家拉两个火山左右怀抱着这个景色秀丽的高原小镇，比较富庶。"这里的华侨不多，大都在这里已侨居二代以上了，都讲印尼话，市镇里有二条街道，华侨都在这里做生意。这时我化名金子仙，剃了光头，留了胡子，通过这里一个华侨药房老板曾玉印，我在市镇近郊买了一所茅庐，屋主人曾连发是个受过中等教育的爱国青年，他总觉得我这个人有点面熟，后来他想起来是报上见过我的照片，他找到过去报纸上的照片一对，就知道我的真实身份了，从此他更加关心和照顾我们，华侨同胞这种热情，实在使我们感动。经过差不多三个月的流浪，我们总算是定居下来了。"①

郁达夫到巴爷公务后改名赵廉，自称是古董商人，住在海天宾馆。有一次他搭车回巴爷公务途中，遇到日本兵问路，车上乘客都不懂日语，十分害怕，郁达夫便用日语回答了问题，为大家解了围，这下子大家都知道他懂日语了。因他留着短髭，所以巴爷公务的华侨都称他为"赵胡子"。巴爷公务的侨长听说"赵胡子"会讲日语，当日本军官来时就请他去翻译，这样驻武吉丁宜的日本宪兵部也知道了有一个精通日本语的华侨赵廉，不久就硬把郁达夫拉去当翻译。郁达夫无法推托，只得给宪兵队做翻译，幸好当时宪兵队不知道他就是郁达夫。郁达夫在巴爷公务租了一幢荷兰人住过的别墅住下来，把自己装成很有钱的商人，不拿宪兵部一分钱。他在宪兵部当翻译，利用便利为华侨和印尼人做了许多好事，救了不少人，也掩护了胡愈之他们。1943 年二三月间，郁达夫借口有肺病辞掉了翻译职务。同年 9 月，48 岁的郁达夫和巴东一位 20 多岁的"娘惹"（侨生少女）何丽有结婚。何丽有根本不知道自己的丈夫就是郁达夫，婚后对郁达夫尽心照顾，让郁达夫在印尼流亡的时候度过了一段非常安定的生活。

在巴爷公务，张绿漪一家三口、胡愈之与沈兹九则住在一个椰子园中，一对善良敦厚的华侨夫妇收留了他们。日军主要驻扎在三十多公里外的武吉丁宜，巴爷公务暂时相对安全。当时日军正在巴东地区搜捕陈嘉庚和其他曾在新加坡支持抗日活动的人员，陈嘉庚早已离开巴东，张楚琨一家在巴东则十分危险，于是，张楚琨带着妻女也来到胡愈之他们所在的巴爷公务避难，就住在胡愈之的对门。这样，胡愈

---

① 胡愈之：《我的回忆》，载《胡愈之文集》（第六卷），生活·读书·新知三联书店1996 年版，第 388 页。

之、沈兹九夫妇、郁达夫、张楚琨、邵宗汉等几个老朋友又聚在了一起，但现在面临的最大困难就是生活问题。经过半年多的颠沛流离，本来逃亡时每个人身上就没带多少钱，现在一个个都囊中羞涩了，不能不做长期打算找个谋生之道了。正好这时张楚琨的亲戚支援了他们400盾，当地侨商也支持了一点，胡愈之等人便办起了一个酒厂，由郁达夫出面申请执照做头家，因郁达夫当时化名为赵廉，所以厂名为"赵豫记酒厂"，厂址就在胡愈之住屋对面的几间茅屋里。张楚琨任经理，胡愈之管账，沈兹九、邵宗汉等则干些轻活。生产的酒主要卖给喜欢喝酒的日本人，为此沈兹九还给酒取了一个"初恋"的日本名。酒厂的经营状况还不错，大约每个月可以盈利数百盾，基本解决了胡愈之等人的生活问题。

不久，一些其他从新加坡逃亡出来的文化界人士，如王任叔、汪金丁、吴柳斯、张企程、雷予问、高云览、杨骚、林醒黄、方君壮等，也陆续从印尼一些小岛或其他地方转移到巴爷公务来，因为这里相对安全。这么多人过来，生计又成了问题，毕竟酒厂的盈利有限，僧多粥少。于是，王任叔、雷予问便由邵宗汉带领去苏东棉兰另谋出路。为解决生活问题，胡愈之等人又尝试着造酱油和牙膏，但都没有成功。毕业于交通大学化学系的方君壮从沈兹九带来的《日用百科全书》中发现了利用碱性灰和棕榈油可以制作肥皂的方法，立马进行研制，结果大获成功。肥皂在当地很畅销，因为当地印尼人信奉伊斯兰教，在斋戒节期间每天都要礼拜沐浴，对肥皂的需求量自然就大。靠酒厂和肥皂厂，胡愈之他们终于解决了生计问题。

生活比较安定后，胡愈之就想着把流亡的文化界朋友有计划地联络起来，于是倡导成立了"同人社"。在巴爷公务的沈兹九、汪金丁、邵宗汉、王任叔、吴柳斯、张企程、高云览、张楚琨都加入进来，"同人社"成员每周聚谈一次，会议由胡愈之主持，主要讨论分析当时的时事形势、个人的读书心得和生活报告等，后来还对印尼问题进行研究讨论。会后，他们还把这些研究心得复写下来，订成小册子，每隔两三个月，由邵宗汉拿出去和其他地方的朋友交流，使大家能够保持联系，并对当前形势有清醒的认识。胡愈之还对印尼文字作了研究，编写了两部书稿——《汉译印度尼西亚语辞典》、《印度尼西亚语语法研究》。前一本书稿后来交给原星洲生活书店经理包思今，不慎丢失了；后一本书稿1951年由人民文学出版社出版，署名为"沙平"——胡愈之的另一个笔名。

　　胡愈之他们在巴爷公务住了一年半，新的危险又发生了。郁达夫的身份被汉奸告密暴露了，日本人已经知道他是中国著名作家郁达夫，遂将他监视起来。1944年日本的宪兵总部也搬迁到武吉丁宜，总部里有一个叫洪根培的福建籍华人，他对郁达夫很熟悉，在武吉丁宜一眼就认出了郁达夫，并马上向宪兵总部作了汇报。郁达夫知道自己无法脱身，就叫胡愈之他们尽快离开，免得牵涉太大。胡愈之等人只好偷偷地离开巴爷公务，到了苏东的棉兰，正好遇到刘武丹。刘武丹从新加坡逃到石叻班让被日本人抓了回去，毒打了四十多天后，他的肺病复发，日本人怕传染就把他给放了，他改名换姓后跑到苏东高原马达山养病。刘武丹认为胡愈之他们也去马达山区比较好，因为马达山区是苏东高原第一高峰，荷兰人在那里开辟了一个避暑养病的地方，山上有医院，各式各样的人都来这里养病居住，人员比较杂，胡愈之他们去了不会引起别人注意。

　　于是，胡愈之等人跟随刘武丹去了马达山区，租了一座曾是荷兰人住过的高脚木屋住下来，为了维持生活，他们又开办了一家小型肥皂厂，这样一直住到日本人投降为止。在马达山区，胡愈之除了继续保持着和朋友们的通信联系外，把更多的时间用于读书写作。因经常有一些华侨少年围着胡愈之要他讲故事，介绍一些祖国的历史和文化，促使胡愈之构思和创作了一部科幻小说《少年航空兵》，并与沈兹九合著《流亡在赤道线上》一书。《少年航空兵》从1945年5月1日开始写，每周写一章，最初以"沙平"的笔名，刊于胡愈之重返新加坡后创办的《风下》周刊，直到1946年8月底全稿才写完。《少年航空兵》副标题是"祖国梦游记"，这部小说1948年由香港的文化供应社出版，它具有开拓性意义：一是中国现代文学史上第一部长篇科幻题材的小说；二是以长篇小说的形式描摹了新中国雏形的文学作品。

1945年3月，胡愈之在马达山区避难期间，国内却发生了一场有关他已病逝海外的传闻。这个消息从泰国传到昆明和重庆，再传到成都和上海，国内的朋友无不悲痛万分。为了哀悼胡愈之，正在成都担任《中学生》杂志主编的叶圣陶决定出一期"纪念胡愈之专辑"，组织胡愈之的一些挚友写悼念文章，以表哀思。叶圣陶、茅盾、柏寒、傅彬然、胡子婴、郑振铎等人都写了纪念文章。抗战胜利后，胡愈之重返新加坡继续战斗，人们才知道是虚惊一场。

1945年8月15日，日本帝国主义宣布无条件投降，抗日战争终于取得了胜利。胡愈之等人在偏僻的马达山区，直到8月23日才得知这个消息，于是他们立即赶到棉兰。胡愈之和同在苏东的朋友们联络，大家相互庆贺、兴奋不已。为了及时得到消息，胡愈之设法弄到了一个收音机，和邵宗汉、叶贻东、叶贻方等人临时办了一张《民主日报》。就在这时却传来了一个不幸的消息，一位武吉丁宜的华侨商人来到棉兰告诉胡愈之等人，郁达夫于 8 月 29 日在巴爷公务失踪了。凭直觉，胡愈之知道郁达夫一定是凶多吉少，极有可能已被日军杀害。

9 月中旬，胡愈之、沈兹九、刘武丹等人赶到巴爷公务，对郁达夫失踪的事情进行全面调查。令人气愤的是，竟然还有一些在日军占领新加坡时期曾经附敌的无良记者，在郁达夫失踪之后，不是骂他"有文无行"，就是笑他"家破人亡"，百般攻击郁达夫生活浪漫、甘心事敌，事实上乃是将已是"死无对证"的郁达夫拖下水去，他们自己好借此洗脱自身的"罪孽"。面对种种诬蔑，胡愈之义愤填膺，觉得应该将自己所知道的真实情况向国内文化界和有关方面汇报。于是，他向全国文艺界抗敌协会提交了一份长达 7200 字的报告——《郁达夫的流亡和失踪》。在这篇文章中，胡愈之以一个当事人和见证人的身份详细叙述了郁达夫从新加坡流亡印尼后的三年零八个月的经历、遭遇和所从事的活动，对郁达夫为何失踪被害的情况也作了合理分析："日本人在战争时期没有逮捕郁达夫，现在投降了，为什么还要逮捕他呢？那只有一个动机，就是为了要消灭日宪兵的残暴罪恶的见证；达夫是文学家，又在宪兵部眼见了日宪兵的种种暴行，将来战事犯法庭中，达夫是一个最好的证人，为了卸脱宪兵的罪行，所以非消灭这个证人不可。"[①] 在报告的最后，胡愈之对郁达夫的一生作出了高度评价：

---

① 胡愈之：《郁达夫的流亡和失踪》，载《胡愈之文集》（第四卷），生活·读书·新知三联书店 1996 年版，第 458 页。

作为一个诗人与理想主义者的郁达夫，是"五四"巨匠之一。他永远忠实于"五四"，没有背叛过"五四"，正如赵胡子是郁达夫的伪装一样，他的表面的生活态度，谈醇酒妇人做香艳诗等等，也不过是诗人的伪装，用以应付他的敌人、他的迫害者罢了。所以只有那些没有性灵的，从未和他真正接近的人，才会从达夫的生活的表面去作评价。如果是接近他的和读过他作品的会明白达夫对生活是何等严肃，他对人类是何等热爱。

达夫无疑的是时代的悲剧的主角。他热爱他的从前的妻，而他的妻背叛他。他爱朋友而朋友出卖他，诬蔑他。他爱同胞，而许多人不理解他。他像耶稣一样地爱敌人，原谅敌人，他终于遭了敌人的毒手。

达夫死了！他的一生是一篇富丽悲壮的诗史。他不能用自己的笔来写这篇伟大诗史，是中国文艺界一笔大大的损失！对于像达夫这样一个复杂的不平常的人物及其思想作品，要作一个正确的评价，应当是未来中国文学史作者的事，而我不配。一年以来，为了无数文化界战友的殉难，我的泪也哭干了。我再没有泪哭亡友达夫。①

这份报告于 1946 年 8 月 24 日完成，后来香港咫园书屋出版了单行本。可以看出，在这份报告里，胡愈之对郁达夫一生的追溯也是放在时代大背景中进行的，结合自身的体会，对郁达夫的一生予以了精当而肯定的概括。

---

① 胡愈之:《郁达夫的流亡和失踪》，载《胡愈之文集》(第四卷)，生活·读书·新知三联书店 1996 年版，第463—464 页。

三、创办《风下》周刊

　　1945 年 9 月下旬，胡愈之等人回到新加坡。战后新加坡百废待兴，连住的地方都找不到，幸好得到进步侨领陈岳书的帮助，胡愈之等人暂时住在陈岳书开办的上海书店印刷厂的楼上。陈岳书也是和胡愈之等一起流亡的难友，浙江温州人，原来在上海当工人，因参加"五卅运动"而出走南洋，在新加坡和朋友一起开了一个上海书店，慢慢扩大规模变成一家大书店。在流亡期间他还和女婿一起经营土产之类的，赚了不少钱，因而胡愈之等人吃的也由他提供。

　　当时新加坡和马来亚的情况比较复杂，英殖民者还没来得及回来，统治权力出现真空，社会还处于一种混乱无序的状态之中。胡愈之参观过马共控制的地区，觉得那里社会秩序良好，人民生活也不错，但对于马共领导人采纳英殖民者建议，交出武器复员战士持怀疑态度。1948 年马共被英殖民当局宣布为非法组织，被政府军打击逃到森林里，果然证实了胡愈之的推测。而此时的中国，也处于两种命运、两种前途大决战的关键时期。"党领导全国人民努力争取实现和平民主，建立一个独立、自由、繁荣、富强的新中国；蒋介石国民党却继续坚持卖国、独裁、内战的政策，企图维持大地主大资产阶级专政的半殖民地半封建国家。为了使全国广大人民群众正确认识新时期的形势，了解党的为和平民主而斗争的方针，揭露国民党反动派的内战阴谋，党中央指示，要加强党的宣传工作，开辟和扩大党的宣传阵地。我们很快恢复了与党、与国内同志的联系，党也要求我们坚持南洋的阵地，加强对广大华侨为和平民主而斗争的宣传教育，团结华侨为建立新中国而奋斗。党的指示使我们更加明确了前进的方向。"①

在日本占领新加坡期间,《南洋商报》由于股权转移而成了汉奸报,站在了反民主的行列,胡愈之不能再回到《南洋商报》继续工作了。于是,他计划先成立一个"新南洋出版社",以出版社为平台创办杂志,并在条件成熟的情况下出版报纸。他审时度势,组织力量,筹集资金,在当地爱国侨领陈嘉庚、陈岳书、王叔旸等人的支持和赞助下,新南洋出版社很快在新加坡报业区罗敏中路申律 68 号 A 二楼租用了几间办公室便成立了,条件非常简陋。起先新南洋出版社并没有出版业务,只是专门经销国内和港澳出版的进步书刊。到了 11 月底,出版社已初具规模,给创办传播祖国的声音、报道国内外政治动向、反映侨胞意向、宣传和平民主为主旨的《风下》周刊提供了一定的诞生条件。

在胡愈之的不懈努力下,由他主编的《风下》周刊于 1945 年 12 月 1 日正式创办。之所以取名为《风下》,乃是因为在赤道南北,从印度洋到太平洋刮的是季节风,一般是每年 5 月末到 9 月中,从西南吹向东北,从 10 月到 12 月,则从东北吹向西南,因而从斯里兰卡以东一直到菲律宾群岛,当中包括了缅甸、马来亚、越南,以及整个印度尼西亚,都被称为"风下之国"。这些"风下之国"当时都是西方列强的殖民地,创办《风下》周刊的目的,就是要去倾听"风下之国"的国民被压迫被奴役的声音,反映他们的愿望与要求。《风下》周刊每期 1 个印张,16 页,另加插画 4 页。《风下》周刊创办不久,新南洋出版社又于 1946 年 1 月创办了《新妇女》月刊,由沈兹九担任主编。

---

① 胡愈之:《我的回忆》,载《胡愈之文集》(第六卷),生活·读书·新知三联书店 1996 年版,第 393—394 页。

最初《风下》和《新妇女》的编辑部总共只有七人，张企程、陈仲达协助胡愈之，李今玉给沈兹九当助手，出版社由温平任经理，蔡慧任会计，后来又有杨嘉等人加盟，逐渐壮大起来。

《风下》周刊栏目丰富，有卷头言、国际专论、一周大事、世界各地、祖国形势、哲学漫谈、新音乐、文学作品及评论、译作、读者信箱、每周新书等，虽然篇幅有限，但以少胜多，凝聚了很多对民众有用的消息，内容十分丰富生动，观点敏锐泼辣，紧扣时代脉搏，始终站在反内战、反专制、反独裁的最前沿，被读者誉为"不可缺少的精神食粮"。为《风下》撰稿的除胡愈之、沈兹九两位外，主要还有梁纯夫、彭赫生、张企程、蔡馥生、汪金丁、陈仲达、巴人、杨骚、卢心远、吴柳斯等，郭沫若、茅盾、司马文森、陆诒、陈残云、陶行知、许广平、楼适夷、何其芳、黄炎培、沈钧儒、马凡陀等也纷纷从香港和内地寄来自己的作品。夏衍、赵枫等也经常为《风下》周刊撰稿。由于名家荟萃，文章号召力很强，《风下》周刊很快在战后南洋华侨社会独树一帜，发行量跃居当地报刊之首，影响越来越广。

战后的马来亚文坛还发生了关于"马华文艺独特性"与"侨民文艺"的论争。1948年吉隆坡《战友报》新年特刊刊登周容的《谈马华文艺》一文，以强硬的口吻指出马华文艺与侨民文艺是截然不同的，宣称马华文艺必须反映此时此地的现实，而没有独特性的文艺是侨民文艺；认为侨民文艺不是马华文艺的主导方向，侨民文艺作者身在新马却写中国的事物，犹如"手执报纸而眼望天外"，不是现实主义作家的创作态度，侨民文艺不应该沦为中国文艺的海外版。周容的文章引起侨民作者的反驳。李玄发表的《论侨民文艺》对周容的观点提出了质疑，认为文艺除了忠实地反映现实之外，更应提出人生的任务，马来亚各民族在争取民主政治上，与中国人民追求民主的目的是一样的，描写中国的现实并不违反马来亚文艺的大原则，所以侨民文艺的存在，并不影响马来亚文艺的发展。主持《风下》周刊的胡愈之也以"沙平"为笔名写了《朋友，你钻进牛角尖里去了》、《牛角尖图解》等文章加入战团，认为那些持"文艺独特性"观点的文艺界朋友，有可能无意间破坏了马来亚作家与侨居的中国作家之间的团结。参与论争的作者越来越多，甚至在香港的夏衍、郭沫若也卷入了这场论争之中。① 后来，胡愈之又发表了《漫谈文化运动》一文，总结了此次论争的收获："'乃是把文艺的地域的特殊性和一般性统一起来。过去在当地的作家，过低估计中国新文艺对马来亚的重要作用，而从国内来的知识分子，则又太忽略了马来亚的特殊性，这两种偏向，从今以后，应当可以克服过来'。从而结束了这场'马华文艺特殊性问题'的争论，促进了马华文艺界的团结。"②

　　胡愈之主编《风下》周刊时，用的是笔名"沙平"，他亦以"沙平"之名为《风下》周刊写"卷头言"。从 1945 年 12 月 1 日创刊，到 1948 年夏英殖民当局宣布"紧急法令"，《风下》周刊被迫停刊为止，《风下》周刊共出版发行了 130 多期，胡愈之就为《风下》周刊写了110 篇"卷头言"。"卷头言"题材广泛，篇幅短小但内容丰富，联系现实紧密，时代感强，成为最受读者欢迎的栏目文章。如《南侨回忆录》、《反饥饿、反内战、反独裁》、《关于华侨地位的新认识》、《马来亚还年轻》、《华侨新爱国运动》、《救国有罪民主该杀》、《苛政猛于原

---

① 参见杨松年：《新马华文现代文学史初编》，（新加坡）教育出版社 2000 年版，第229—230 页。
② 朱顺佐、金普森：《胡愈之传》，杭州大学出版社 1991 年版，第 210 页。

子弹》、《论华侨的双重任务》、《准备迎接伟大的新时代》、《华侨的祖国》等，既揭露了国民党卖国、独裁、发动内战的"狼子野心"，又适时宣传了共产党的和平民主政策，并对南洋华侨自身的处境作了分析，希望他们尽快投身到争取民主与和平的阵营中来。

杨嘉回忆此时的胡愈之，将其突出之处归纳为三点：

首先，是他每日的工作量大，善于实干、勤干、巧干。除在编辑部为报刊撰写社论、专栏、评述等重点文章外，还充分利用业余及晚上时间，写作小说散文如《少年航空兵》、《赤道流亡记》等多篇。当时胡守愚同志主编民盟刊物《民主》周刊，饶彰风同志南来主编党刊《新华周报》，胡老亦关怀备至，为之挥毫，以至当地的文艺问题论争也并不置身事外，3年累计，在各报刊上发表的文字估计当达百万。

其次，他经验丰富，思路敏捷。当时两个编辑部合在一层楼上工作，各科汇集，人来人往，胡老于一角设置办公桌，在此应酬频繁来访的客人，躬身送别后，又继续在喧闹声中照样凝思握笔，有时遇上应急的文章，一张张脱稿后即送楼下发排，旋又一张张的清样送回给他校阅，在整座大楼中，既是指挥，又兼前哨，文坛健将，从容若定。

还有，他的作风认真负责，艰苦朴素，待人亲挚真诚，经常探询、关怀干部，律己则甚严，从不迟到早退，也从不考虑个人得失，与同人一律每月领工资150元叻币（等于供给制），在战后这笔款仅足供吃饭抽烟而已，因此每天中午他和沈老便自备干粮在编辑部吃用，这使我们都深为感动，故能上下一心，团结战斗，大家在他领导下甘当一名"民主派"的战士而从无龃龉。①

1946 年 1 月下旬，当胡愈之正为《风下》周刊忙碌的时候，一位重庆的朋友寄来了邹韬奋逝世的纪念册，他几乎不敢相信，一起奋战多年的亲密战友已经离开了自己。邹韬奋因积劳成疾秘密潜回上海治病，被确诊为癌症，不幸于 1944 年 7 月 24 日逝世。因为当时上海还处于日军的统治下，所以邹韬奋去世的消息没有被外界及时知晓。1944 年 9 月 28 日，中共中央电唁邹韬奋的家属，并追认邹韬奋为共产党员。10 月 1 日，由宋庆龄、林伯渠、邵力子、郭沫若、黄炎培、沈钧儒等发起，重庆各界举行了有 800 多人出席的追悼大会。11 月 15 日，毛泽东、朱德亲自为邹韬奋题词纪念。11 月 22 日，在延安又举行了 2000 多人的追悼大会，朱德、陈毅、徐特立、吴玉章等参加了追悼。而此时胡愈之正在马达山区避难，与外界隔绝，当然无法知道邹韬奋去世的消息。

确知邹韬奋逝世的消息后，从 1945 年 1 月 30 日开始，胡愈之一口气写下了 25000 多字的《韬奋的死》一文，边写边流泪，多次泪湿纸笺。1946 年 2 月 11 日起，长文《韬奋的死》在《风下》周刊第 10、11、12 期连续刊载，胡愈之在文中深切地表达了自己对邹韬奋的怀念之情，感情真挚，令人感动。在这篇长文中，胡愈之选取流亡、奔波、战斗、抗争、生病等方面对邹韬奋的一生进行回顾和概括，字里行间透露着悲愤，他说：

---

① 杨嘉：《记〈风下〉周刊》，载费孝通、夏衍等：《胡愈之印象记》（增补本），中国友谊出版公司 1996 年版，第 201—202 页。

韬奋是为救国而死的，是为民主团结而死的。要是韬奋生在别的国土，生在别的时代，像他那样强健的体格，美满的家庭，他决不会不到五十岁就短命而死的。他虽然生在现代的中国，他要是只图个人的温饱，不想替人民大众作喉舌，不负文化战士的重责，他决不会到处遭遇到内外敌人的追踪，他不至于一次入狱，两次流亡，以至于患了脑癌重症。而且即使他病了，他要是立即放下笔杆，抛弃战斗，他或者也还不至于死。

但是到了力竭声嘶的时候，他还在呼喊着。处在四面围困的境遇，他还在战斗着。正像一个英勇的战士是握着枪杆而死的，韬奋直到最后的一息，都不曾放下笔杆，这支反法西斯独裁，反内战分裂的锋利武器！①

最后，胡愈之向国内外同胞、文化界呼吁，韬奋虽然死了，但是"我们应当挑起韬奋先生所放下的重担子，要集合精神物质力量，以完成韬奋所未完成的事业。特别要重新建立起《生活日报》与文化教育馆，使中国人民大众，都有书读，都有报看，文化水准普遍提高，民主运动广泛展开。只有这样，才能弥补因韬奋的死所遭受到的巨大的文化损失。也只有这样，才能尽后死之责，而使韬奋先生的思想事业与战斗精神，继续发扬光大"②。对于老友的逝去，胡愈之除了悲痛，更多的是想到民族的未来、中国的命运，融合了时代因素，超越

---

① 胡愈之：《韬奋的死》，载《胡愈之文集》（第四卷），生活·读书·新知三联书店1996年版，第397页。

② 胡愈之：《韬奋的死》，载《胡愈之文集》（第四卷），生活·读书·新知三联书店1996年版，第397—398页。

于一般的怀念。

胡愈之在《风下》周刊上还发表了一系列怀念故友的文章，如《追念许地山先生》、《郁达夫的流亡和失踪》、《忆公仆》、《鲁迅与陈嘉庚》等，篇篇情感真挚、文学造诣深厚。

1947 年 4 月，胡愈之还利用《风下》周刊办起了一个"《风下》青年自学辅导社"，编印讲义，给那些迫于生计没有条件读书的华侨青年进行文化、政治的教育辅导。辅导社设有初级班与高级班，针对不同的群体开设课程，有文学修养、科学概论、语文和常识、应用文写作、马来亚问题、国际问题研究等，并请专家帮学员批改作业，提升华侨青年的学识水平和文化素质。一时间，新加坡及周边几个国家的华侨青年踊跃报名，人数达一两千人，影响深远。

四、主持《南侨日报》

1946 年初，南侨总会主席陈嘉庚也从印尼回到了新加坡，新加坡、马来亚各地的侨胞们为陈嘉庚的安全归来举行了盛大的集会，各报竞相刊登了这一新闻。陈嘉庚是一名进步的爱国民主人士，他坚持爱国主义立场，自己带头捐款，组织各类活动，仅 1939 年一年，南洋华侨在他的领导下，就向祖国汇款 3.6 亿多元，从卢沟桥事变到太平洋战争爆发的 4 年半期间，又发起捐款约 15 亿元，极大地支援了中国国内的抗日战争。

1946 年 6 月，国民党对解放区发动全面进攻，美国积极援助国民党打内战。陈嘉庚于 9 月 7 日，以南侨总会主席的名义致电美国总统杜鲁门和参、众两院议长，提出抗议，要求美国立刻撤退在华驻军，停止对国民党的一切援助，并且抵制蒋介石召开的国民大会，指出蒋介石乃是一夫独裁，不惜卖国求荣以巩固地位，和历史上的石敬瑭、秦桧、吴三桂等人，没有什么区别。陈嘉庚的这一抗议震动了世界，更使国民党十分震惊愤怒。南洋国民党势力竭力反扑，他们运用各种手段掩盖事实真相并乱盖各地华侨社团的公章，发通电、贴标语，在报刊上大肆谩骂陈嘉庚是"共产党尾巴"，在南洋掀起了"反陈"的浊浪。当时以胡愈之为首的南洋进步文化人士和进步侨领都坚决支持陈嘉庚并决定同国民党势力来一场针锋相对的斗争。要想进行斗争，就必须要有一定的群众基础，于是他们组织全马来亚数百个华侨社团，在华侨居住的大埠小镇，多次举行集会，并组织了反对美军留华签名运动，活动有数十万人参加。为了声援、拥护陈嘉庚，胡愈之连续在《风下》周刊上刊登了诸多关于"拥陈"实况的文章，如《陈嘉庚与华莱斯》、《民主运动的号角》、《读陈嘉庚电后》等，旗帜鲜明地支持陈嘉庚。在胡愈之为代表的进步人士的努力下，这场斗争最终以受欺骗华侨社团的醒悟和进步民主力量的胜利而告终。这场斗争虽然胜利了，但斗争过程的艰难亦使陈嘉庚和胡愈之他们深感舆论工具的不足。战后的南洋华侨报刊，大部分都被国民党所控制，就连《南洋商报》也换了主人，当时掌握在胡愈之他们手里的只有《风下》和《新妇女》等。《风下》和《新妇女》都是篇幅不大、内容短小的小报，不能作为他们斗争的主要根据地。为此，胡愈之和陈嘉庚商量，决定创办一张大报来作为华侨爱国民主阵营的喉舌，扩大宣传阵地。

不久，由陈嘉庚、张楚琨、高云览、王源兴、李光前、陈岳书等人入股，成立了南侨报社有限公司，陈嘉庚自任董事会主席。1946年

11 月 21 日，经过高效率、高速度的筹备，只用了短短五十多天的时间，由南侨报社有限公司出面创办的一张日出四开八大版报纸——《南侨日报》正式创刊。《南侨日报》由陈嘉庚任董事长，胡愈之担任社长，同时负责编辑业务和言论。总经理先是张楚琨，后是温平和洪丝丝，李铁民任督印人（出版人），吴柳斯任广告部主任。

《南侨日报》实际是一份党领导下的报纸，它公开的宗旨，正如陈嘉庚先生在创刊号的《告读者》中所说："目的在团结华侨，促进祖国之和平民主，俾内战早日停止，政治早日修明，国民幸福早日实现，以达到孙国父建国之旨。"① 然而，办《南侨日报》并不是那么容易，"《南侨日报》刚创办时，财务收支不能平衡，胡愈之便长期不在报社领工资，只靠新南洋出版社提供的一点生活费过着十分清苦的生活。当时他和沈兹九一起，住在陈岳书借给的一间普通的海滨木屋里，有时两片面包、一杯咖啡，就算一顿午餐。《南侨日报》编辑部连胡愈之在内，一共才 21 人，而工作量却相当可观，每天八版两大张十来个不同的栏目，要翻译、采访、撰写、编选近 8 万字，所有人员都忙得如打仗一样。当时胡愈之虽已年近半百，仍精力十分充沛，他白天参加各种社会活动，下午三四点钟到报社，一直要忙到第二天凌晨，与编辑部主任胡伟夫共同签署完大样，才算结束一天的工作。新加坡终年酷热，只有到晚上九、十点钟以后才较为凉爽，宜于休息。然而当整个新加坡都趁着夜间的凉爽沉入梦乡之时，却正是《南侨日报》编辑部工作紧张之时。为此胡愈之常常通宵达旦地工作"②。

---

① 黄金陵、王建立主编：《陈嘉庚精神文献选编》，福建人民出版社 1996 年版，第 212 页。

② 陈荣力：《大道之行——胡愈之传》，浙江人民出版社 2005 年版，第 242 页。

胡伟夫在回忆《南侨日报》的创办过程时也特别提到了胡愈之的辛苦与努力：

　　愈老对报社工作，事无巨细，务必躬亲。他是个慈祥长者，平易近人。记得我们在报社合作共事期间，每天从下半夜起工作，他写社论，我编新闻，大家都在黎明前截稿，当等着看大样的空隙时间，他就将所知的掌故、经历，边谈边总结教训。他博闻强记，诲人不倦，海阔天空，无所不谈。所以我们报社同人在他的领导之下，齐心协力工作，无一不感到心情舒畅而愉快。他积极从事抗日救亡和爱国民主运动，为民族解放和人民革命事业，建立了不可磨灭的功绩。①

《南侨日报》借鉴和发扬了《南洋商报》、《风下》周刊等成功的经验，推出的新闻准确及时，言论公允透彻，文字生动简洁，版面清新活泼，设置的栏目主要有"祖国要闻"、"中外电讯"、"本埠要闻"、"马来亚新闻"、"南洋要闻"、"经济商情"、"读者园地"、"青年周刊"、"出版周刊"、"民主周刊"、"体育"等。《南侨日报》积极推进与南洋其他华侨报纸的友好合作，与马来亚槟城的《商业日报》、《现代日报》，印尼棉兰的《民主日报》、雅加达的《生活日报》、泗水的《大公报》，泰国曼谷的《现代商业日报》等都保持密切的联系。此外，胡愈之又积极拓宽新闻来源渠道，与香港和国内的新闻文化界建立密切联系，还聘请国内一些知名的新闻界人士来担任《南侨日报》特派

---

　　① 胡伟夫：《〈南侨日报〉的崛起》，载费孝通、夏衍等：《胡愈之印象记》（增补本），中国友谊出版公司1996年版，第198页。

员或特约记者。以上的种种做法，使新闻来源更为广泛，新闻获取更加及时，新闻内容也更为准确。所以，《南侨日报》创办不久，就在南洋华侨社会大放异彩。胡愈之还将新南洋出版社、《风下》编辑部和《南侨日报》合并办公，作为一报一刊的总编，他工作异常繁忙，但是他都能应付裕如，有条不紊。他除了为自己编辑的一报一刊撰写社论、专栏、评论之外，还十分关心胡守愚主编的民盟刊物《民主》周刊、饶彰风主编的党刊《新华周报》，也为它们撰写文章。

胡愈之为《南侨日报》撰写的社论与专论，比《风下》的"卷头言"更为犀利，涉及面更广，针砭时弊，纵横捭阖，更具有战斗性，如他连续发表的《内战与民变》、《当地政制与华侨》、《工潮与当局的责任》、《马歇尔的狂叫》、《从军事看大局》、《如此政府如此党》、《美国援蒋的暗盘》、《当前民主运动的两项任务》，等等，战斗力极强，一发表就引起读者的共鸣。除了抓好社论，《南侨日报》的另一特点是善于抓取独家新闻，如1947年11月4日，《南侨日报》上发表《美国援蒋侵华大秘闻——魏德迈计划》一文，一刊登便引起国内外极大注目，甚至欧美等各通讯社竞相转发，一时轰动了世界，弄得美国政府措手不及，狼狈不堪。南侨报社有限公司第二年又发行了《南侨晚报》。《南侨日报》和《南侨晚报》并驾齐驱，本着为南洋华侨服务的态度，很快就在报业市场上占据了很大的份额，销量不断增加。正是这种竞争，使新加坡原来的六家华文报纸，一年后竟停办了四家，能早晚出三大张的只有《南侨日报》了。《南侨日报》注重侨民的利益，反映侨民的心声，旗帜鲜明地支持祖国的人民解放战争，被海外华侨看成是一面爱国的旗帜。

1947年4月，胡愈之邀请了原在重庆主持《新华日报》的夏衍，到新加坡任《南侨日报》主笔，加大了开拓宣传阵地的力度。他们在党的领导下，还在新加坡成立了文化小组，由夏衍任组长，专门领导新加坡的文化宣传工作。在胡愈之、夏衍等人的努力下，《南侨日报》在报道国内战局和国际形势，反映侨民心声、维护侨民利益，团结和引导南洋华侨认清形势，响应党的号召，支持国内革命战争中，发挥了重大作用。1950 年 9 月，《南侨日报》因政治立场的原因而被英殖民当局勒令关闭。自 1946 年 11 月创刊到被迫关闭，《南侨日报》一共出版了将近四年时间，成为当时最有影响的报纸之一，这一切都和胡愈之的辛勤劳动分不开。到了 1989 年，张楚琨还回忆说："《南侨日报》反映了侨民的心声，保护了侨民的利益，团结了华侨，提高了华侨的地位，真正做到了毛主席的题词'为侨民利益服务'和周恩来总理的题词'为宣传新民主主义的共同纲领而奋斗、为保护国外华侨的正当权益而奋斗'。华侨还很少有这么一份报纸，筹备两个月就出版，并且发挥这么大的威力，产生这么深远的影响！"[①]

胡愈之在南洋的战斗生涯紧张而充实，虽然他的主要任务是受命于党组织主持和创办新闻报刊，扩大宣传阵地，争取海外侨胞对国内抗日战争、人民解放战争的支持，但事实上，他的影响还远不止如此，他所撰写的社论一方面可以看成是新闻作品，另一方面也可以当成是政论散文，马华文学史家方修就认为他的社论是当时马华政论散文中最出色的一批。胡愈之在当时还写了一篇特别值得称道的科幻小说《少年航空兵——祖国梦游记》以及一些回忆性散文，丰富了新马华文文坛的创作，有着非同一般的文学史意义。另外，他对第二次世

---

① 张楚琨：《胡愈之在南洋的七年》，载费孝通、夏衍等：《胡愈之印象记》（增补本），中国友谊出版公司 1996 年版，第 174 页。

界大战结束后"华侨"的身份问题也作了系统的辨析，认为"华侨"现在应该有"落地生根"的意识，将自己看成是南洋的主人，积极参加民族运动，争取各民族的独立解放，才能保证自己与其他民族的平等合作，而使自身获得生命财产安全与民主自由权利，这也是"华侨"唯一的出路。[①] 即使在今天看来，这些观点也还是那么富有真知灼见。所以，胡愈之在南洋创报办刊，是一个文化使者，传播革命思想与先进观念，还是一名探路"急先锋"，身先士卒，身体力行，推动南洋社会不断向前，成就了一段传奇。

胡愈之在南洋期间，还负责建立和发展了当地的民盟组织。1945年10月16日，中国青年党、国家社会党、中华民族解放运动委员会、中华职业教育社、乡村建设协会和全国各界救国联合会（后更名为"中国人民救国会"）等共同组成中国民主同盟（简称"民盟"），在重庆召开第一次全国代表大会。由于胡愈之原是救国会重要领导人，民盟中央决定让胡愈之负责在南洋建立和发展民盟组织。1946年1月，民盟南方总支部成立，不久胡愈之就在新加坡成立了民盟南方总支部驻星办事处，作为领导和发展南洋地区民盟组织的大本营。南洋民盟组织建立以后，因英殖民政府采取不干涉的态度，所以发展很快，胡愈之尽力把所有著名的爱国民主人士都团结起来，比如他动员了新加坡华侨中学校长薛永黍等在新加坡声望很高的华侨加入民盟，同时依靠他们的人脉关系吸引了更多的爱国华侨参与到这个组织中来。南洋民盟组织迅即遍布南洋各地，盟员很快发展到数千人。薛永黍后来继胡愈之之后担任了民盟马来亚支部主委，1951年不幸被英殖民当局拘

---

① 参见崔贵强：《胡愈之在新加坡》，《华侨华人历史研究》1988年第1期。

捕，死于狱中。

南洋民盟实际上是中国共产党领导下的反对美蒋帝国主义和蒋介石集团的爱国民主统一战线，参加南洋民盟组织的成员比较复杂，有中共党员、马共党员、无党派民主人士和国民党左派等，它立场鲜明，坚决团结在中国共产党周围，很快成为海外反对美蒋反动统治、争取和平民主的重要力量。南洋民盟虽表示不干涉当地政治，但对于马共领导下的马来亚人民解放运动仍给予适当的支持与配合。1947年9月底，经过一年多的精心策划和筹备，民盟马来亚支部代表大会在新加坡胜利召开，胡愈之被推选为支部的主任委员，大会宣言明确宣布支部坚决站在共产党领导下的爱国民主力量这一边，不是所谓第三方面与中立派。1948年6月，英殖民当局颁布了"英属海峡殖民地紧急法令"，马共一下子成了非法组织，民盟马来亚支部也受到影响，停止了在南洋的公开活动，一些盟员被驱逐出境，还有不少盟员陆续回到中国。

在国内，国民党于1947年10月公开宣布民盟为非法组织，民盟总部被迫解散。后来在沈钧儒等人的努力下，1948年1月在香港召开了民盟三中全会，重新恢复民盟总部，这时民盟更加坚决地追随中国共产党了。民盟这一激烈的动荡，也波及南洋的民盟组织，产生了混乱局面。"首先，由于国民党的残酷镇压，许多文化人在国内无法立足，纷纷逃亡香港，香港已难容纳，一些人又跑到南洋。这些人大都是'民盟'的，与我有关系，都找我安排工作，可是在新加坡找工作也不容易，他们都想进《南侨日报》，《南侨日报》也不好容纳，这样这一些人对我很不满意。其次，南洋华侨是分帮派的，福建帮以陈嘉庚为首，和我们是一致的。广东帮跟胡文虎的较多，在新加坡福建

帮势大，在其他地方广东帮势大。华侨社会这种帮派之别也影响到了
'民盟'内部，广东帮的盟员就不大听我们的，甚至不给推销《南侨
日报》。最后，还有新加坡的一部分盟员，与马来亚共产党有联系，
一贯比较'左'，当时就有马华文学和华侨文学的争论，表面上是文
学观点的争论，实际上是指责我主张华侨文学是不支持华侨参加当地
争取独立民主的运动。他们认为华侨应该参加马来亚反对英殖民主义
的斗争，而我不把矛头直接指向英国就是右倾，其实他们才是'左'
倾。"① 于是，这些对胡愈之有意见的人就开始攻击他，甚至造谣他扣
留华侨对香港文化人捐款等，有的还写信给民盟中央和党的南方局对
胡愈之进行控告，并扬言要改组《南侨日报》，把胡愈之赶走。事情
涉及党的路线方针，大家思想不统一，工作就很难开展了。这时，新
华社新加坡分社社长饶彰风便建议胡愈之还是回香港一趟，向民盟中
央反映情况，澄清问题，获得指示，以便回来后更好地开展工作。

---

① 胡愈之:《我的回忆》，载《胡愈之文集》(第六卷)，生活·读书·新知三联书店
1996 年版，第 401 页。

第六章

新中国办报与主编《知识丛书》

在南洋工作和生活了七年零四个月的胡愈之独自一人由新加坡乘船回到香港。回到香港后，胡愈之便受党组织委派去解放区向党中央汇报南洋和港澳的工作情况。经过一个多月的长途跋涉，胡愈之夫妇终于到达了中共中央所在地平山西柏坡，分别向毛泽东、周恩来、李维汉、李克农等人汇报了南洋及港澳工作情况。北平和平解放后，中共中央由西柏坡迁到北平，开启了中国的新时代。"民盟总部临时工作委员会"在北平成立，胡愈之被推选为临时工作委员会委员，开始了民盟组织的整顿工作。1949 年中国人民政治协商会议在北平胜利召开，胡愈之作为民盟代表参与会议并被推选为政协文教委员会委员。从新中国成立到 1954 年 11 月的五年时间里，胡愈之出任出版总署署长和编辑《光明日报》等。出版总署撤销后，中共中央任命胡愈之为中国文字改革委员会副主任委员，协助吴玉章领导和推动全国文字改革工作。1957年民盟中央召开"六教授会议"，就党的整风运动、科学体制以及改善党的领导问题等展开讨论。1959年胡愈之被国务院任命为文化部副部长，负责出版和对外文化交流工作。1966年8月，"文化大革命"全面爆发，胡愈之身不由己地卷入了这场浩劫。

一、回归解放区

1948 年 4 月，胡愈之从新加坡回到香港后，暂时住在民盟主席沈钧儒家中。沈钧儒与胡愈之相交多年，对他非常信任。胡愈之向沈钧儒等民盟中央领导人汇报了南洋民盟工作情况，大家认为胡愈之在南洋的工作方针是正确且有成效的，支持他继续回新加坡领导民盟工作。之后，胡愈之还见到了中共华南局书记方方，也向他详细汇报了自己在南洋工作的情况，得到了他的充分肯定。就在胡愈之准备返回新加坡继续工作的时候，英国殖民当局宣布马共是非法组织，开始大肆逮捕马来亚共产党员，强行停止各种民众团体活动，《风下》周刊被迫停刊，南洋民盟组织也遭到了取缔，沈兹九等一些民盟成员被驱逐出境。1948 年 6 月底，沈兹九也来到香港。在这种形势下，胡愈之不可能再回到新加坡了，沈钧儒便委任胡愈之为救国会秘书长，参与民盟中央总部的工作。

1948 年 5 月，中共中央发出了召开不包括国民党在内的新政治协商会议的号召，在香港的各民主党派和爱国民主人士都积极响应。此时，中共中央也迫切需要更详细地了解南洋爱国侨胞和港澳的民主党派、民主人士的情况。经过研究，中共华南局负责人方方委派胡愈之去解放区向党中央汇报南洋和港澳的工作情况，因为不管从哪个方面讲，胡愈之都是最合适的人选。经过一番周密的安排，1948 年 8 月，在香港待了三个多月的胡愈之，携妻子沈兹九踏上了去华北解放区的旅程。他们也是第一批由香港到解放区的文化界和民主党派人士，那时三大战役还未打响，东北全境还没有解放，所以香港没有直接到解放区的船只，胡愈之与沈兹九只能依靠党的秘密交通线潜行。

1948 年 8 月，胡愈之与沈兹九假装成华侨商人夫妇，带了一辆汽车，登上了一艘去韩国的英国商船离港北上。船到东海、黄海交界处，由于船上有人急需兑换钞票，船在上海停了一天。离开上海已 10 年，胡愈之急切地想要了解上海目前的情况，便冒着生命危险上岸和上海的亲友进行了秘密的会面。胡愈之的侄女，也就是胡仲持的二女儿，当时也是中共地下党员，对此次会面有过详细的描述：

> 1948 年 8 月，一个挥汗如雨的夏天，我一个人正在亭子间里看书。我的住地福煦路（今金陵西路、延安中路）安乐村 174 号，是当年伯父离沪前的住处，也是出版《西行漫记》、《鲁迅全集》的"复社"旧址，是个惹人注意的地方。这时候整幢房子已经"顶"出去，只留下我住亭子间。突然有人敲门，进来一个似曾相识又陌生的中年知识妇女。我立刻警惕起来。因为当时国民党特务横行，大上海一片白色恐怖，我这个地下党员，随时有被捕的可能。来人见我不认识她，笑嘻嘻地说："我是兹九。"我

想起了那张照片（1941年9月伯父在新加坡与沈兹九先生结婚，曾寄来过一张他们的新婚合影），没有错，那双大眼睛，就是她。她见我反应过来了，叫我跟她快走，说我伯父在外滩等着。一听伯父也到上海了，真是喜出望外，但又非常担心他的安全。我跟兹九先生，坐上三轮车匆匆赶去。

……我们到了爱多亚路(今延安东路) 近外滩的一家咖啡馆，我一眼就看到了伯父，他留着一撮小胡子，身穿米色西装，头戴太阳帽，一副华侨商人模样。我强忍住心头激动，在他旁边坐下。伯父边喝咖啡边轻声说："对面那个人一直在注意我，可能认出我了，我们快走。"伯父硕大前额、矮矮个子是很引人注目的，在上海，认识他的人又很多。我们站起来漫步走到外滩一个较僻静的地方。伯父给我的任务是去金城银行找胡子婴先生（胡愈之的远房侄女，曾为章乃器夫人——笔者注），想在她家里歇歇脚。兹九先生去打电话找她弟弟沈学源，用他的私人汽车来解决交通工具。……等我回到外滩，伯父和兹九先生已坐进学源舅舅的车子里等我了，真是一切顺利。

我们坐上车子，就开始了无拘无束的谈话。为了怕有尾巴跟踪，也想让他们看看多年不见的上海滩，车子在马路上兜圈子。我有很多话想跟伯父说，特别想了解他这些年的流亡生活，但是伯父一句不谈自己，却向我与学源舅舅提出了大堆问题。他是迫切地想了解上海的政治、经济形势。1948年夏的上海，敌人还幻想控制局势，政治上残酷镇压民主运动，捕人的警车，整日整夜鸣叫着驶过大街小巷；经济上民不聊生，群众对反动政府的憎恨已到了极点。……我们又谈到老百姓的反抗斗争，罢工、罢市、

游行、请愿此起彼伏。上海如此，其他中等城市也如此。还谈到
宁波前些日子全城米店被抢。我又讲了如火如荼的学生运动。学
源舅舅在工商界，他讲了不少国民党在金融界、工商界穷途末路
的情况，伯父听了大为兴奋，他低声说："我看，快了，快了！"
不知不觉，我们已到了子婴先生家。

老友重逢，子婴先生表示了极大热情，一边张罗他们洗
澡，一边准备饭菜，还不时问他们抗战后期流亡在赤道线上的
情况。……大家开怀畅谈，真像进入了自由天地，房子里洋溢
着浓郁、温暖的友情。问得最多、讲得最少的是伯父，他入神地
听着，一支接一支地抽烟。最后，他郑重地说："我看国民党支
撑不下去了，人心已经崩溃。"他那充满睿智的前额，显得更宽
阔了。

不知不觉，已到午后四时许，为了赶渡船去吴淞，我与学源
舅舅把他们送到外滩，看着他们跨上一叶小舟，离开了码头渐渐
远去，远去。我心里说不清是兴奋还是怅然。①

这次会面虽然短暂，但意义重大，因为胡愈之通过所见所闻更
加坚定了国民党政府必将溃败、革命胜利即将来到的信心。胡愈之夫
妇很快到达韩国的仁川港，在旅馆住好后，拍卖了带来的汽车，并与
那里的联络人接上头。经联络人精心安排，一天下午，胡愈之夫妇装
作去海边游泳、游览，登上了一条小游艇，慢慢驶向港外。黄昏的时
候，他们偷偷登上了停在港外的小轮船，很快离开了南朝鲜，第二天

---

① 胡德华：《匆匆会见黎明前——怀念伯父胡愈老》，载《病中怀旧》，中国少年儿童
出版社 2001 年版，第 131—133 页。

清晨到达中国大连。当时大连还由苏军控制，但市政已由中共负责，胡愈之夫妇受到了大连党组织负责人李一氓的接待。

胡愈之对接待他的老友李一氓说："按毛泽东同志早先估计取得全国性胜利从现在算起还需要两年多时间，在我看来已不需要两年了，除军事形势外，还有一个人心向背问题……现在国民党统治区的人民大众盼解放已经等不及了。"李一氓认为这一见解很重要，要胡愈之到河北平山后尽快将此见解向党中央、毛主席汇报。在大连住了几天，正好有一支船队准备运输物资去山东，李一氓便安排胡愈之夫妇跟随船队去山东，再由山东乘车至石家庄后抵达平山。当时渤海一带还有国民党舰艇巡逻封锁，天上也有侦察机出没扫射，船队航行充满危险。胡愈之夫妇好不容易到达了山东，在荣城的俚岛登陆。在山后的小村里休息一天后，第二天由华东运输公司派一卡车将他们送往青州华东局，为防敌机空袭，他们每天昼伏夜行，经登州、潍坊，五天后才到达青州。在华东局机关，康生接待了胡愈之夫妇，随后安排一辆运输物资的大卡车送他们到了德州，然后坐了三天的火车才到达石家庄。在石家庄，胡愈之见到了叶剑英，叶剑英还请胡愈之到军大作报告，介绍海外的情况。后来，叶剑英又安排胡愈之夫妇坐车去平山县。1948年9月底，经过一个多月的长途跋涉，胡愈之夫妇终于到达了中共中央所在地平山西柏坡，住进李家村中共中央统战部招待所。

胡愈之首先向中央统战部李维汉作了汇报，详细谈了南洋地区的情况和在华侨中进行的工作，还谈了港澳地区民主党派和民主人士的思想动态，以及他们响应中共中央关于召开新政治协商会议号召的情况。李维汉问得很仔细，对胡愈之的汇报和在南洋所做的工作都表示非常满意，他要求胡愈之写一份书面报告。接着，胡愈之又向中央社会部李克农详细汇报了南洋的工作情况。嗣后，胡愈之又向周恩来汇报了相关工作。1948 年 10 月 3 日，胡愈之受到毛泽东主席的接见，交谈半小时，毛泽东听取了胡愈之的意见。后来，胡愈之逝世后，李一氓曾将此事经过写成《高明的预见》一文来纪念胡愈之的伟大预见。[①]

　　这样胡愈之就完成了向党中央汇报情况的任务。按照胡愈之当时的想法，现在解放战争即将取得胜利，自己到了解放区，可以干自己爱好而又熟悉的新闻出版工作，民主党派的工作麻烦很多，他有点不愿意干了。可是，他的这点想法，在见到周恩来以后就改变了。

　　　　我见到了周恩来同志，一见面他就问我，你现在是公开的还是秘密的？意思指的是我的党员身份有没有公开。我回答说："还是秘密的。"我也向周恩来同志说了我想去干新闻出版工作的愿望。但周恩来同志却说："你是秘密的，还是做民主党派工作，如果是公开了，就到新华社去。"周恩来同志已经看出我的思想有点不太对头了，过了几天，他专门跑到我的宿舍里，和我谈了一个通宵。他要我读毛主席的几篇著作，再读一读列宁的《国家与革命》和恩格斯的《社会主义——从空想到科学的发展》。他说："我们胜利了，尖锐复杂的阶级斗争还在后头。是将革命进行到底，还是使革命半途而废呢？对这样一个问题，各民主党派人民团体正在进行一场激烈的斗争。全国解放后，民主党派和无党派民主人士进行社会主义改造，也还是长期

---

　　①　李一氓：《高明的预见》，载费孝通、夏衍等：《胡愈之印象记》，中国友谊出版公司1989 年版，第 15 页。

的事。统战工作还有很多事要做，我们一定要把这一工作做好。"这样，周恩来同志把我说服了，确定我还是在统战部领导下做民主党派工作，我的党员身份仍不公开。本来沈兹九是可以公开党员身份的，但因为我的缘故，她也没有公开。①

为了适应新的工作，胡愈之在党中央的安排下进行了集中学习，地点在社会部驻地的村子里。在那里，胡愈之集中学习了党史、读了党的大量历史文件。遵义会议、历次反"左"右倾机会主义错误的斗争、延安整风运动等重大历史问题都是在这次学习中完全弄清楚了。通过学习，胡愈之对党的路线、方针、政策的认识水平得到了大幅度提高，也加深了他对党中央、毛泽东的崇敬。

1948 年 9 月起，辽沈、淮海、平津三大战役相继展开，战略决战的伟大胜利已成定局，一些民主党派和无党派人士纷纷来到解放区。民盟的重要成员吴晗、楚图南等人也从京津地区赶赴解放区。胡愈之向他们了解了京津地区民盟的情况，并和他们一起成立了民盟华北解放区第一小组，共同学习和商议民盟工作。同时，新政治协商会议的筹备工作也在积极进行中，胡愈之多次参加了筹备会组织条例草案的讨论，并对华侨问题提出了建设性的意见和报告。

1949 年初，北平和平解放后，中共中央由西柏坡迁到北平，开启了中国的新时代。1 月 31 日，胡愈之与其他民主党派人士一起进入北平，当天他在前门城楼上观看了解放军入城仪式。随后中央统战部让他做好迎接大批民主党派和无党派人士来到北平的准备。不久，

---

① 胡愈之:《我的回忆》，载《胡愈之文集》(第六卷)，生活·读书·新知三联书店 1996 年版，第 404—405 页。

随着香港到天津轮船的开通，沈钧儒、李济深等都从香港到达北平，民盟总部也随之迁到了北平。3月5日，"民盟总部临时工作委员会"在北平成立，胡愈之被推选为临时工作委员会委员，开始了民盟组织的整顿工作。随着战局的深入，国民党军队节节败退，为了获得喘息的机会，蒋介石政府又玩起了假和平的阴谋，桂系的李宗仁、白崇禧也进行了紧张活动，派人前来北平进行和谈试探。胡愈之曾在桂林工作过，与广西各界人士都比较熟悉，因此也参加了对广西和谈代表的接待和和谈初步接触等工作。

1949年8月5日，美国政府发表了混淆视听、颠倒黑白、肆意攻击中国人民的《美国与中国之关系》白皮书，引起全国人民的愤慨。为揭露美国的险恶用心，打破一些对美国还抱有希望的人的幻想，中共中央决定在全国范围内开展对这份白皮书的批判。8月20日，民盟中央临时工委经过商议决定，由胡愈之、章伯钧、罗隆基、沈志远、楚图南五人起草对白皮书的批判文告。8月23日，五人完成了任务，文告《对美帝白皮书的斥责》在国内外公开发表。文告条分缕析，以事实说话，严厉地驳斥了美帝国主义的恶毒诬蔑，有力地揭露和批判了美国侵华政策的本质。

1949年9月21日，经过一年多的精心筹备，中国人民政治协商会议在北平胜利召开。民盟共推举沈钧儒、胡愈之、张澜、史良、楚图南、章伯钧、罗隆基、张东荪、费孝通、李文宜、辛志超等15人作为正式代表出席这一盛会，会上，胡愈之还被推选为政协文教委员会委员。胡愈之为新中国的诞生孜孜不懈奋斗了几十年，今天终于见证了它的诞生，心中的喜悦无法形容。

1949年11月，民盟中央在北京召开了一届四中全会扩大会议，会议的一项议程是增选一批中央委员和候补中央委员，胡愈之被增选为中央委员，从此进入到民盟核心领导层工作。同年 12 月，在民盟一届五中全会上，胡愈之众望所归，又被推选为中央常委，主要负责中央组织委员会的工作。自此到离开人世，胡愈之一直在民盟中央领导机构工作。

二、任职出版总署

1949 年 1 月底，人民解放军进驻北平的时候，党中央就任命胡愈之为北平文化接管委员会委员，参加了对新闻出版部门的接管工作。考虑到胡愈之在商务印书馆主编过《东方杂志》，办过"文库"，又帮章锡琛、夏丏尊等创办开明书店，还帮助邹韬奋一起经营过生活书店，在南洋也办过出版社等，有丰富的出版经验，所以 1949 年新中国成立后，胡愈之即被任命为中央人民政府文教委员会委员、出版总署署长。他的好友，也是昔日商务、开明的同事叶圣陶和周建人任副署长，成为他的副手。归出版总署领导的有原来国统区和解放区的两支出版队伍，其中许多骨干也都是胡愈之早年在出版界的战友，如黄洛峰、胡绳、徐伯昕、沈静芷、傅彬然、华应申等。有了这支实力雄厚的队伍，胡愈之在出版总署的工作干起来得心应手。出版总署从 1949 年 10 月设立到 1954 年 11 月被撤销，整整五年时间，胡愈之作为总署署长，披荆斩棘、励精图治，制定一系列方针，做了大量影响重大且意义深远的整顿工作，将分散、无序的出版业治理得井井有条，有效地促进了全国出版界的大团结，为新中国出版事业的开拓与发展作出了不可估量的贡献，他也因此被誉为新中国出版事业的"佘太君"。

当时，全国的出版局面相当复杂，从事出版工作的队伍因为在不同区域显得分散、不统一，公营、私营出版机构各自为政，编辑出版方面明显存在重复浪费、版本杂乱、质量不高等现象，出版业的编辑、发行和印刷不能与人民群众日益增长的需求相适应。面对如此错综复杂的出版局面，胡愈之首先从出版业方针政策的拟定抓起。他认真学习了毛泽东的《论人民民主专政》、《在中国共产党第七届中央委员会第二次全体会议上的报告》、《新民主主义论》等著作，领会其中精神，用以指导与制定出版工作的方针、政策。胡愈之上任署长后一年多的时间里，就在三次全国性的出版工作会议上发表了九次重要讲话，提出了一系列解决问题的方针、方法和步骤，明确提出：中国是人民民主专政的国家，出版事业是人民民主专政的工具，出版业的领导权必须掌握在人民政权管理下的国营出版机构手中；国家要设立从中央到地方的出版行政机关和国营的出版、印刷、发行企业机构；出版业应当逐步做到统一领导、科学管理和计划生产等。他主持制定的出版业的总方针是：要走民族的、科学的、大众的道路，做到出版事业与实际需要相结合，理论与实际相结合，提高与普及相结合。

在胡愈之领导下，出版总署出色地完成了全国新华书店的统一。早在抗日战争期间，党在延安等解放区就设立了综合经营编辑、出版、印刷、发行的出版机构——新华书店，解放战争时，新华书店得到了发展和壮大，全国解放以后，全国各地新华书店和分支机构为七百处左右。但由于当时新华书店及其分支机构是在战争环境中建立起来的，且大都在农村，经营分散，各新华书店不相统属，缺乏科学的管理方法，工作效率很低。在胡愈之的主持下，经过深入调查和研究，1949 年 10 月 3 日，全国新华书店出版工作会议在北京召开，毛泽东、朱德等中央领导对这次会议十分重视。毛泽东为会议题了词，还接见了参加会议的全体代表和工作人员。朱德也为会议题词并亲临会议作了重要讲话。经过二十多天的热烈讨论，这次会议通过了《关于统一全国新华书店的决定》：在北京成立新华书店总管理处，直接隶属于出版总署，领导全国各地新华书店的业务，在全国各大行政区（华北、华东、东北、西北、中南、华南、西南）分别设立新华书店总分店，各省、自治区、直辖市原则上设一处分店，市、县或重要集镇设支店。新华书店总管理处和各总分店设立出版、厂务、发行三个部门。1950 年 4 月，新华书店总管理处正式成立，标志着全国新华书店在组织和领导上实现了统一，胡愈之在大会上发表讲话，强调成立总管理处，"一方面是为了使行政部门和企业部门实行分工，另一方面也是为了执行全国新华书店出版工作会议的决议，使全国新华书店走向统一管理的道路"①。

最后，胡愈之领导出版总署对私营出版业和公私合营出版业实行社会主义改造，建立了出版工作的新秩序。1949 年 10 月 3 日的全国新华书店出版工作会议，代表中共中央主管出版工作的朱德在发言中作出指示，要求团结一切愿意和可能为人民的出版事业服务的人，一定要把私营出版机构和公私合营出版机构都团结在公营出版机构周围，共同从事新中国的文化建设。新中国成立初期，私营出版业无论

---

① 胡愈之：《在新华书店总管理处成立大会上的讲话》，载《胡愈之文集》（第五卷），生活·读书·新知三联书店 1996 年版，第 338—339 页。

出版、发行，还是印刷，都超过了公营出版业。商务印书馆、中华书局、开明书店等私营出版机构在国内许多地方都设有分店，都有一定规模的编辑部和专业人才，在著作界影响广泛。另外，长期以来主要在国统区从事革命出版工作的生活书店、读书出版社和新知书店按照党的指示，1948 年 10 月在香港实行全面合并，成立生活・读书・新知联合书店（简称"三联书店"），北平解放后不久，三联书店的总管理处也由香港迁移到了北平，成为公私合营的出版机构。对于这些出版机构，胡愈之怀有深厚的感情，指示公营的新华书店一定要照顾私营和公私合营的出版机构，条件允许的情况下还要开展出版业之间的合作，逐步完成私营出版业和公私合营出版业的社会主义改造，坚持出版业的统一战线，将它们纳入人民出版事业的轨道。他在《全国出版事业概况》的报告中清醒地指出："目前发行机构可分下面几种：（一）带有垄断性质的私营书店，他们只卖自己的出版物，如商务、中华、世界等过去直属的分店有九十六家，规模都很大，还有一些特约分销处。（二）小商业性的发行机构，有的自己没有出版，有的也搞出版，这种机构数量很多，过去都在独占资本的经济控制之下，今后我们要组织他们，利用他们来为我们发行。（三）带行帮性的发行机构，他们多专售旧小说，旧的大众读物连环图画之类的书，他们带有地方性和封建性。（四）联合性质的——类似合作社性质的，如上海的联营书店，平沪两地的教科书联合出版社。（五）公营的如新华书店，将来要成为国家书店，是社会主义性质的。还有公私合营的，如三联书店，是带有国家资本主义性质的。今天我们一定要首先加强公营出版机构的力量，并要以公营为中心，团结其他较小的发行者。对于过去独占性的书店也要团结他们来加强我们自己的发行力量。"①

1950 年 8 月 30 日，胡愈之在全国新华书店第二届工作会议第二次大会上作了《论新民主主义的国营出版印刷发行事业》的报告，后刊发在出版总署的《出版简报》第 5 号上。报告论述了国家为什么要建立国营的出版、印刷、发行企业机构，实行出版、印刷、发行分工与出版专业化的意义，国营出版、印刷、发行企业在目前的任务。该报告对统一出版、印刷、发行企业的思想，实行专业分工和出版专业化具有积极的作用。1950 年 9 月 15 日，第一届全国出版会议在北京召开，胡愈之在会上作了《论人民出版事业及其发展方向》的报告。报告共分四部分：一、人民出版事业在革命的战斗中长大；二、全国大城市解放后的出版事业概况；三、新民主主义的出版政策和方针；四、怎样克服暂时的困难。在第三部分中，胡愈之指出："人民出版事业的总方针也应当是民族的、科学的、大众的。但是要实施这一总的方针，必须因时制宜，因地制宜，和人民的实际需要相结合"，"分工合作，各得其所，这是克服中国出版事业中所残存的落后性，消灭盲目性和无政府状态，改善公私关系和劳资关系的惟一有效的总方针和总办法，这个方针和办法的具体执行却是一件长期的细致的工作"。在第四部分中，胡愈之指出：目前的困难需要通过"统筹兼顾，分工合作"加以解决。"在目前，国营的出版社首先实行专业化"，"欢迎私营出版业逐步走上专业化的道路，但要根据各出版家的特长和自愿"。1952 年 9 月 25 日，《人民日报》发表了胡愈之的《出版工作为广大人民群众服务》一文，该文认为："新中国的人民出版事业显出

---

① 胡愈之：《全国出版事业概况》，载《胡愈之文集》（第五卷），生活·读书·新知三联书店 1996 年版，第 307 页。

了和过去完全不同的新面貌","出版工作现在已经真正为广大的人民群众服务，书籍不再是少数有闲阶级的专有品，而是广大的劳动人民和革命干部所迫切需要的精神食粮了"。①

除此之外，胡愈之还对各地文化部门滥用查禁书籍手段进行了治理，使有价值的图书得以流通；鼓励私营出版业重印和整理旧中国有价值的各类图书，普及人民群众的文化知识。正如于友所指出的那样："为了充分发挥私营出版业的积极作用，出版总署于1954年4月19日作出《应该组织重印一些有价值有内容的近代学术著译、文化知识读物》的决定。这文件一开始就指出'当前出版工作中一个很重要的缺点是书籍的品种太少，许多过去出版的有价值的译著没有重印，不能满足人们日益增长着的文化知识的各方面的需要。专家学者感到缺乏研究资料。……一般文化工作者、机关工作干部，迫切要求解决参考书的问题，以丰富自己的知识，更好地进行自己的工作。青年知识分子所读的书范围太狭，内容单调，不能培养起广博的知识。不少青年同志缺乏中国历史知识，因而既不能真正了解中国人民在创造中国历史中的作用，在为自己的光明幸福前途斗争中所作的伟大贡献；也不能深切明白旧中国旧社会的黑暗面以及中国人民与黑暗势力斗争的艰苦过程。这对他们的爱国主义思想的发展与革命警惕性的提高都是不利的。'"②

胡愈之还重视教科书的出版和供应，重视杂志的出版以及出版计划中使用的名词术语和计算方式的统一等。另外，胡愈之看到沿海大

---

① 参见陈矩弘：《新中国出版史研究（1949—1965）》，上海交通大学出版社2012年版，第48页。

② 于友：《胡愈之传》，新华出版社1993年版，第321—322页。

城市的印刷力量过剩，就主持把部分印刷设备和人员调配到内地去；鼓励科研人员研制先进的印刷设备，提高生产率；实行全国书籍统一定价，建立版税制度，等等。因此，在胡愈之领导下，新中国的出版事业得到了飞跃发展。1950 年，全国出版发行图书为 27500 万册，杂志 3500 万份。到 1954 年，图书增加到 94000 万册，杂志增加到 20500 万份，图书和杂志分别增长了 2.4 倍和 4.9 倍；中央一级的出版社已建立了 30 多家，各省、自治区、直辖市的人民出版社基本上建立齐全，新华书店总店在全国各地发展了 1726 个分、支店。

三、创办《光明日报》与《新华月报》

1948 年，胡愈之还在西柏坡的时候，毛泽东就同他谈起新中国成立后应该办一份以知识分子为主要对象的报纸。由于民盟是以知识分子为主的民主党派，全国解放前曾在重庆、香港先后创办过《光明报》，因此 1949 年民盟总部由香港迁入北平后，为知识分子办报的重任便落在了民盟身上。民盟总部于 1949 年三四月间开始筹备这份以知识分子为主要对象的报纸，并取名为《光明日报》。中央为支持民盟办好这份报纸，曾指定原《中国时报》交由民盟接管，并安排胡愈之负责具体的接收工作。胡愈之经过调查后发现《中国时报》不合用，建议改为接收《世界日报》。1949 年 5 月 14 日，民盟总部在北京饭店举行了第十一次会议，会议确定由章伯钧、胡愈之、萨空了、林仲易、严信民、谢公望、孙承佩 7 人组成盟报筹备委员会，开始正式接收《世界日报》报馆并筹办《光明日报》。6 月 16 日，在胡愈之、章伯钧、萨空了等人的积极努力下，作为民盟机关报的《光明日报》正式在北平诞生。《光明日报》由章伯钧任社长，胡愈之任总编辑，萨空了任秘书长，林仲易任总经理。

《光明日报》每天出版对开四版，星期六增出对开四版称为增刊，主要有"学术"、"新语文"、"历史教学"、"文学评论"等栏目，版式上仍采用传统的竖排法。它是一份由民主党派创办的大报，是政府机关、企事业单位、科研院所、高等院校等方面的知识分子互相交流的学术平台，符合毛泽东在新中国成立初期的设想，所以中共中央领导人都十分重视。毛泽东、周恩来、朱德、叶剑英和李维汉等都为报社题了词，毛泽东的题词是"团结起来，光明在望，庆祝光明日报出版"，周恩来的题词是"光明之路"，朱德的题词是"民主光明"。在《光明日报》的发刊词《团结一致建设民主新中国》中，胡愈之确定了"民主、和平、独立、统一"是《光明日报》的奋斗目标，实际上这也是中国民主同盟的奋斗目标。同时，胡愈之强调了《光明日报》的办报宗旨：一是负责的态度，二是服务的精神，三是建设的批评，四是忠实的报道。以此为指导原则，力争把《光明日报》办成发表知识界言论的论坛，进行思想学术交流和开展对知识分子教育的阵地，报道教育、科技、文化、卫生、体育、新闻出版等各条战线成就和动态的窗口，宣传中共中央和中央政府方针政策的平台。

胡愈之十分重视报纸的评论工作，担任《光明日报》总编辑后，除了积极为报纸组织评论文章外，他自己还同从前一样，亲自操刀撰写社论，在《光明日报》上发表了一系列观点鲜明、紧跟时代步伐的社论，如《庆贺人民政治协商会议开幕》、《全国人民大团结　民主建国第一步》、《祝贺中国共产党生日》、《人民将赢得和平与进步》、《论人民民主统一战线》、《新的国家　新型的国家》等，有效地吸引了一大批知识分子读者，受到知识界的欢迎。胡愈之写的这些社论，还被中央广播电台播讲，通过外国通讯社转发，被外界认为是中国非官方舆论的代表。胡愈之还加强对统一战线和民主党派的报道，这方面的新闻和专访如同胡愈之在《风下》周刊撰写的"卷头言"一样，成为《光明日报》的一大亮点而颇受关注。此外，胡愈之邀请了有关专家学者编辑《光明日报》的专、副刊，根据不同层面的读者需求，先后推出了哲学、历史、经济、文学等七八个专、副刊，使《光明日报》成为名副其实的知识性报刊。

在日常的工作中，胡愈之贯彻一丝不苟的工作原则，他不管外面活动多忙，也不管是不是假日，几乎把大部分时间和精力都放在报社里，每天总要到报社谈工作，看稿件，编辑文字材料，有时工作没完成，他便和编辑部的工作人员一起加班到深夜，并要看完大样才回家。胡愈之在报社有很高的声望，虽然已年过半百，但他和编辑部人员关系都很好，特别是同一些年轻人相处得十分融洽，大家都亲切地称呼他为"愈老"，他和蔼可亲、平易近人的作风，渊博的知识，丰富的阅历，精辟的见解，犀利的文笔和俭朴的生活方式，对工作高度负责的精神，这一切无不使其成为年轻人钦佩、学习的榜样。那时候报纸刚刚创刊，大家的工作都很累，可是胡愈之实事求是、精益求精的工作作风感染了一起工作的年轻人，沈求我曾这样回忆：

我是 1949 年 6 月底到报社工作并认识胡愈老的。最初我负责资料室的工作，这期间有几件事，胡愈老给我的教育很深，至今不忘。那年"八一"建军节前夕，我和资料室的同志编写了一份南昌起义以来的大事记，题为《英勇奋斗22年》，胡愈老看了很高兴，说他要再仔细看一看。过了一天，稿子发下来，胡愈老在许多地方作了补充修改，纠正了原稿的错误和疏漏，对标题和正文的字体也——标明。这样高度的负责精神，使我深为感动，对照自己工作上的粗疏，感到非常内疚。

但是不久又发生了另一件事。我为国际版翻译了一篇稿子，把一个地名译错了。胡愈老看大样时发现了，立即改正，并且批评了这种不该发生的失误。当时我不在，第二天徐亦安同志告诉了我，说胡愈老很生气。这件事对我震动更大，我深深责备自己不认真接受教训，以致再次造成错误。此后，我把胡愈老的批评铭记心头，经常告诫自己不要再犯类似的错误。①

在胡愈之的主持下，《光明日报》很快成为受知识界欢迎、中央重视、地位仅次于《人民日报》的新中国第二大报纸。后来，因胡愈之出任中央人民政府出版总署署长，无精力同时担任两份重要的工作，便于1950年7月11日辞去《光明日报》的总编辑职务，由邵宗汉接任。虽然胡愈之在《光明日报》只工作了一年时间左右，但《光明日报》在以后的几十年中，始终是中国最有影响的报纸之一，应该说与首任总编辑胡愈之奠定的良好基础是分不开的。此外，1955年1月1日，《光明日报》率先对排版格式进行改革，开国内报纸横行排版的先河。

早在1937年初，胡愈之就在上海通过开明书店创办了文摘性刊

---

① 沈求我：《〈光明日报〉的诞生》，载费孝通、夏衍等：《胡愈之印象记》（增补本），中国友谊出版公司1996年版，第161页。

物《月报》，随着"八一三"淞沪会战的爆发，开明书店的印刷厂被战火焚毁，《月报》被迫停刊。重新创办一个文摘性刊物，使读者能一卷在手，便知晓天下大事的想法一直萦绕在胡愈之的心头。1949年2月，从西柏坡到达北平之后，胡愈之便倡议创办新中国的第一本文摘性刊物《新华月报》。为了办好《新华月报》，胡愈之亲自函请毛泽东为《新华月报》题词，并拟定编委名单和组建《新华月报》的编委会，当时聘定的编委有胡绳、杨培新、傅彬然、曹伯韩、楼适夷、艾青、臧克家、钟惦棐、王子野等，编委们大部分兼任了《新华月报》各栏的主编。总的编辑出版业务，则交给了时任出版总署编审局三处处长的王子野负责。1949年11月，新中国第一本大型时政文献综合期刊《新华月报》诞生了，创刊号的封面以五星红旗图案为底，大红喜庆，主题画面则是毛泽东在中国人民政治协商会议第一届全体会议上致开幕词的照片。胡愈之撰写了《人民新历史的开端》为代发刊词，强调《新华月报》的宗旨是"纪录新中国人民的历史"，因为在他看来："我们现在正站在中国有史以来从未有过的光辉灿烂的新时期的开端。我们丝毫也不为我们所已经得到的成功而骄矜，我们时刻准备着遇见新的困难，新的挫折，准备为着通过这些困难，克服这些挫折而艰苦奋斗。但我们深信，勤劳而勇敢的中国人民一定能够用自己的自由的手成功地创造出中国人民的新历史，并且能够和全世界一切为持久和平与人民民主而奋斗的人民在一起，成功地创造全人类的自由民主幸福的新历史。"① 这也奠定了《新华月报》的办刊定位。

根据首届编委对《新华月报》的定位，创刊后的《新华月报》稿

---

① 胡愈之：《人民新历史的开端》，载《胡愈之文集》（第五卷），生活·读书·新知三联书店1996年版，第317—318页。

件多选自中央及地方报刊上公开发表的材料，包括党和国家的政策文件、政令法规，领导人讲话和文章及中央主要报刊的重要言论，有关中国政治、经济、文化、科学和外交领域及国际上重大事件的报道。所以，《新华月报》涉及的内容非常广泛，包含了政治、经济、文化、教育、科技、卫生等多方面重要信息，出版发行后受到社会各界的欢迎，党政军领导机关、学校和科研机构、各地图书馆及档案馆、基层企业事业单位及个人纷纷订阅。

胡愈之亲自参加并主持《新华月报》每月召开的编委例会，与大家共同讨论每期的选稿重点并确定初选目录，还亲自参加刊物编辑、发行的每个小细节，亲自审定创刊号及最初几期刊物的封面、图片和重要文章。作为《新华月报》的主编，胡愈之在工作上严格要求编辑人员必须广泛搜集资料，认真阅读和选用，为此他还亲自规划、设计了一个能为刊物提供全面、准确的资料服务的资料室。"他规定这个资料室要订阅全国所有较重要的报纸和刊物，针对《新华月报》内容的需要，选存资料，以备选用。他还亲自设计一种资料柜，让剪报资料分类插放，便于查阅。他要求资料室工作人员对资料实行科学化管理，做到'不论什么资料，个人放进去任何人都能够拿得出来。'他要求重视报刊上的'更正'，把它们同原资料贴在一起。他的所有这些设想都为着确保《新华月报》的权威性。"[①]一直到 1950 年底，《新华月报》由出版总署移交给人民出版社编辑出版，胡愈之这才放下《新华月报》的工作，又把目光转向了新的领域。

《新华月报》的资料全面、及时和权威，很快成为党政机关、研

---

① 于友：《胡愈之传》，新华出版社 1993 年版，第 338 页。

究部门不可缺少的参考工具。为适应读者的需求，它还一度改为《新华半月刊》出版，1966年"文化大革命"发生后被迫休刊。到了1970年，周恩来亲自指示《新华月报》复刊。1979年，《新华月报》又分出"文献版"和"文摘版"。1981年，"文摘版"发展成《新华文摘》，"文献版"则成为纯文献的时政性、综合性的《新华月报》，继续肩负着刊载党和国家重要文献和国内外重大事件报道的使命，继续记录着新中国的历史。

四、参与文字改革与民盟工作

新中国成立后，胡愈之还做了另一件重要的工作，那就是促成人民救国会（救国会）宣告结束。1949年12月，鉴于中华人民共和国已经成立，救国会的一贯主张都得到了实现，以沈钧儒、胡愈之为领导的人民救国会（1945年人民救国会加入民盟，还是一个独立的政治团体）决定宣告结束历史使命，停止一切活动。1935年12月18日，伴随着抗日救亡运动的兴起，救国会应运而生。14年来，救国会为挽救民族危机、团结全国人民、完成人民解放事业进行了不懈的斗争，取得了令人瞩目的成绩，是支持中国共产党的最重要的进步团体之一。这样一个重要的人民政治团体，顺应历史潮流，在革命胜利后主动要求退出历史舞台，在中国近现代史上是罕见的。胡愈之作为救国会的秘书长，起草了《中国人民救国会结束宣言》，并在救国会诞生14周年纪念会暨宣告结束座谈会上作了中心发言。周恩来亲自赶来参加座谈会，充分肯定了救国会全体成员所做的工作和救国会的历史功绩，并对与会人员予以了嘉勉。

在担任出版总署署长的五年时间里，胡愈之还积极参加各种社会政治活动。1949 年 12 月，中国人民外交学会成立，胡愈之被推选为副会长。1950 年，抗美援朝战争爆发，北京为支持抗美援朝成立了中国人民抗美援朝总会，胡愈之成为总会领导机构理事会的理事。1950 年 5 月，一直致力于推进中国世界语运动的胡愈之，与全国进步世界语者一起，共同创办了新中国第一个世界语对外宣传刊物《人民中国报道》（后改名为《中国报道》）。1951 年 3 月 11 日，中华全国世界语协会在党和政府的支持下成立，胡愈之被大家一致推选为理事长。1953 年 5 月 27 日，民盟中央在北京召开一届七中全会，修改了民盟部分章程，确定民盟的性质，明确了今后民盟的中心工作是参加国家的文化教育建设。在这次会议上，胡愈之当选为民盟中央委员会秘书长。1954 年 9 月，胡愈之代表上海市出席了第一届全国人民代表大会，被推选为全国人大常务委员会委员。1954 年 11 月，世界和平理事会在瑞典首都斯德哥尔摩召开，会议特邀胡愈之、金仲华参加。

1954 年 11 月，出版总署撤销后，中共中央任命胡愈之为中国文字改革委员会副主任委员。中国文字改革委员会直属于国务院，组成了由吴玉章、胡愈之、韦悫、丁西林、叶恭绰五人为常务委员会的领导班子，其中，吴玉章为主任委员。在文改会，胡愈之协助吴玉章领导和推动全国文字改革工作的开展，具体负责了大规模试行汉字横排和汉字简化方案、汉语拼音方案的确定等工作。胡愈之与许多文字改革工作者一起努力，使汉字改革运动终于进入了实践时期。

首先，实行了汉字序列的横排。1955 年以前，汉字文稿的书写和排印从来都是直行的，1955 年元旦起，《光明日报》、《新华月报》等率先实行文字横排，陆续地近 70% 的期刊改为横排，到了 1956 年元旦，中央及地方报纸一律都用横排了。接下来，全国的杂志、教科书和一般书籍也都用横排排版，从此汉字竖排的编辑方式成为历史。

其次，修订发布了《汉字简化方案》。胡愈之亲自对 515 个被简化的汉字和 54 个偏旁进行反复推敲。1956 年 1 月《汉字简化方案》由国务院正式公布，受到了广大群众，特别是工人农民、小学生和语文教师的热烈欢迎。为了能让简化字为各界群众特别是书法家所喜爱，胡愈之派专人到上海敦请书法家邓散木到北京。邓散木与胡愈之年龄相仿，精于撰写各体汉字，懂得汉字演变的由来。胡愈之请他把简化字一个个写成端正秀丽的正楷，使简体汉字规范化。后来，胡愈之还特意邀请邓散木写了简化字习字帖范本和简体铜模字。

最后，制定和推广了《汉语拼音方案》。1955 年 2 月起，吴玉章和胡愈之亲自参加汉语拼音方案的制定。经过多次大规模的讨论和修改，至 1956 年 2 月，汉语拼音方案草案基本定稿。不过，当时对于拼音究竟是作为辅助工具还是作为辅助文字，大家意见还不是很统一。1958 年 1 月 10 日，周恩来总理在全国政协作了《当前文字改革的任务》的报告，指示当前的文字改革首要任务是简化汉字、推广普通话，制定和推行《汉语拼音方案》。全国政协马上派出 6 个宣传组分赴全国 15 个大城市宣传贯彻周恩来总理所提出的任务。胡愈之作为华东组的负责人，分别到南京和上海宣讲，还在上海万人大会上作了报告，并在上海报纸上发表了《为什么文字改革是一项重要的政治任务》一文。1958 年 2 月 11 日，全国人民代表大会正式批准使用拉丁字母制定的《汉语拼音方案》，并确定拼音是辅助工具而不是辅助文字。此后，胡愈之还赴广东、福建开展汉语拼音方案和普通话的调研与推广工作。

1953 年 5 月，民盟一届七中全会修改了盟章，明确了民盟是以小资产阶级知识分子为主的阶级联盟性质的新民主主义政党，以参加国家文化教育建设为民盟的中心工作。作为民盟中央委员会秘书长的胡愈之以团结知识分子、充分调动他们积极性为己任，常年奔波于北大、清华等几个重点大学，多次召开教师座谈会，亲自去教师住处，倾听他们的意见，使民盟在知识分子中的威信得到了提高。1955 年11 月，胡愈之、费孝通受命筹备民盟第二次全国代表大会，负责起草盟务报告。他们通过调查全国 28 个省市近 2000 位高级知识分子的情况，获得了第一手资料。然后，由胡愈之负责起草了一份题为《关于高级知识分子问题主要情况的分析和建议》的报告，民盟总部通过后，呈交给中共中央统战部和全国政协。这份报告主要反映了知识分子在生活、工作、学习和关系四个方面的情况，也提出了民盟的一些建议，大致是：适当提高高级知识分子的工资待遇，有特殊贡献者给予物质奖励；提高他们的居住面积；调查他们的专长，尊重他们的志愿，全面规划专门人才的使用；畅开言路，避免以行政命令解决学术问题，建议党政领导发扬民主，多听意见；采取多种多样形式，开展思想教育等。

1956 年 1 月，全国政协召开二届二次会议，专题讨论知识分子问题。周恩来对知识分子工作非常重视，前来参加会议并作了重要报告，指出应该改善对知识分子的使用和安排，给予应有的信任和支持，调动他们的积极性。说明民盟提出的有关知识分子的一些建议，得到了党和政府的充分肯定，党和政府开始重视知识分子的使用，使广大知识分子心情大为舒畅。费孝通还在 1957 年 3 月下旬的《人民日报》上发表了《知识分子的早春天气》一文，表达了知识分子欣喜之情："自从 1956 年 1 月周恩来讲话以后，知识分子的物质条件已有很大改善，不再成为问题。……周的讲话第二次解放了他们，保证在新社会有他们的地位……春天的确来了。"①

……

1959 年 9 月，胡愈之被国务院任命为文化部副部长，负责出版和对外文化交流工作。

胡愈之对家乡一直怀有深厚的感情，但自从 1914 年到上海进入商务印书馆工作后，他就很少回老家了。1961 年 11 月，胡愈之以全国人大常委和文化部副部长的身份回到了他魂牵梦萦的家乡——上虞。作为文化部领导，胡愈之回乡主要是视察和了解上虞农村教育文化事业与推行汉语拼音方案、普及普通话等工作情况。他在浙江省委办公厅同志的陪同下，在上虞一共待了三天，去了四明山区，回到了丰惠镇的故居，还考察了几个村庄的经济建设情况。对于家乡的经济正在好转，粮棉麻都获得了丰收，胡愈之感到由衷的高兴。这是新中国成立后胡愈之第一次也是最后一次回到自己的家乡。

胡愈之夫妇刚到北京时住在东总布胡同的沈钧儒家中，在出版总署工作后他们搬到了大牌坊胡同的一座离工作地较近的小楼，与周建人一家共住。胡愈之从出版总署离任后，又搬入东四汪芝麻胡同甲 49 号的一个小四合院里，在那里一直住到夫妇俩分别去世。这个"胡宅"在京城很有名气，因为胡愈之经常在这里招待朋友和同事，尤其是那些从南洋回国的归侨，在这里都得到了温暖和照顾。胡愈之经常帮助那些需要帮助的人，特别是那些战友的遗孀和遗孤，如邹韬奋的

① ［美］戴维·阿古什：《费孝通传》，董天民译，时事出版社 1985 年版，第 194 页。

遗孀沈粹缜、杜重远的妻女以及郁达夫的子女，他更像亲人一样地关心和照顾他们。

五、主编《知识丛书》与设计《东方红》

1961 年 5 月，一直热衷于传播知识的胡愈之约请了中宣部出版处处长包之静、文化部出版局局长王益、人民出版社总编辑王子野、商务印书馆总编辑陈翰伯以及金灿然、陈原等人在四川饭店吃饭，大家一起商量编印出版《知识丛书》之事。席间胡愈之谈到了知识的重要性，认为现在干部缺少提高知识的读物，虽然前几年干部工作热情高、干劲足，但因为缺乏足够的知识，常常导致失误，因而提高干部的知识水平迫在眉睫。于是，胡愈之谈了自己的设想：可以组织几个出版社一起来编一套知识丛书。这个设想得到了大家的一致认可，时任文化部出版局副局长的陈原将这次会餐的情形记录了下来：

> 在这次聚会上，胡愈老强调前几年干部热情高，干劲足，就是缺少必要的知识，所以要出版一套提高干部知识水平的读物。他设想几个出版社按照自己的出版分工合出一套丛书——这套丛书有点像百科全书的单篇本，设想每个选题出一本，几个出版社联合搞，每年可以出五六百本，包罗万象，出它几年，合起来几乎就变成一套百科全书了。他又说，这套书是中级的知识读物，所以用不着每一本都去约请大专家动手，出版社的编辑人员有条件的都可以写，这样对培养出一支编辑队伍也是很有利的。他举

例说，从前商务、中华、开明、生活书店都是用这种方式培养干部的。

首先是王子野赞成，他说人民出版社本来想出一套中级知识读物，但老是抓不出来，主要是上面领导不重视，没有人出面来抓，所以少见成效。包之静也很赞成，认为知识读物出得太少，是出版工作的一大缺点。王益说，由胡愈老来挂帅搞中级读物，是最好不过了。他提到抗战前生活书店出过一套青年自学丛书，很受读者欢迎，在民族解放运动中这套书起过相当作用。总之，会上七嘴八舌，无不赞成胡愈老的设想。①

于是，胡愈之请陈原向中共中央宣传部打了出版《知识丛书》的报告，又亲自审定了包括茅以升、竺可桢、华罗庚等科学家在内的56人的编委会名单，得到了中宣部部长陆定一的肯定和重视。为此，陆定一专门召开了部长办公会议，讨论研究《知识丛书》的编辑出版工作。部长们也都很赞同，常务副部长周扬提出让胡愈之出来担任这套丛书的主编，他说这等于让出版界的"佘太君"出来挂帅，再合适不过了。1961年7月31日，国务院主管文教工作的陈毅副总理，在一次文艺座谈会上对"红与专"的问题作了重要讲话，扭转了人们的思想，要大家多学点知识。陈毅的讲话使有关各方对《知识丛书》的出版更加重视起来。

1961年8月3日，在中宣部大力支持下，《知识丛书》编委会成立大会在北京人民大会堂召开，周扬在会上作了报告，宣传《知识丛

---

① 陈原：《胡愈之和〈知识丛书〉》，载费孝通、夏衍等：《胡愈之印象记》（增补本），中国友谊出版公司1996年版，第421页。

书》的现实意义。他的报告后来还作为中宣部的文件下发，要求各有
关单位认真学习。这样，作为主编的胡愈之就开始着手抓编辑出版丛
书的具体工作了。当时有六个出版社，即人民出版社、商务印书馆、
中华书局、人民文学出版社、世界知识出版社、科普出版社的负责人
成为胡愈之的主要助手，帮助筹划丛书的出版。他们在 1961 年第四
季度多次召开分科选题座谈会：

  头一个座谈会是经济方面的，胡愈老请于光远主持，参加者
有陈翰笙、千家驹、勇龙桂等。会上议论得最多的是关于"猪"
的选题——那时已进入所谓"三年困难"时期，副食品匮乏，猪
肉很难吃到，所以那时大力提倡养猪。会上勇龙桂还提出了十几
个实用经济学的选题，使人耳目一新。总之，这次座谈会的倾向
是传布经济学知识，一定要理论联系实际，跳出从概念到概念的
旧框框，解决一些实际问题。这当然就是胡愈老要编印《知识丛
书》最初的宗旨。

  国际问题的座谈，是请姚溱主持的，到会的全是当时有名的
国际问题专家和"写"家——其中包括乔冠华、宦乡、邵宗汉、
孟用潜、刘思慕、陈翰笙、张明养、王康、张铁生，这些专家当
时又是胡愈老所指的"实力派"，他们主持外交部的政策研究室，
国际问题研究所，拉丁美洲研究所，亚非研究所等等实力雄厚的
研究机关。姚溱在会上号召要用最快的速度，编写各国概况，一
个国家写一本，这样可以很快就出一百几十本，因此，《知识丛
书》的国际问题部分就以编写各国概况为中心任务，——果然后
来很快就出了例如《阿尔巴尼亚》一书——须知当时这个欧洲小

国正在同亚洲大国度蜜月呢。①

　　经过几次类似的座谈会，胡愈之和《知识丛书》编辑部初步拟定了有关自然科学、社会科学及人文科学等方面近千个选题，由六个出版社分头去组稿。语言学家王力教授撰写的《诗词格律》是《知识丛书》中最早出版的一本，这本书完全按照丛书的体例要求来写，通俗易懂，有五万多字，由中华书局出版。胡愈之还找了自己的同乡、著名气象学家竺可桢撰写了《物候学》一书。一时间，各学科的一流专家都踊跃为丛书撰稿。

　　胡愈之还对丛书的字数、开本、装帧设计等一些具体的问题进行了指导。他认为这些知识读物字数不宜过多，一般控制在 5 万字左右，不然会让读者产生阅读疲劳；开本采用小 32 开，这样便于携带，能放进工作服的口袋里，可以随时阅读，像当年商务的"万有文库"一样。《知识丛书》的封皮建议采用四种颜色：淡蓝、淡绿、淡红、淡黄，由各种图书根据需要选用。另外，胡愈之还亲自为丛书设计了题为"知识就是力量"的一小段启事，印在每本书的扉页上，启事写道："一个革命干部需要有古今中外的丰富知识作为从事工作和学习理论的基础。《知识丛书》就是为了满足这个需要而编印的；内容包括哲学、社会科学、自然科学、历史、地理、国际问题、文学、艺术和日常生活等知识。为了使这一套丛书编写得更好，我们期望读者们和作者们予以支持和合作，提供意见和批评。"启事署名为"《知识丛书》编辑委员会"。

---

① 陈原：《胡愈之和〈知识丛书〉》，载费孝通、夏衍等：《胡愈之印象记》（增补本），中国友谊出版公司 1996 年版，第 424—425 页。

《知识丛书》一直到 1966 年"文化大革命"发生前出版得都比较顺利，在读者中很受欢迎，很多图书馆都进行了采购。《知识丛书》一共出了三十多种，有金开诚的《诗经》、杨伯峻的《文言文法》、沈起炜的《文天祥》、李俨的《中国古代数学简史》、林森木的《英国古典政治经济学》、华罗庚的《运筹学》，以及乔冠华、陈翰笙、刘思慕、孟用潜等撰写的国际问题的书稿等。"文化大革命"爆发后，《知识丛书》的出版计划被中断，作为《知识丛书》的主编胡愈之成了批判的对象。

胡愈之从小生活在浙东小县城，对于农村生产力落后，农民迷信拜佛，以及农村人口增长过快等现象比较了解，他知道这是缺乏科学知识的缘故。所以，他一直以来都想加强农村的科学文化知识普及，为农民提供通俗易懂的知识读物。抗日战争期间，胡愈之先后在广西和南洋工作，发现广西和马来亚村镇的农民都喜欢一种收进了部分农村实用知识的"皇历"，这些农民将这种历书当作家庭的常年顾问，几乎家家都有，把它挂在灶头，经常求教于它。这种历书发行量很大。新中国成立后，胡愈之多次下乡，发现中国农村的文化生活依然贫乏，农村缺乏图书室，即使有图书室，里面的藏书也很少，适合农民阅读的通俗读物则更少。于是，他下定决心要改进农村的历书，将一些政治常识、生产与卫生等方面的科学知识充实到历书里，为农民编出一本好书，起到向农民进行宣传教育的作用。1951 年 5 月 11 日，由胡愈之担任署长的出版总署发布了《关于编印发行 1952 年历书的指示》，明确要求人民出版社和各地方人民出版社合力编印新历书，可惜各地对这项任务重视不够，效果也并不理想。

1962 年，担任文化部副部长的胡愈之在组织出版《知识丛书》

的同时，又提出了"为农民编一本好书"的设想，即做好新农历的编写工作。当时，胡愈之社会活动十分频繁，但为了编好新农历，他主动向文化部党委请缨，要求去人民出版社"蹲点"，主持新农历的编辑出版工作。他向出版社负责人提出这本新历书可命名为《东方红》，是一本"凡事不求人"的年历，具有内容丰富、通俗易懂、知识性强、图文并茂的优点，能够适应农村发展的需要。胡愈之亲自为《东方红》拟定了十个方面的内容：一、祖国新貌；二、学习毛主席著作；三、全国农业先进典型；四、国际时事；五、农业生产知识；六、科学普及知识；七、卫生常识；八、农村文化室；九、生活小常识；十、历书（历表、节气、气象、农事等）。在他看来，包含了这么多内容的新历书应该具备以下特点：一、"全"，农村生产、生活、学习、娱乐等方面的内容都要有；二、"新"，一年中的新成就、新情况、新问题都要有所反映；三、"实用"，确实切合农民实际需要；四、"通俗"，深入浅出、图文并茂，为广大农村读者所喜闻乐见；五、"及时"，每年出版一本，上半年编辑，下半年印刷，年末出书，第二年春节前发行到农民手中。

人民出版社原有的农村读物编辑部调集了足够的人力来执行胡愈之的方案。对于《东方红》的编辑出版，大到选题的拟定、作者的落实、内容的编排，小到插图内页、封面设计，还有印刷纸张困难等，胡愈之都积极参与并予以解决。为了保证《东方红》的出版质量，胡愈之甚至还戴着老花镜仔细审阅清样。1963年初，《东方红》创刊号出版，受到了广大农村读者，特别是农村知识青年的普遍欢迎，第一版就印了150万本。印数达到如此之多，说明《东方红》的影响巨大，但胡愈之认为出版光看印数还是不够的，须得看《东方红》究竟产生了什么具体效果。1965 年 3 月，胡愈之亲自带领《东方红》编辑部的部分工作人员到浙江和湖南两省农村作调查。胡愈之出发时向同行人员"约法三章"：一、为便于接触群众，胡愈之改名为"沙平"，谁也不准再叫"胡部长"，改叫"老沙"；二、绝不通知下面迎接，像一个普通干部一样下乡去工作；三、要一直下到生产队，住到农民家里，白天和农民一起劳动，晚上参加村里的文化和科技活动，从中了解情况，组稿编稿。

调查组先后到达浙江杭州和金华、湖南长沙郊区和韶山等地农村了解情况，现场组稿，收获不小。在湖南时，胡愈之因年纪较大，加上旅途劳累，肠胃得病便血，被文化部党委急电召回北京治病。经过调查了解，胡愈之认识到中国幅员辽阔，各地自然条件差别较大，农业生产知识由北京统一编写，难以适应各地农村的实际需要，因此以后《东方红》中通用部分如政治、文教、卫生、生活常识和历表等，仍由编辑部统一组编，但农事和科技部分，须安排到外地去编。由此，他提出分设几个点，分别出版《东方红》的华东版、西北版、华南版等。对于《东方红》杂志，胡愈之可谓尽心尽力，因为他心中有农民，关心农民，想方设法要解决农民学习科学文化知识的困难。"《东方红》付印后，胡愈之还嘱咐编辑部，清样打出后都要送他过目。不久，一沓沓清样不断送到办公室。因纸张太黑，字迹不清，很费眼力，有人劝他不要看了。他却严肃地说，不管大事小事，要做就尽心竭力地认真做好，每当夜深人静，胡愈之还戴着老花镜全神贯注地审阅清样。《东方红》杂志的出版，自始至终倾注着胡愈之对广大农民真挚的感情。"①

---

①　朱顺佐、金普森：《胡愈之传》，杭州大学出版社 1991 年版，第 244 页。

颇为遗憾的是，不久到来的"文化大革命"将胡愈之的设想变成了泡影，《东方红》也无法出版了。一直到1973年，人民出版社才重新出版《东方红》，而此时胡愈之已离开了文化部。1983年，在全国首届农村读物评选中，《东方红》一举夺得一等奖。当时胡愈之已87岁高龄，因健康原因没有去参加颁奖大会，但他仍打电话给人民出版社表示祝贺。20世纪80年代后，《东方红》易名为《农村年书》，继续坚持出版。

第七章

晚年工作

　　"文化大革命"结束后，党的十一届三中全会胜利召开，标志着中国开始进入改革开放的新时期。已八十多岁的胡愈之重新焕发青春，释放"文化大革命"时期被禁锢的写作热情，开始书写怀人忆事的文章。1979年8月，胡愈之主持第二次全国世界语工作座谈会，为了推进世界语运动仍不遗余力。进入新时期后，作为中国民主同盟卓越的领导人之一，胡愈之还担负起了民盟恢复、工作重点转移以及民盟如何进一步发展壮大的重任。胡愈之晚年最关心两件大事，一是知识分子，二是教育。1986年1月16日，胡愈之因病抢救无效，永远地离开了人世，一颗巨星就这样陨落。

一、复归文坛与续推世界语

1976 年 9 月 9 日，毛泽东主席逝世，举国同哀，山河失色。一个月后，党中央一举粉碎了"四人帮"反党、反革命集团，十年"文化大革命"宣告结束。1978 年 12 月，党的十一届三中全会胜利召开，标志着中国开始进入改革开放的新时期。已八十多岁的胡愈之释放"文化大革命"时期被禁锢的写作热情，开始书写怀人忆事的文章。十年动乱，"四人帮"逞凶，许多杰出人士、文化精英都死于非命，他们中间有相当一部分是胡愈之的老朋友、老战友和老同事。对于他们的离去，胡愈之非常痛心，但在"文化大革命"非常时期，他自身难保，何谈写文章来悼念这些人？现在春天终于来了，这些故人先后得到了平反昭雪，于是，胡愈之拿起了笔，开始倾诉他的怀念之情。

胡愈之怀念的人很多，1984 年 8 月他编写了一本文集《怀逝者》，由三联书店出版，里面收录的全是他自 1941 年之后所写的回忆和怀念亲密战友的文章，写到了周恩来、宋庆龄、鲁迅、蔡元培、沈钧儒、邹韬奋、郭沫若、陈嘉庚、瞿秋白、潘汉年、杜重远、陶行知、茅盾、李公朴、范长江、金仲华、陈同生、孟秋江、俞颂华、郑振铎、杨贤江、许地山等。在回忆这些杰出人物的时候，胡愈之从小处着手，选取生活中的某些片断或生活事件来进行描述，侧重表现自己的感受和体验。同时，因为所怀念的这些人也是历史上重要的人物，所以胡愈之在记录他们可敬的人生经历时，也客观地反映了不少一般人并不知道的史料。如《忆公朴》一文是李公朴被特务暗杀后所写的怀念文章，胡愈之回顾了自己和李公朴十几年的交往，对于李公朴的平和刚正、不拘小节的性格描绘得非常生动，如穿着别人送的旧西装来装点"门面"，拔胡子不成干脆蓄起胡子等，对于这样一位可亲可敬的爱国志士的死表示了万分沉痛之情。

再如《伟大的不平凡的斗争的一生——忆潘汉年同志》一文，更多记录了为人们闻所未闻的史实。胡愈之曾接受过潘汉年的单线领导，他以毋庸置疑的史实证明了潘汉年是个赤胆忠心的共产党人，盛赞潘汉年的统一战线工作，将其一生概括为"伟大的不平凡的斗争的一生"。最后，他希望人们应该从潘汉年的错案中得到深刻的教训，不要实行关门主义。在《怀念杜重远烈士》一文中，胡愈之对为革命而牺牲的杜重远进行正名，他叙述了杜重远出面主持抗日救亡刊物《新生》的经过，特别是西安事变前杜重远策动张学良和东北军转变与中共合作的史实，是由胡愈之的文章首次公开的。而在《我所知道的冯雪峰》一文中，胡愈之根据自己和冯雪峰的交往，陈述事实，证明冯雪峰是一个耿直的好同志，一心为党工作，出生入死从不迟疑。尤其是鲁迅先生后来与党的关系越来越密切，冯雪峰功不可没。

除了撰写怀念故人的文章之外，胡愈之还写了大量记事的文章，回忆过去的战斗经历和一些重大事件，如《我的中学生时代》、《南洋杂忆》、《关于生活书店》、《关于民权保障同盟》、《回忆商务印书馆》、《关于"抗议书"的说明》、《关于国际新闻社的回忆》、《从"新生事件"到"西安事变"》、《回忆桂林文化供应社》、《三联书店五十年》、《永恒的纪念——〈鲁迅全集〉出版始末》、《纪念开明书店创建六十周年》、《我的回忆》等文章，今天都已经成为珍贵的史料。这里最值得一提的是，胡愈之1985年1月应中共中央党史资料征集委员会的邀请，口述了长达六万多字的自传《我的回忆》，由他的侄子（也是养子）、时任大连海军学院中共党史教员的胡序文记录。这篇自传生动地记叙了胡愈之在新中国成立之前的跌宕经历。全文共分成四章，即"走向革命"、"入党前后"、"坚持抗战"和"迎接解放"，这里既有人生经验和斗争智慧的展示，也有对人生不足的自我批评，蕴含着爱党爱国爱人民之情，充满着人生感悟与启迪。

《我的回忆》是胡愈之晚年留下的一笔宝贵的精神财富，幸亏完成及时，在胡愈之逝世前作为第一手资料留存下来。之所以写到新中国成立前，最主要的原因乃是胡愈之认为自己在新中国成立后三十多年所经历的事情，组织上都很清楚，没有叙述的必要。

党的十一届三中全会确立了"解放思想，实事求是，团结一致向前看"的思想路线，邓小平重新出来领导中央工作，提出要解放思想，干工作、搞建设要勇于思考、勇于探索、勇于创新。胡愈之听后非常振奋，1979年6月29日，他给自己的老朋友孙起孟写了一封信，信中提出要建立"群言堂"的建议。胡愈之痛感过去一言堂的教训深刻，所以倡导"群言堂"，写下著名的《建立"群言堂产销合作社"的初步设想》，现摘录如下：

（一）毛主席教导我们：要搞群言堂，不要搞一言堂。当前一切工作重点要转移到四化，要发扬民主，宣传法制，普及科学文化知识，全国人民需要大量的精神食粮，仅凭国营的出版、印刷、发行事业，还不能满足需要。因此，建议创办"群言堂"产销合作社，编辑、出版、印刷、发行当前最迫切需要而又为国营出版机关所不能供应的书刊及其他印刷品。产品主要用于内销，但亦可外销一部分，以换取外汇。

（二）群言堂如经中共批准试办，将是一种新颖的集体经济（类似南斯拉夫的工业自治体）。生产资料为参加体力和脑力劳动的职工集体所有。职工各尽所能，按劳分配。合作社自负盈亏，不向国家要钱。每年结算盈余，除用作税收、职工奖金福利费外，作为扩大再生产的资金。创办五年至十年，基础巩固后，每年应以盈余一部分上缴国家。

（三）暂时假定第一期资金为人民币一百万元。其中外汇资金（用以向国外引进先进设备及技术）大约占五分之四，其余五分之一用作租建厂房及必要的开办费。资金来源一部分为各民主党派、工商联及成员所筹集的股份，另一部分则为贷款。股份和贷款一律给予年息五厘。贷款应规定期限付还本息。外汇贷款以外销图书款分期补偿之。

（四）按目前国内印刷刊物图书的净成本（包含编辑费、稿费、印工及机器设备折旧费）约为定价的百分之二十五。如按外销市场价格计算，成本可能只占百分之十到百分之十五。如进行科学经营管理，在一年内收回全部资金是有可能的。这一类型的集体经济，如试验成功，可推广到其他企业。它也是对国营经济的补充，并且可以很快提高生产率。①

这一建议的主要内容可以归纳为两个方面："第一，主张爱国民主人士集资建立一个合作社性质的经济实体，以便有的人发挥经营管

① 胡愈之：《胡愈之出版文集》，中国书籍出版社1998年版，第357—360页。

理的长才，有的人著书立说，多发些议论，从而达到广开言路、广开才路、广开财路的目的。第二，提出'群言堂'不仅要搞出版，办一个名为《群言堂》的大型综合性杂志，而且要搞成一种新颖的集体经济，凡是出力、出钱、出知识的，都可以作为社员。这个集体自负盈亏，按劳分配，不向国家伸手，帮助国营经济发展。"① 胡愈之的设想是十分大胆的，孙起孟也觉得非常有思想见地和开拓精神，对后人具有深刻的启迪意义。但这一建议并没有得到有关民主党派的认真研究而搁置起来，只有出版刊物的设想在胡愈之的努力下得以实现。1985年4月，民盟中央创办《群言》杂志，胡愈之要求这本杂志向全社会公开，希望能够成为众多知识分子的"群言堂"，宗旨是"做知识界的良友，传达知识分子的声音"。

党的十一届三中全会召开以后，全国世界语运动与其他许多文化工作一样得到全面恢复。1979年8月，胡愈之主持第二次全国世界语工作座谈会，尽管当时他已83岁高龄，但对推进世界语运动仍不遗余力，对中国世界语运动前景十分乐观。他认为当前全国要实现四个现代化，要同世界各国人民来往，并引进各国先进的科学技术，还要大力发展旅游事业，这样搞世界语就是必需的。同年12月15日，胡愈之在纪念柴门霍夫120周年诞辰纪念会上又一次满怀希望地指出："柴门霍夫博士所创造的世界语，在中国9亿人口中，是有很大前途的。"

1949年新中国成立后，世界语运动得到了党和政府的支持，活动开展得比较顺利。1951年3月11日，胡愈之号召全国的世界语者

---

① 陈荣力：《大道之行——胡愈之传》，浙江人民出版社2005年版，第309页。

发起成立了中华全国世界语协会，他被推选为协会的理事长。中华全国世界语协会的成立，标志着全国世界语运动进入一个全新的时期。首先是全国各地有条件的地方都相继成立了世界语协会的分会；其次是总会出版了机关刊物《世界》，面向国内外世界语者组织发行；最后还出版了不少世界语著作，许多省市开办了世界语学习班，向年轻人传授世界语。另外，新闻总署的国际新闻局在1950年出版了世界语版的《人民中国报道》，用世界语宣传新中国的成就，受到各国世界语者的欢迎，扩大了新中国的影响。

可是，从1953年到1955年，世界语运动在国际上受到谴责，一度被视为"世界主义"活动，波及了中国的世界语运动，当时政务院文委下令停止一切的世界语活动。1956年，胡愈之应邀去莫斯科参加"五一"观礼，并去捷克斯洛伐克访问，了解到在苏联、东欧等国世界语运动已恢复，他回国后立即向国务院主管文教工作的陈毅副总理写了一份报告，申请要求恢复中华全国世界语协会的工作。1956年9月12日，国务院批准正式恢复中华全国世界语协会，归中国人民对外文化联络局领导。1957年1月，文化部和对外文化联络局联合发出通报，指令各省、市、自治区的文化主管部门支持并指导各地的世界语运动。中共中央宣传部也批准《人民中国报道》复刊。很快，上海、北京、重庆、西安、天津、武汉、太原、贵阳、昆明等19个城市的世界语组织相继恢复了活动。另外，中国人民大学、北京大学、南京大学、四川大学、浙江师范学院、贵阳师范学院等高等院校也都相继开设了世界语班，培养世界语的高级人才。与此同时，国际世界语者的相互交流也频繁起来，如中国世界语者叶籁士、陈原、张企程等组成官方代表团到丹麦出席一年一度的国际世界语大会，1957

年也有 11 个国家的世界语者来中国访问。

1958 年 7 月，中华全国世界语协会举行会议重新选举理事会，胡愈之众望所归地被推选为理事长。1963 年 7 月 25 日，全国第一次世界语工作座谈会在北京举行。陈毅在会上发表了长篇讲话，对中国世界语工作给予高度评价，希望能够创造条件在中国举行一次国际性的世界语大会，产生更广泛的影响。1964 年 12 月，中国国际广播电台专门开设世界语对外广播，从每周两次增加到四次，在世界各地估计每天都有几万人在收听中国的世界语广播。可以看出，从 20 世纪 50 年代后期到"文化大革命"前夕，中国世界语运动掀起了新一轮高潮。世界语一直都得到中国有识之士的支持，比如鲁迅生前就一直热情支持世界语运动，他在 1936 年病危弥留之际写给《世界》杂志的信中这样写道："我自己确信，我是赞成世界语的。赞成的时候也早得很，怕有二十来年了罢，但理由却很简单，现在回想起来：一、是因为可以由此联合世界上的一切人——尤其是被压迫的人们；二、是为了自己的本行，以为它可以互相绍介文学；三、是因为见了几个世界语家，都超乎口是心非的利己主义者之上。"[1] 他还在信中提到了几个世界语家，其中就包括胡愈之。

但是，1966 年"文化大革命"一爆发，世界语运动就又遇到了严重挫折，一度陷入停顿状态。一直到"文化大革命"结束，世界语活动才重新在中国大地上活跃起来，如前所述，胡愈之对于全国的世界语运动在新时期的发展是满怀信心的。

1982 年，胡愈之主持召开了中华全国世界语协会理事长碰头会，

---

[1]《鲁迅全集》第 8 卷，人民文学出版社 2005 年版，第 448 页。

巴金、叶籁士、张企程、陈原、叶君健等参加了会议。会上，经过讨论，大家决定要实现陈毅生前提到的建议，向国际世界语协会申请，于 1986 年在中国召开第 71 届国际世界语大会。

1984 年，第 69 届国际世界语大会在加拿大温哥华召开，国际世界语协会授予了中国的胡愈之"名誉理事"称号。这种荣誉是授予对人类进步文化事业有重大贡献，同时又在世界语运动方面有卓越功绩的社会活动家的，世界上只有极少几位曾获得过此项殊荣。在此之前，中国的巴金曾获得过这个崇高的荣誉。消息传来，国内的世界语者既高兴又自豪，语言学家陈原认为"胡愈之正是理应得到这个称号的一个"。从 20 世纪 20 年代一直到 80 年代中期，胡愈之一直都在倡导世界语运动，至死不渝。由于他的努力，每个年代都有一大批年轻人因学习世界语而获得进步，走向革命和光明。

1985 年底，身体虚弱的胡愈之还在家里和国际世界语大会的筹备工作组商议筹备工作，提出不少建议。

可惜，半个月后，1986 年 1 月 16 日，胡愈之因病逝世。世界语者李文曾这样评价胡愈之："毕生热爱世界语事业，为中国和国际的世界语运动，真是呕心沥血，奋斗终生。遗憾的是，他没有能亲自参加在北京隆重召开的第 71 届国际世界语大会！但是，胡愈之——这一颗巨大光辉的绿星，将永远在中国和国际的世界语运动史上发出灿烂的光芒。"①

---

① 李文编：《胡愈之论世界语》，长春出版社 1991 年版，第 20 页。

二、不停歇的脚步

进入新时期以后，作为中国民主同盟卓越的领导人之一，胡愈之担负起了民盟恢复、工作重点转移以及民盟如何进一步发展壮大的重任。1977 年 10 月，胡愈之和史良一起被选为民盟中央临时领导小组负责人，着手恢复民盟的正常活动。通过开座谈会、赴广州等地调研，胡愈之基本上掌握了当时民盟的大致情况，然后有的放矢地解决问题，很快民盟就和其他民主党派一样，恢复了正常工作和盟务活动。

1979 年 10 月，民盟在北京举行第四次全国代表大会，胡愈之代表民盟中央作工作报告。在报告里，胡愈之明确了新时期民盟的性质和任务，要求民盟的工作重点转移到四个现代化建设上来，为此要实现下列几项任务：第一，积极推动盟员和民盟所联系的知识分子为四个现代化贡献力量；第二，贯彻"长期共存、互相监督"的方针，积极参加政治生活，为发扬社会主义民主作贡献；第三，推动成员学习马列主义和毛泽东思想，在改造客观世界的同时不断地改造主观世界；第四，扩大联系，广泛团结爱国知识分子，特别是要开展同台湾同胞、港澳同胞、海外侨胞中的广大知识分子的联系工作；第五，继续整顿组织，适当发展组织，充实干部队伍。在报告的最后，胡愈之还勇敢地承担了他从 1953 年以后，特别是民盟三中全会以后，长期担任民盟中央秘书长职务期间，工作中所犯的"左"倾错误的责任，诚恳地向因此受到政治牵连和不公正待遇的同志致歉。当时与会的同志都极为感动，会场上响起了长时间的掌声。胡愈之勇于自我批评和敢于承担责任的行为受到欢迎，他的威信有增无减。

随后举行了民盟四届一中全会，史良当选为民盟中央主席，胡愈之继续担任副主席。这次会后，中共中央决定公开一批在民主党派中工作的党员名单，胡愈之的党员身份保密了46年后终于解密。

1980年3月，胡愈之兼任民盟对外联络工作委员会主任，多方奔走呼吁抓复查平反工作，使民盟在拨乱反正、落实统战政策和知识分子政策方面加快了步伐。同年6月27日，民盟中央转发了中共中央统战部《关于爱国人士中的右派复查问题的报告》，宣布了反右斗争中的"章罗联盟"在组织上是不存在的，还对"六教授"和刘王立明、浦熙修的右派问题予以平反。另外，在胡愈之的主持下，民盟中央还为潘光旦教授召开了平反昭雪的追悼会，协助中共中央平反了一大批知识分子的冤假错案，为许多蒙冤受屈的同志恢复了名誉。1983年12月的民盟第五次全国代表大会上，胡愈之继续当选为民盟中央副主席。1985年9月，民盟中央主席史良逝世，德高望重的胡愈之在民盟中央常委会上被推选为民盟中央代主席，成为民盟最高领导人。

1978年2月，胡愈之参加了第五届全国人民代表大会和第五届全国政协第一次会议，又一次当选为全国人大常委和全国政协常委。1979年6月，在全国政协五届二次会议上，胡愈之被增选为全国政协副主席，正式成为党和国家领导人。1983年6月，在第六届全国人大和第六届全国政协第一次会议上，胡愈之当选为第六届全国人大副委员长。这是新中国成立后，民主党派负责人所能担任的最高职务。因不能交叉任职，胡愈之辞去了全国政协副主席职务，仍担任全国政协常委。

作为党和国家领导人，胡愈之参加国事、外事和其他社会活动越来越频繁了。"1978 年 5 月，全国政协组织部分委员赴上海、福建参观，胡愈之任参观团团长率队前往。同年 12 月，他又参加了中央代表团，赴广西参加广西壮族自治区成立 20 周年庆祝活动。1979 年 3 月，他参加中央慰问团，赴云南慰问参加中越边境自卫反击战的解放军指战员。同年，他分别陪同邓小平、叶剑英会见前来访问的泰国议会代表团。1980 年 2 月 9 日，中国出版工作者协会在北京饭店举行迎春茶话会，作为该协会的名誉主席，胡愈之与胡耀邦、王震、方毅、许德珩等一起出席了茶话会。3 月 5 日，出席首都各界纪念蔡元培逝世 40 周年大会。同年 9 月，在全国人大和全国政协会议上，胡愈之又分别当选为宪法修改委员会和政协章程修改委员会委员，参加了讨论和修改工作。1981 年 3 月至 6 月，胡愈之参加了中共中央起草《关于建国以来党的若干历史问题的决议》这一重要文件的讨论。10 月 18 日，在纪念陶行知诞辰 90 周年大会上，胡愈之作了关于陶行知生平事迹的报告。1982 年 9 月，作为列席代表，胡愈之参加了在北京召开的中国共产党第十二次代表大会。1984 年 9 月，出席庆祝《世界知识》创刊 50 周年大会，并致贺词。10 月，又参加了金岳霖教授从事哲学、逻辑学研究和教育 56 周年庆祝会。1985 年 11 月 27 日，胡愈之主持了戈公振诞辰 95 周年纪念大会。12 月 16 日，在出席夏衍从事革命文艺工作 55 周年庆祝会后，又参加了民主建国会成立 40 周年纪念大会。这是胡愈之最后一次外出活动。"① 可以看出，已是耄耋之年的胡愈之并不服老，依然全身心地参与国事和投入到各种社会活动中去，为党、为国、为人民奋斗

---

① 陈荣力：《大道之行——胡愈之传》，浙江人民出版社 2005 年版，第 320—321 页。

到最后一息。

胡愈之晚年最关心两件大事，一是知识分子问题，如何充分调动知识分子的积极性；二是教育问题，他强调教育为立国之本，教育需要改革。关于知识分子在社会主义建设时期的重要性，胡愈之曾在不同场合多次谈及。1982 年 12 月 10 日，他在对《工人日报》记者的谈话中，对此谈得十分透彻，这就是著名的"关于知识分子问题的谈话"。谈话从五个方面展开，非常全面地分析了知识分子的现状和作用，希望知识分子与工人、农民相互学习，不断开拓新的天地，也希望大家都来关心知识分子，切实从政治、思想、生活等方面解决知识分子实际存在的困难和问题。关于教育的改革，在胡愈之领导下，民盟中央作了许多调查研究，提了不少建议，如 1983 年的《关于改革城市中等教育的几点建议》，1984 年的《关于高等教育改革的几点建议》，1985 年的《关于城市普通教育改革的几点建议》等。"教育乃立国之本"，1985 年 4 月，胡愈之还将自己写给刘季平的一封谈教育的信发表在《群言》杂志上，信中批评中国教育制度基本上都是模仿苏联，与现实脱节，他认为要使大众都受教育，应该采取陶行知的教育思想，"生活即教育"、"社会即教育"是一个行之有效的办法。

晚年胡愈之对家乡的眷恋之情愈加强烈。1985 年 3 月 31 日，上虞县委在北京新侨饭店举行上虞籍在京工作部分同志座谈会，邀请了已有 90 岁高龄的胡愈之参加。虽然当时胡愈之因身体不适正在住院，但他依然不顾医生劝阻前来参加了会议，表达了自己浓浓的思乡之情，并对上虞的经济、文化建设等方面提了一些具体建议。会后，他还与参加会议的全体同志合影留念。

三、北京病逝

1985 年 12 月 30 日，胡愈之因气管炎发作住进了北京医院。1986 年 1 月 4 日，胡愈之病情进一步恶化，气管炎转为肺气肿。1 月 16 日，终因抢救无效，胡愈之永远地离开了人世。1 月 17 日，《人民日报》在头版刊发了胡愈之逝世的消息："第六届全国人民代表大会常务委员会副委员长、中国民主同盟代主席、忠诚的共产主义战士，我国著名的政治活动家胡愈之同志，因病于 1986 年 1 月 16 日 11 时 15 分在北京逝世，终年 90 岁。"

1 月 22 日，也就是一周之后，胡愈之的遗体告别仪式在八宝山革命公墓举行，许多党和国家的领导人、民主党派人士和人民团体的代表，上海市、浙江省和胡愈之家乡上虞县的代表共有六百多人前来向遗体告别，沉痛哀悼这位献身于共产主义的知识分子的楷模。1 月 23 日，由新华社向全世界发布，海内外许多报刊都在显要位置上刊登的三千多字的胡愈之生平材料，对胡愈之的一生作了高度的概括与评价：

> 胡愈之同志的一生，是革命、战斗、全心全意为中国革命和建设事业奋斗不息的一生。他对党忠心耿耿，坚信党的事业必定胜利，忠诚地接受党的领导和执行党所交给的各项任务。他严格遵守党的纪律，工作认真负责，任劳任怨。他平易近人，严于律己，宽以待人，廉洁奉公，作风正派。他不愧为中国共产党的优秀党员、知识分子献身共产主义事业的好榜样。他的历史功绩永远铭刻在人民心中。

胡愈之逝世后，故交好友如费孝通、夏衍、胡乔木、楚图南、叶圣陶、吴觉农、冰心、巴金、赵朴初等纷纷写文章怀念他，从不同角度称赞他，总结他光辉的一生。巴金声泪俱下地写道："我虽失去一位长期关心我的老师和诤友，但是他的形象和声音永远在我的眼前，在我的耳边：不要名利，多做事情；不讲空话，多做实事。这是他给我照亮的路，也是我的生活道路。"1990 年 1 月 12 日，夏衍在《人民日报》上发表了《中华民族的脊梁——胡愈之》一文，把胡愈之推崇为知识界的巨人和中华民族的脊梁：

中国历史上也经历过一次最伟大的进步的变革，这就是 70 年前的五四新文化革命，和接着而来的中国共产党领导的反帝反封建的人民民主革命，这个伟大的时代需要巨人——这个时代也的确产生了一批思想、学识、才艺上卓绝的巨人——在知识界，胡愈之同志就是这样一个应运而生的巨人……

1934 年，鲁迅先生在《且介亭杂文》中说："我们从古以来，就有埋头苦干的人，有拼命硬干的人，有为民请命的人，有舍身求法的人……虽是等于为帝王将相作家谱的所谓'正史'，也往往掩不住他们的光耀，这就是中国的脊梁。"愈之同志就是这样一位巨人，是中华民族的脊梁。

是的，这就是胡愈之，开拓进取，高尚无私，励精图治，为国为民，重义轻利，肝胆相照，鞠躬尽瘁，死而后已，他不愧是浙东越文化孕育出来的"精灵"，"胆剑精神"的传承者，中华民族的"脊梁"。

胡愈之编辑出版大事年表

1896 年

9 月 9 日（农历八月初三），出生于浙江上虞古县城（今绍兴市上虞区丰惠镇）勑（敕）五堂。原名胡学愚，笔名有伏生、陈仲逸、景观、化鲁、说难、沙平等。

祖父胡仁耀，清末进士，曾任御史。父亲胡庆皆，清末秀才，民国初曾任县教育会会长、首届参议会会长。母亲黄木兰，上虞县陈溪乡人，有较好的文化修养。

1897—1903 年　1 岁至 7 岁

受父母启蒙认字读书，6 岁进私塾学习，读《鉴略》、《西游记》等。

1904—1910 年　8 岁至 14 岁

8 岁进县立高小读书，14 岁毕业，基本修完了初级中学的功课。受父亲维新思想影响，在家阅读谭嗣同《仁学》等书。开始与二弟仲持、堂弟伯恩以及好友吴觉农一起创办《家庭三日报》、《家庭杂志》和《后圮园周报》，内容丰富，直至仲持、伯恳到外地求学才止。

1911 年　15 岁

年初，以第一名的成绩，越级考入绍兴府中学堂实科二年级。深受学监兼博物教员鲁迅影响，参加实科二年级要求撤换动物教员的风潮。

1912 年　16 岁

年初，入杭州英语预备学校学习英语。

1913 年　17 岁

因家道中落，遵父命拜绍兴名宿薛朗轩为师，研读国文，并自学英语和函授学习世界语。

1914 年　18 岁

10 月，考入上海商务印书馆编译所，当练习生。

1915 年　19 岁

进夜校学习英语，编辑出版第一本小册子《利息表》。

8 月，在《东方杂志》第 12 卷第 8 号上发表第一篇译文《英国与欧洲大陆间之海底隧道》。

9 月，在《东方杂志》第 12 卷第 9 号上发表《俄国现势论》一文。

下半年，被正式任命为《东方杂志》编辑。

1916 年　20 岁

在《东方杂志》上发表了大量介绍国内外政治时事、传递西方新思想新科学的译作和文章，如《大战争中最小之交战国》、《战争中之英国海军》、

《犹太人之呼吁声》、《近世战术之变迁》、《中国现时之经济》、《美国与日本》、《美国扩张军备以制日本之问题》、《美国预备选举总统记》、《自动打字机之新发明》、《美政府之职业介绍所》、《纸贵之原因》、《绿气除蝗虫》、《印度名人台娥尔在日本之演说》，等等。

与该年进商务印书馆的茅盾同住编译所集体宿舍，交往密切，共同提倡白话文。

1917年　21岁

在《东方杂志》上发表了大量国际国内时事政治以及传递西方新思想新科学的译作和文章，如《欧洲大战中之日本》、《美国选举总统之终结》、《世界语发达之现势》、《空气湿度表及风雨表之新制》、《女权发达与平和之关系》、《中国田赋制度改革议（一）》、《中国田赋制度改革议（二）》、《中国田赋制度改革议（三）》、《合众国之大总统》、《美国之海陆军备》、《美国与世界商业》、《欧美各国记时法之改革》、《自杀之原因与其防止之法》、《不列颠帝国之殖民地问题》、《论华洋贸易间之掮客》、《论道德上之势力》、《论民主政治与外交》、《战争与美国之发明家》、《长生新论》、《世界最小之共和国》、《居留墨西哥之各国侨民》、《光之应用及其历史》、《中国之邮政》、《中国之矿产》、《希腊政变之经过》、《人类能消灭战争乎》、《暹罗风土记》、《大战争与十五世纪之预言》、《素食与经济问题》、《造化无限论》、《电传照相术》、《日本垄断太平洋航业之计划》、《西伯利亚铁路谈》、《战争与国债》等。

在《东方杂志》上及时报道了俄国十月革命的情况，翻译了罗素的《世界劳动运动之概况》、《俄国实地观察记》、《欧洲最新时局之解剖》、《劳农俄罗斯之改造状况》、《社会主义与自由主义》等重要文章。

1918 年　22 岁

熟练掌握了英语、日语和世界语。在《东方杂志》上发表多篇译文和文章，如《战争与世界古迹之破坏》、《外人在华投资之利益》、《交通发达与文明之关系》、《美国造船业之发达》、《战时食物问题》、《美国妇女选举权运动之成功》、《欧美新闻事业概况》、《欧美新闻事业概况（续）》、《最新造船术之两大发明》等。

1919 年　23 岁

参与上海的五四新文化运动，与商务印书馆的工人一起参加罢工斗争。

与索非、陈兆瑛等创立"上海世界语学会"。

1920 年　24 岁

发表《相对性原理和四度空间》一文，第一次把爱因斯坦的"相对论"介绍到中国。倡导写实主义文学，在《东方杂志》第 17 卷第 1 号上发表了《近代文学上的写实主义》等作品。还在《东方杂志》上发表了多篇译文和文章，如《一桩小事》（俄国迦尔洵著）、《屠格涅夫》、《莺和蔷薇》（英国王尔德著）、《三死》（俄国托尔斯泰著）、《建设者与破坏者》、《社会主义与自由主义》、《罗素的新俄观》、《何谓自治》、《小学教员之被选举权》、《同情之价值》、《欲望的解剖》（美国罗素著）、《丧事承办人》（俄国普希金著）等。

秋，创办上虞第一份报纸《上虞声》，在上海编印后，寄到上虞免费分送。

1921 年　25 岁

加入文学研究会，协助郑振铎创办和编辑文学研究会会刊《文学旬刊》。撰写和发表了文艺理论文章多篇。

积极从事世界语运动，担任"环球世界语会"的上海代理员，和上海世界语者重建"上海世界语学会"。

出面接待俄国盲诗人爱罗先珂，介绍爱罗先珂去北平与鲁迅、蔡元培结识。

在《东方杂志》上发表了《文学批评——其意义及方法》、《现代哲学的厄运》、《近代英国文学概观》、《近代法国文学概观》、《哲学的改造》、《得诺贝尔奖金的两个文学家》、《克鲁泡特金与无治主义》、《迷信与近代思想》、《马克思主义的最近辩论》、《近代德国文学概观》、《罗素新俄观的反响》、《法兰西诗坛的近况》、《俄国的自由诗》、《法国的儿童小说》、《新字创设之管见》、《勃拉斯的近代民治论》、《现代英国诗坛的二老》、《太戈尔与东西方文化之批判》、《陀思妥耶夫斯基的一生》等文章。

1922年　26岁

为"上海世界语学会"创办世界语刊物《绿光》，并在商务印书馆出版的《学生杂志》上开辟了"学习世界语"专栏，写了许多介绍和学习世界语的文章。

在《东方杂志》上发表了《中国国民性的几个特点》、《甘地主义是什么》、《会议能解决时局吗》、《地方自治与乡村运动》、《平和的心理》、《青年与国家》、《俄国的革命诗歌》、《甘地与印度社会改造》、《甘地在法庭的自白》、《最近国际关系与世界的新形势》、《国际语的理想与现实》、《近东大战》、《美国的三K党》、《混沌的欧洲时局》、《俄国文学与革命》等文章和《为跌下而造的塔》（俄国爱罗先珂著）、《中国人的人生哲学》（美国杜威著）、《枯叶杂记》（俄国爱罗先珂著）、《失望的心》（俄国爱罗先珂著）、《生命的恩物》（南非须林娜著）等译文。

1923年　27岁

发表《文艺界的联合战线》，对文学研究会与创造社的争论采取中和态度，强调新文艺界应该团结。

在《东方杂志》上发表了六十多篇关于国际问题的文章，如《欧洲的时局危急了》、《美国政局与第三党》、《鲁尔的战争空气》、《华盛顿海军协定失败了》、《大美主义与门罗主义》、《德国也有棒喝团革命》、《红俄罗斯的最近》、《石油战争》、《谁是苏维埃俄罗斯的统治者》、《意大利内阁改组》、《英国保守党内争和内阁改组》、《法国外交政策失败》、《国际商会大会》、《巴尔干政治悲剧的又一幕》、《妇女参政运动的胜利》、《美国将承认墨西哥》、《西班牙选举与内政》、《中欧洲的火药气》、《威尔士的新乌托邦》、《波兰的新内阁》、《两个社会党国际合作》、《德国的革命与倒阁》、《意希交涉的经过》、《美墨重新携手了》、《棒喝主义与中国》、《西班牙的棒喝团革命》、《土耳其的新生命》、《菲律宾选举与独立运动》、《俄国的农业复兴》、《英国三大党政战开始》、《棒喝主义的一年》、《英国选举结果与工党大胜利》等。

1924 年　28 岁

为纪念《东方杂志》创刊 20 周年，负责编辑出版一套《东方文库》，共82 种，100 册，集中了《东方杂志》20 年内容的精华。

为《上虞声》复刊写了复刊词《〈上虞声〉复活》。

在《东方杂志》上发表了《列宁与威尔逊》、《对于政党前途的希望》、《英国正式承认新俄了》、《棒喝团政府也承认俄国》、《土耳其废除回教教主》、《工党内阁与英国海军案》、《棒喝团威胁下的意大利选举》、《英国工党政治的开始》、《伊拉克王国与近东政局》、《法国选举与左党胜利》、《欧洲问题的缓和与亚洲问题的紧张》、《小题大做的美日移民案》、《不列颠帝国博览会开幕》、《法国大政变经过》、《谁为美国次任总统》、《远东列强新形势与中国的生命》、《欧战给与我们的教训与儆戒》、《日俄密约》、《国际和平公约成功的初步》、《墨西哥的新总统》、《法国的政教分离问题》、《摩洛哥战争和西班牙政局危机》、《英国内阁改选》等文章。

1925年　29岁

积极参加五卅运动；与郑振铎、叶圣陶等商务同人共同创办《公理日报》，声援、引导爱国群众的反帝斗争；编辑出版《东方杂志》"五卅事件临时增刊"，发表了《五卅事件纪实》一文，详细报道了五卅起因和进程。

在《东方杂志》上发表了《亚尔巴尼亚革命经过》、《蛇与印度人》、《中山的病》、《中俄日密约》、《鸦片问题》、《文学家的革命生活》、《理想的灭落》、《英国工团的苏俄考查》、《蒙古事情》、《葡萄牙新内阁》、《呜呼中国的航业》、《葡萄牙革命失败》、《各国的五月一日》、《鸦片问题与上海市政》、《意国和阿富汗的交涉》、《无线电案的最近交涉》、《摩洛哥战局》、《叙利亚法军的失利》、《苏联外长的列强访问》、《外人在华的既得权利与中国民族独立》等文章。

1926年　30岁

1月，与沈雁冰、周建人、郭沫若、叶圣陶、蒋光慈等44位文化人士联名发表宣言，抗议军阀杀害刘华同志。

与章锡琛等人策划和筹备出版《新女性》杂志和开办开明书店，帮助拟定书店编辑方针、组织书稿，为开明书店的发展奠立了基础。

在《东方杂志》上发表了《国民外交与国际时事研究》、《叙利亚问题》、《棒喝运动》、《国际联盟》、《意国殖民地问题》、《英国煤矿争议与总罢工》、《意大利军人的格言》、《德国皇室财产问题》、《世界最富之国》、《棒喝团员的座右铭》、《最近列强的外交策》、《苏丹问题》等文章。

1927年　31岁

2月，与郑振铎、叶圣陶、丁孝先、李石岑、丰子恺等人组织成立"上海著作人公会"。

4月，积极支持上海工人武装斗争。目睹"四一二"反革命政变后，当晚撰写了一封痛斥国民党罪行的抗议信，与郑振铎等七人联署签名，寄给国民党三位元老蔡元培、李石曾和吴稚晖，并请二弟胡仲持在上海《商报》上公开发表。

在《东方杂志》上发表了《国际现势与吾人》、《巴尔干半岛的今日》、《中东的现势与国际关系》、《南斯拉夫政治家去世》、《亚尔巴尼亚问题与地中海风波的恶化》、《意德仲裁条约》、《丹麦自由党的复兴》、《德国内阁成立》、《葡萄牙的第二十一次革命》、《英国的新劳动法》、《日本的东方政策》、《欧洲大胖子的怪论》、《国际劳动组合的巴黎大会》、《爱尔兰自由邦政府的危机》、《美国总统选举之预测》、《罗马尼亚与匈牙利的争执》、《苏联的反对派问题》、《希腊的政潮起伏》、《世界语四十年》、《英帝国主义与犹太民族》、《棒喝主义的艺术》、《苏联对外政策的转变》等文章。

1928—1929 年　32 岁至 33 岁

1928 年初，被迫流亡法国，入巴黎大学法学院学习国际法，同时在新闻专科学校研习新闻学。与巴金在巴黎初次见面。

1928 年 6 月，作为中国世界语学者代表，出席了在比利时安特卫普举行的第 20 次国际世界语大会。

1930 年　34 岁

赴英国出席世界语大会。

留法三年间，经常到英国、比利时、瑞士等一些欧洲国家考察、游历。较为系统地学习了《资本论》等著作，开始对资本主义的弊端和矛盾本质有所理解，思想上开始由民主主义者向马克思主义者转变。

以《东方杂志》驻欧洲特约记者的身份为《东方杂志》撰稿，发表了一系列文章如《巴黎国际戏剧节的两晚》、《纸上和平的开罗公约》、《教皇的新国与罗马问题的解决》、《极东劳工状况》、《裁军问题与列强之战争准备》、

《英国总选举与工党政治之开始》、《苏联的陆军》、《海牙会议的前夜》、《伦敦会议与帝国主义海上势力的消长》、《德国选举的经过及其国际的反响》等。

1931 年　35 岁

年初，离法回国，途经德国、波兰和苏联，并在苏联莫斯科世界语协会的帮助下，在莫斯科参观访问了七天。回国后写出《莫斯科印象记》在《社会与教育》杂志上连载，引起强烈反响。

"九一八"事变后不久，与邹韬奋初次相识，在上海闸北宝山路东方图书馆交谈抗日形势，邹约其为《生活》周刊撰稿。

年底，与楼适夷等人在上海发起成立中国青年世界语者联盟（后称为中国左翼世界语者联盟），被推选为书记。

在《东方杂志》上发表了《印度革命论》（上）、《印度革命论》（中）、《芬兰的总统选举》、《第二国际与政权问题》、《国际劳工局与失业问题》、《法兰西总统选举》、《教皇与棒喝团的反目》等文章。

在《中学生》杂志上发表了《我的旅行记》、《我的中学生时代》、《世界情报》等文章。

在《社会与教育》杂志上发表了《尚欲维持中日邦交乎?》一文，提出断交宣战的抗日主张。

1932 年　36 岁

"一·二八"淞沪抗战前夕，患病住院，被战火所迫，返家乡上虞治疗。

5 月，因商务印书馆被战火焚毁，重返上海后暂告失业，后应聘法国哈瓦斯通讯社电讯翻译和编辑。

8 月，商务印书馆重新开业，被聘为《东方杂志》主编，承包全部业务。

12 月，与宋庆龄、鲁迅等共同发起成立中国民权保障同盟。

在《中学生》杂志上发表了《一九三二年的展望》、《列宁》（一）等文章。

在《东方杂志》上发表了《现代的危机》、《本刊的新生》、《李顿报告书的分析和批评》、《哈佛教授的非战方法》、《苏联和平外交的进展》等文章。

以"伏生"为笔名在《生活》周刊上发表了《远东问题的关键在欧洲》、《论智利革命》、《德国政局的展望》、《德国赔偿问题之僵局》、《裁军会议的新把戏》、《谁是下任美国大总统》、《彷徨中的英国》、《德国政治的法西斯化》、《德国政治的新分野》、《屈辱惨痛的一事》、《日内瓦的黄昏》、《国际局势的新发展》、《大众利益与政治》、《报告书发表以后》、《最近的国际形势》、《德国战争的透视》、《从美国选举说到瓜分中国》、《论苏联的外交》、《从罗斯福当选说到战债问题》、《日内瓦的阵容》、《法俄不侵犯条约》、《国联大会中的大小国态度》等文章。

1933年　37岁

《东方杂志》新年号刊出"新年的梦想"征文专辑，表达对国民党统治的不满，引起商务印书馆经理王云五的恐惧和干预，被迫离开商务印书馆。

年初，参加中国民权保障同盟成立大会，任临时中央执行委员会委员。

3月，生活书店把胡愈之在1932年6月至12月发表的研究国际问题的文章编辑成书，出版《伏生国际论文集》。

7月，联合郑振铎等人创办《文学》大型月刊。

9月，经中共中央组织部批准，成为由中央特科直接领导的特别党员，入党介绍人为"左翼社会科学联合会"书记张庆孚。

邹韬奋被迫出国后，接替邹韬奋负责《生活》周刊和生活书店的日常工作。

年底，《生活》周刊被查禁停刊。

在《东方杂志》上发表了《国人对于苏联应有的认识》、《日内瓦报告书及其后》、《日本帝国主义的挑战》、《苏联的政治组织》等文章。

在《生活》周刊上发表了《山海关陷落以后》、《五年计划的成果》、《远东危机的进展》、《德国法西斯政治的开始》、《满洲事件与英美日关系》、《国联调解失败以后》、《从罗斯福就职谈到白色恐怖》、《欧陆危机的再现》、《英国军缩计划》、《犹太运动与排犹太运动》、《四国公约和十年和平》、《上帝在华盛顿》、《美金和英镑斗法》、《希特勒运动的清算》、《罗斯福宣言》、《军缩谈判的最后挣扎》、《论四强公约》、《经济会议的开场》、《华北的和平》、《希特勒往何处走》、《伦敦会议搁浅了》、《英日经济战》、《苏联外交的活跃》、《伦敦会议破裂以后》、《又一次庆祝成功》、《法律与行为动机》、《国联技术合作》、《两个阵营》、《美国复兴运动》、《印度问题》、《军备竞争的复活》、《枪口不对内》、《古巴"革命"》、《德奥问题》、《抗日战的悲剧》、《外交政策不变更》、《两条自杀的路》、《日本派和欧美派》、《欧洲局势的展开》、《古巴又一次革命》、《希特勒与爱因斯坦》、《提倡国货》、《大战前夜的国际形势》、《巴尔干的新形势》、《熊和狼的咆哮》、《希特勒的炸弹》、《美俄关系》、《日纱与日米》、《内蒙古自治》、《反苏联战争与中国》、《宪兵的援助》、《民众自己起来吧》、《为什么研究国际问题》、《日内瓦的炎凉》等文章。

1934 年　38 岁

年初，张庆孚去中央苏区，胡愈之单线联系人改为王学文，后又改为宣侠父。

2 月 10 日，和艾寒松等创办《新生》周刊，接替已被查禁的《生活》周刊，邀请知名东北爱国人士杜重远主编（挂名）。

9 月 16 日，创办中国第一本专门介绍国际形势和世界新知识的刊物《世界知识》半月刊。在《世界知识》杂志上相继发表了《少数民族问题》、《大使与公使》、《马赛血案》、《民主独裁和美法内政》、《华盛顿条约》等文章。

9 月 16 日，鲁迅、茅盾、黎烈文等发起，着重介绍世界各国进步文艺作品的《译文》杂志在生活书店创刊。

9 月 20 日，陈望道主编的文艺刊物《太白》半月刊创办，在《太白》

创刊号上发表《怎样打倒方块字》一文。

1935 年　39 岁

3 月，宣侠父去香港，严希纯成为胡愈之党内联系人。

5 月，平心、艾寒松主编的《读书和出版》杂志由生活书店出版。

7 月，"新生事件"发生，《新生》周刊被迫停刊，杜重远被判刑。通过狱中的杜重远积极争取东北军反蒋抗日。

沈兹九主编的《妇女生活》月刊由生活书店出版。

下半年开始，与沈钧儒、邹韬奋等酝酿先在文化界发起成立抗日救国团体。

12 月初，因党内单线联系人被捕，在文化界救国会成立前夕去香港避难。

在《东方杂志》上发表《伦敦宣言与欧洲国际局势》一文。

在《世界知识》杂志上发表《罗马协定》、《历史过程中的土耳其》、《文明世界的第三次分割》等文章。

1936 年　40 岁

1 月，在香港向党组织汇报了通过杜重远争取东北军和组织救国会的情况。随后奉命返回上海，向鲁迅转达苏联的邀请，邀请患病的鲁迅去苏疗养，被鲁迅婉拒。

1 月底，经香港、法国到达莫斯科，向共产国际中共代表团汇报了国内情况，特别是张学良思想转变的情况和东兆军的动态。

4—5 月，与潘汉年一起由苏联回到香港，旅途中翻译了法文版伊林著作《书的故事》；此后工作上由潘汉年领导。

6 月 1 日，全国各界救国联合会在上海成立，被选为领导成员之一。

6 月初至 7 月底，赴香港协助邹韬奋创办《生活日报》，任该报主笔，后返沪。

10 月，推动救国会出面组织了鲁迅的葬礼。

11 月，开展营救被国民党政府逮捕的救国会"七君子"的活动。

在《中学生》杂志上发表《我愿意我是一个数学家》一文。

在《世界知识》杂志上发表《英国的远东政策》、《再论英国远东政策及其他》、《德意日集团成立以后》等文章。

1937 年　41 岁

1 月，创办大型综合性文摘刊物《月报》。

6 至 7 月，继续开展营救"七君子"工作，赴苏州高等法院旁听庭审，和宋庆龄等人发起"爱国入狱运动"。7 月 31 日，"七君子"获释。

7 月 7 日，全面抗战开始，倾全力开展抗日救亡工作，担任上海文化界救亡协会常务理事和宣传部副部长，直接领导国际宣传委员会。

10 月 19 日，在鲁迅逝世一周年纪念会上，与中共中央副主席周恩来第一次见面。

在《世界知识》杂志上发表《环绕西班牙战争之欧洲危局》、《论三种外交政策》、《〈和平不可分〉论》、《九国公约会议的展望》等文章。

在《中学生》杂志上发表《人的发见》一文。

在《东方杂志》上发表《中苏不可侵犯的回顾和前瞻》一文。

1938 年　42 岁

上海沦陷后，和留在"孤岛"的爱国人士继续进行组织和教育市民工作。策划《团结》、《集纳》、《译报》等报刊的出版。

2 月，以复社名义，翻译出版了《西行漫记》。

4 月下旬，抵武汉，任国民政府军事委员会政治部第三厅第五处处长，负责文字宣传工作。以三厅五处名义，支持范长江等进步记者创立中国青年记者学会和国际新闻社。

6月15日，以"鲁迅纪念委员会"名义出版了历史上第一套《鲁迅全集》平装本。8月1日，精装本宣告问世。

10月，在周恩来住处见到朱德。朱德为其题词，称其为国际问题专家。

10月24日，撤离武汉赴长沙。

11月10日，按周恩来的指示赴桂林开展统战和文化工作，被聘为广西建设研究会文化部副主任。

12月，应邹韬奋之邀，赴重庆商量生活书店发展事宜，任生活书店编审委员会主席。

1939年　43岁

1月，与沈钧儒、邹韬奋、史良、张申府等20人致电蒋介石，声讨汪精卫叛国投敌。

2月，离重庆赴香港，主要处理香港国际新闻社之事。

4月，经越南返回桂林。

10月，代表救国会与广西建设研究会合办文化供应社，任编辑部主任。大力支持《救亡日报》、国际新闻社、生活书店的工作，直接领导文化供应社的出版业务，为桂林成为著名的"文化城"发挥了重要作用。

在复刊后的《中学生》杂志上发表《五月是反侵略月》、《反侵略阵线的建立》、《反侵略战线在酝酿中》、《阵线与同盟》、《日寇往哪里走?》、《"七七"二周年纪念》、《八月的欧洲与远东》等文章。

1940年　44岁

上半年，任广西各界宪政协进会理事会理事，积极投入国统区宪政运动。

6月，按党的指示撤离桂林转移到香港。

11月底，根据周恩来的安排，赴新加坡任《南洋商报》编辑部主任。

在《世界知识》杂志上发表《我的想象》一文。

在《中学生》杂志上发表《进步与倒退》、《胜利的三年》等文章。

1941年　45岁

1月1日，正式接任《南洋商报》编辑主任工作，发表了《南洋的新时代》作为新年献辞。

积极参与华侨社会活动，大力支持陈嘉庚，与其建立了亲密的友谊。

在《南洋商报》撰写多篇社论，阐述坚持抗战、坚持华侨团结等问题。

12月8日，太平洋战争爆发，发起成立"星洲华侨文化界战时工作团"，与郁达夫等人一起积极开展抗敌宣传工作。

在《南洋商报》上发表《我们需要陈主席》、《论南洋华侨两大会——海外华侨社会的民主浪潮》、《论罗斯福三大政策》、《国父与华侨》、《论保卫南洋》、《再论保卫南洋》、《三论保卫南洋》、《四论保卫南洋》、《五论保卫南洋》、《六论保卫南洋》等多篇社论与专论。

1942　46岁

2月，日军攻陷新加坡。与郁达夫、张楚琨、沈兹九等人逃至印尼苏门答腊的保东村，隐姓埋名，开始学习印尼语。后来又逃到巴爷公务避难，与朋友一起靠经营酒厂和肥皂作坊谋生。

1943年　47岁

在印尼巴爷公务生活安定下来后，倡导成立了"同人社"。沈兹九、汪金丁、邵宗汉、王任叔、吴柳斯、张企程、高云览、张楚琨等人都加入进来，"同人社"成员每周聚谈一次，主要讨论分析当时的时事形势、个人的读书心得和生活报告等。

编写了两部书稿——《汉译印度尼西亚语辞典》和《印度尼西亚语语法研究》。

1944 年　48 岁

跟随刘武丹等人逃往印尼马达山区生活，构思和创作长篇科幻小说《少年航空兵》，并与沈兹九合著《流亡在赤道线上》一书。《少年航空兵》1948年由香港文化供应社出版。

1945 年　49 岁

日本宣布投降后，得悉郁达夫失踪的消息，多方调查。

9 月底，回到新加坡，在当地朋友的帮助下，创办了新南洋出版社。12月初，又创办了《风下》周刊。

在《风下》周刊上发表《原子与外交》、《关于民族形式文化生活漫谈》、《剿共内战与民主统一》、《白宫外交的歧途》、《人民抗日军复员》、《关于华侨地位的新认识》、《莫斯科会议与和平阵线》、《印尼问题》、《经济的慕尼黑》、《尼赫鲁将来马来亚》、《欧洲与远东》、《国内团结问题》、《马来亚民主同盟》等短评。

1946 年　50 岁

1 月，支持沈兹九主编出版《新妇女》杂志。建立中国民主同盟南洋组织。

1 月 30 日，撰写《韬奋的死》一文，2 月 11 日起，连载于《风下》周刊第 10、11、12 期。

8 月，撰写《郁达夫的流亡和失踪》，对郁达夫失踪被害的情况和因果作了翔实的说明。

11 月 21 日，创办《南侨日报》，担任社长，陈嘉庚任董事长。

在《风下》周刊上发表《欢迎印度民族领袖》、《越南民族革命的胜利》、《现实的马来亚》、《亚洲的问题》、《历史的喜剧》、《中国政局的又一难关》、《和平的新胜利》、《伊朗问题》、《东北停战与联合政府》、《印尼殖民地战争》、《印度的歧途》、《马来亚联邦成立》、《中东的巴尔干化》、《争取和平》、《印尼的前途》、《刺刀下的选举》、《东北问题的拖延》、《日本的民主化》、《刷新工党内阁》、《展开华侨民主运动》、《立即停止东北内战》、《粮食恐慌与中国》、《马来亚公民权》、《纪念劳动节》、《东北和平谈判失败》、《四强外长会议》、《印尼华侨的处境》、《国府还都南京》、《大选后的菲律宾》、《中国目前的僵局》、《美参院通过对英贷款》、《战后资本主义的矛盾》、《英国对印度的新方案》、《长春易手以后》、《在转变中的美苏关系》、《美国的罢工潮》、《国际局势与中国》、《最后关头》、《反对特务行动》、《多事的暹罗》、《和平前途暗淡》、《巴黎会议》、《内战不制止革命必爆发》、《原子弹试验》、《子子孙孙永不忘这个大日子》、《救国有罪民主该杀》、《伟大的爱国者韬奋》、《内战大规模打起来了!》、《苛政猛于原子弹》、《内战与贪污》、《敌人仍是要回来的》、《中国局势急转直下》、《大家来办合作社》、《向印度学习》、《展开民主运动的大旗》、《杜鲁门往哪里走?》、《华侨新爱国运动》、《鲁迅与陈嘉庚》、《补祝蒋主席六十大寿》、《国大与制宪》、《谈谈外交》等短评和"卷头言"。

在《南侨日报》的《南风》副刊上发表《两斋废话》、《我的父亲》、《我的家乡》、《小圈子主义》、《仁学》、《小人与大人》、《傻子伊凡》、《愚民的智慧》、《农民剧》、《亚洲的民主》、《我的老师》、《浙路风潮》、《汤寿潜》等文章。

1947年　51岁

4月，以《风下》周刊社名义创办"青年自学辅导社"，任社长。

邀请夏衍到新加坡任《南侨日报》主笔。

9月底，主持召开中国民主同盟马来亚支部大会，发表宣言，被选为该组织主任委员。

为纪念郁达夫遇害两周年，在《南侨日报》上发表了《关于纪念郁达夫》一文。

在《风下》周刊上发表《理想主义与现实主义》、《人类的春天》、《合法斗争》、《从五四说到世界青年代表团》、《人才与奴才》、《从汽车多说到纸币多》、《反饥饿、反内战、反独裁》、《青年是历史的创造者》、《向全世界人民控诉》、《闲话原子》、《言之有物与无病呻吟》、《祖国》、《祖国与家乡》、《假如鲁迅来南洋》、《一个世界的成长》、《从牛角尖看世界》、《准备迎接伟大的新时代》等"卷头言"。

1948 年 52 岁

4 月，由新加坡赴香港，向在港的民盟领导人汇报工作。因马来亚殖民当局颁布"紧急法令"，不能再返新加坡，遂留港从事统战工作，任"中国人民救国会"秘书长。

8 月，奉命赴华北解放区。

9 月底，到达西柏坡，向中共中央统战部部长李维汉汇报了海外工作情况。嗣后，受到毛泽东、周恩来等领导接见。其全国解放将提前到来的预见，为毛泽东修改全国胜利的时间表，提供了重要的参考。

在《南侨日报》上发表《民盟到了转折点》、《准备心理的改造——迎接人民胜利年》等文章。

在《风下》周刊上发表《美制假灵魂》、《歪风吹来风下之国》、《美统思想》、《我到了香港》等文章。

1949 年 53 岁

1 月，与周建人、吴晗等 17 人联名致电李济深、沈钧儒、章伯钧、马叙伦、谭平山等人，拥护中国共产党。

1 月底，任北平文化接管委员会委员，参与新闻出版部门的接管工作。

3月，任民盟总部临时工作委员会委员。筹备创办民盟机关报《光明日报》。6月16日该报出版，任总编辑。

9月，被聘任为新华书店总编辑。作为民盟代表参加人民政协第一次全体会议，被推选为政协文教委员会委员。

10月3日，在全国新华书店出版工作会议上致开幕词。

10月，被任命为中央人民政府文教委员会委员、出版总署署长。

11月，创办的《新华月报》诞生。

12月，被选为中国人民外交学会副会长。在民盟一届五中全会上被选为中央常委，负责中央组织委员会工作。在人民救国会举行的招待会上讲话，宣布人民救国会宣告结束。

1950年　54岁

1月，在《世界知识》复刊号上发表《人民新中国在世界的地位》一文。

5月，与进步世界语者筹办的世界语刊物《人民中国报道》问世。

7月11日，辞去《光明日报》总编辑职务。

9月，领导出版总署对全国出版工作情况作了全面调查研究，发表《论人民出版事业及其发展方向》的报告，确定了出版工作的思路，推动全国出版事业步入健康发展的轨道。

1951年　55岁

3月，中华全国世界语协会成立，被推选为理事长。

5月，任中央土改工作团副团长，率第一团赴川北土改，9月底返京。

1952年　56岁

推动向海外华文报刊发稿的中国新闻社成立，被选为理事。

9月25日，在《人民日报》发表《出版工作为广大人民群众服务》一文，阐述了新中国出版工作的方向和取得的成就。

1953 年　57 岁

4 月，推动开明书店与青年出版社的合并，开始私营出版业的社会主义改造。

5 月，在民盟中央一届七中全会上，被选为民盟中央委员会秘书长。

1954 年　58 岁

9 月，作为上海市的代表参加第一届全国人民代表大会，被选为全国人大常务委员会委员。

11 月，作为特邀代表出席在瑞典斯德哥尔摩举行的世界和平理事会。

出版总署被撤销，任国务院中国文字改革委员会副主任委员。

1955 年　59 岁

协助文字改革委员会主任委员吴玉章，着手文字改革工作。

6 月，参加接待首次来访的印尼总理。

筹备成立中国印尼友好协会，被推选为副理事长。

1956 年　60 岁

2 月，在全国政协二届二次会议上，与华罗庚、费孝通、童第周一起受到毛泽东主席的接见。在民盟二届一中全会上被选为常委，继任中央秘书长。

赴苏联参加"五一"观礼，随后访问苏联和捷克斯洛伐克，了解两国世界语运动开展情况，回国后向中央建议恢复世界语运动，推动了世界语运动在国内的又一次发展。

赴巴黎参加世界和平理事会常务委员会会议。

1957 年　61 岁

与进步世界语工作者恢复于 1953 年停止的世界语活动。

在领导民盟中央的反右运动中，执行了扩大化的方针。

1958 年　62 岁

年初，在全国人大批准汉语拼音方案前，赴上海宣讲汉语拼音方案并组织各界人士讨论。

9 月，赴河南、四川考察民盟地方工作。

11 月，在民盟三届一中全会上当选为民盟中央副主席，不再担任秘书长。

年末，亲赴广东、福建等地考察开展汉语拼音方案和普通话推广情况。

1959 年　63 岁

4 月，作为全国人大代表和政协委员，分别参加了第二届全国人民代表大会第一次会议和全国政协三届一次会议，当选为全国人大常委会委员，后又被任命为全国人大常委会副秘书长。

9 月，被任命为文化部副部长，负责出版和对外文化交流工作。

12 月，组织了中国纪念世界语创始人柴门霍夫诞辰百年活动。

1960 年　64 岁

2 月，在文化部召开的部分地方出版社工作会议上，对出版为工农兵服务的方向，出版工作中普及与提高的关系等问题作了阐述。

3 月，被选为中国拉丁美洲友好协会副会长。

12 月，在民盟中央召开的基层工作会议上作如何贯彻"长期共存、互相监督"方针的讲话。

1961 年　65 岁

2 月，参加统战部召开的民主党派负责人座谈会，座谈如何贯彻"百花齐放、百家争鸣"的方针。

5 月，倡议出版《知识丛书》。

8 月，撰写了《悼念陈嘉庚先生》一文。

参加全国人大代表团活动，访问印尼、缅甸。

11 月，到上虞视察，了解文化、教育和农村生产、生活情况。为上虞春晖中学建校 40 周年写了贺信。

1962 年　66 岁

4 月，当选为中国亚非学会副会长。

9 月，多次召开座谈会，听取对汉字简化工作的意见。

10 月，以外交学会代表团团长的身份，与日本社会党议员代表团会谈，商讨促进中日关系等问题。

1963 年　67 岁

年初，支持综合性通俗读物《东方红》创刊。

组织召开第一次全国世界语工作座谈会。

12 月，参加民盟三届四中全会，原任秘书长闵刚侯因病辞职，兼任秘书长，重新领导民盟中央日常工作。

1964 年　68 岁

年初，民盟中央召开会议，决定成立爱国主义、社会主义、国际主义教育学习委员会，兼任主任委员。

2 月，率中国友好代表团访问尼泊尔。

12 月，出席第三届全国人民代表大会和第四届全国政协会议，均被选为常委会委员。

1965 年　69 岁

指导《东方红》的编辑工作。

8 月，领导民盟中央各学习组成员集中学习国际形势和农村社会主义教育运动"二十三条"。

11 月，任政协委员和民主党派参观团团长，到西南参观学习。

1967—1969 年　71 岁至 73 岁

"文化大革命"开始，多次受到不公正的批判，被迫写下十几万字的检查和旁证材料。

1969 年 4 月，受周恩来保护，处境略有好转。

1973 年　77 岁

3 月，与郭沫若、廖承志会见日本文化代表团，促使外事部门同意派出中国世界语代表团参加在日本召开的第 60 届世界语大会。

5 月，任全国政协委员参观团团长，到江苏、上海、江西等地参观。

1974 年　78 岁

4 月，会见日本世界语代表团，交流了世界语运动的情况。

5 月至 10 月间，接待也门、委内瑞拉、联邦德国、越南等国访华代表团。

1975 年　79 岁

1 月，参加第四届全国人民代表大会，被推选为常委。

6 月，参加统战部组织的各民主党派成员赴外地考察活动，去了四川、云南、贵州和湖南四省。

1977 年　81 岁

1 月，撰写了《永远怀念周总理》一文。

10 月，与史良一起当选为民盟中央临时领导小组负责人，恢复了民盟的正常活动。

1978 年　82 岁

2 月，参加第五届全国人民代表大会和全国政协会议，皆当选为常委。

3 月，主持民盟中央盟务工作座谈会，讨论恢复盟务后的工作问题。

5 月，任全国政协参观团团长，赴上海、福建参观，与巴金相见。

1979 年　83 岁

6 月，参加全国政协五届二次会议，增选为副主席。提出"群言堂"的建议。

8 月，主持第二次全国世界语工作座谈会。

10 月，在民盟第四次全国代表大会上，对自己在反右斗争中犯扩大化的错误作了真诚的自我批评。在民盟四届一中全会上当选为副主席。

中共中央公开了在民主党派工作的一批共产党员，其中共秘密党员身份被公开。

1980 年　84 岁

在世界语协会常务理事会上被选为理事长。

1981 年　85 岁

4 月，撰写了《深切怀念宋庆龄同志》、《早年同茅盾在一起的日子里》

等回忆性文章。

参加民盟全国工作会议，交流盟务工作经验。

参加中共中央《关于建国以来党的若干历史问题的决议》的讨论。

1982 年 86 岁

年初，参与民盟中央落实知识分子政策的调查研究，向中央有关部门提出了关于进一步落实知识分子政策的若干建议。

9 月，列席中共十二大。

12 月，召开中华全国世界语协会理事长碰头会，决定申请在中国举办第 71 届国际世界语大会。

1983 年 87 岁

4 月，出席民盟中央召开的全国盟务工作座谈会，并讲话。

6 月，出席第六届全国人大和全国政协六届一次会议，当选为全国人大副委员长、全国政协常委。撰写了《怀念杜重远烈士》一文。

12 月，参加民盟第五次全国代表大会，致闭幕词，当选为民盟中央副主席。

1984 年 88 岁

7 月，为纪念邹韬奋逝世 40 周年题词。

被国际世界语协会授予"名誉理事"称号，世界上只有极少几个人获此殊荣。

9 月 16 日，出席庆祝《世界知识》创刊 50 周年大会，并致贺词。

11 月，出席民盟在京召开的为四化服务经验交流会。

1985 年　89 岁

应中共中央党史资料征集委员会的要求，口述了《我的回忆》一文。

在第一届中国世界语大会上，被推选为名誉主席。

在民盟中央召开的常委会议上，被推选为民盟中央代主席。

11 月 27 日，主持戈公振诞辰 95 周年纪念大会。

12 月 30 日，因病住进北京医院。

1986 年　90 岁

1 月初，在《群言》"新年畅想"栏目上发表《坚持改革，认真学习》一文。

1 月 4 日，病情恶化。

1 月 16 日 11 时 15 分，在北京医院逝世，终年 90 岁。

参考文献

徐宝璜、胡愈之:《新闻事业》,商务印书馆 1923 年版。

胡愈之译:《星火》(第 2 版),上海现代书局 1931 年版。

胡愈之:《东北事变之国际观》,上海良友图书印刷公司 1931 年版。

胡愈之:《莫斯科印象记》,新生命书局 1931 年版。

胡愈之编:《苏联革命与中国抗战》,上海生活书店 1937 年版。

[英] 路威:《战争与间谍》(第 3 版),胡愈之译,上海生活书店 1937 年版。

胡愈之等:《苏联与中日战争》,战时出版社 1938 年版。

胡愈之:《欧战与我国外交》,文化供应社 1939 年版。

胡愈之:《郁达夫的流亡和失踪》,咫园书屋 1946 年版。

方修主编:《胡愈之作品选》,《马华文学六十年集(1919—1979)》,(新加坡)上海书局(私人)有限公司 1979 年版。

茅盾、胡愈之等:《可爱的故乡》,浙江日报编辑部、浙江省中国旅行社编印,1984 年版。

胡愈之、沈兹九:《流亡在赤道线上》,生活·读书·新知三联书店 1985

年版。

胡愈之：《国际语的理想与现实》，商务印书馆 1986 年版。

胡愈之：《怀逝者》，生活·读书·新知三联书店 1986 年版。

胡愈之：《我的回忆》，江苏人民出版社 1990 年版。

[法] 倍松：《图腾主义》，胡愈之译，上海文艺出版社 1990 年版。

李文编：《胡愈之论世界语》，长春出版社 1991 年版。

《胡愈之文集》（第一卷至第六卷），生活·读书·新知三联书店 1996 年版。

《胡愈之出版文集》，中国书籍出版社 1998 年版。

《胡愈之译文集》（上、下），译林出版社 1999 年版。

胡愈之编：《不尽长江滚滚来——范长江纪念文集》（增订本），群言出版社 2004 年版。

陈国治编著：《绍兴名媛传略》，宁夏人民出版社 2008 年版。

陈挥：《韬奋评传》，上海交通大学出版社 2009 年版。

陈矩弘：《新中国出版史研究（1949—1965)》，上海交通大学出版社 2012 年版。

陈荣力：《大道之行——胡愈之传》，浙江人民出版社 2005 年版。

陈贤茂主编：《海外华文文学史》（四卷本），鹭江出版社 1999 年版。

陈雪虎主编：《人与文化》，北京师范大学出版社 2012 年版。

《陈原出版文集》，中国书籍出版社 1995 年版。

陈原：《记胡愈之》，生活·读书·新知三联书店 1994 年版。

陈子善：《文人事》，浙江文艺出版社 1998 年版。

程仁保：《走向革命：胡愈之的早期思想研究（1914—1934)》，硕士学位论文，安徽大学 2010 年。

[美] 戴维·阿古什：《费孝通传》，董天民译，时事出版社 1985 年版。

董楚平：《吴越文化新探》，浙江人民出版社 1988 年版。

杜毅、杜颖编注：《还我河山——杜重远文集》，上海文汇出版社 1998 年版。

段乐川、靳开川、宋应离编：《20 世纪中国著名编辑出版家研究资料汇辑》（第 11 辑），河南大学出版社 2016 年版。

范军：《岁月书痕》，华中师范大学出版社 2017 年版。

范长江：《中国的西北角》，四川大学出版社 2010 年版。

费君清主编：《中国传统文化与越文化研究》，人民出版社 2004 年版。

费孝通、夏衍等：《胡愈之印象记》（增补本），中国友谊出版公司 1996 年版。

冯春龙：《中国近代十大出版家》，广陵书社 2005 年版。

傅金铎、张连月总主编：《中国政党》，华文出版社 2002 年版。

郭沫若：《洪波曲》，百花文艺出版社 1959 年版。

郭文友：《千秋饮恨——郁达夫年谱长编》，四川人民出版社 1996 年版。

郝时远主编：《海外华人研究论集》，中国社会科学出版社 2002 年版。

侯志平编：《胡愈之与世界语》，中国世界语出版社 1999 年版。

侯志平主编：《世界语在中国一百年》，中国世界语出版社 1999 年版。

胡德华：《病中怀旧》，中国少年儿童出版社 2001 年版。

黄金陵、王建立主编：《陈嘉庚精神文献选编》，福建人民出版社 1996 年版。

黄兰英主编：《20 世纪浙江之最》，中共党史出版社 2004 年版。

《纪德文集》，李玉民等译，花城出版社 2001 年版。

金丁：《往事与文化人》，中国人民大学出版社 1988 年版。

金天鸿主编：《悠悠丰惠　千年古城》，西泠印社出版社 2005 年版。

李杭春、陈建新、陈力君主编：《中外郁达夫研究文选》，浙江大学出版社 2006 年版。

李云：《胡愈之主编时期的〈东方杂志〉（1920—1927）研究》，硕士学位论文，黑龙江大学 2012 年。

梁柱、王世儒：《蔡元培与北京大学》，山西教育出版社 1995 年版。

林万菁：《中国作家在新加坡及其影响》（修订版），新加坡万里书局 1994 年版。

刘国新：《读点国史：新元初始——1950 年的中国》，四川人民出版社 2018 年版。

刘锡诚：《20 世纪中国民间文学学术史》，河南大学出版社 2006 年版。

刘晓苏：《胡愈之报刊编辑思想研究》，硕士学位论文，河北大学 2007 年。

刘运峰编：《鲁迅先生纪念集》（上、下），天津人民出版社 2007 年版。

《鲁迅全集》（第一卷至第十八卷），人民文学出版社 2005 年版。

[美] 鲁思·本尼迪克特：《文化模式》，张燕、傅铿译，浙江人民出版社 1987 年版。

马仲扬、苏克尘：《邹韬奋传记》，重庆出版社 1997 年版。

钱理群、温儒敏、吴福辉：《中国现代文学三十年》（修订本），北京大学出版社 1998 年版。

全国政协文史资料委员会办公室编：《周恩来同志倡导政协文史资料工作四十年纪念集》，中国文史出版社 1999 年版。

饶良伦等：《烽火文心：抗战时期文化人心路历程》，北方文艺出版社 2000 年版。

饶芃子：《世界华文文学的新视野》，中国社会科学出版社 2005 年版。

上虞市政协文史资料委员会编：《纪念胡愈之专辑——上虞文史资料》（第 6 辑），1991 年。

沈谦芳：《邹韬奋传》，山东人民出版社 1998 年版。

盛永华、王健编：《胡愈之画传》，生活·读书·新知三联书店 1998 年版。

宋木文：《亲历出版三十年——新时期出版纪事与思考》，商务印书馆 2007 年版。

宋应离主编:《中国期刊发展史》,河南大学出版社 2000 年版。

孙宜学编:《不欢而散的文化聚会——泰戈尔来华讲演及论争》,安徽教育出版社 2007 年版。

陶海洋:《〈东方杂志〉研究（1904—1948)》,合肥工业大学出版社 2014 年版。

童之侠:《中国国际新闻传播史》,中国传媒大学出版社 2007 年版。

王大千:《胡愈之报刊活动与新闻思想研究》,硕士学位论文,兰州大学 2009 年。

王仿子:《出版生涯七十年》,上海百家出版社 2010 年版。

《王仿子出版文集》,中国书籍出版社 1994 年版。

王润华:《华文后殖民文学——中国、东南亚的个案研究》,学林出版社 2001 年版。

《王益出版发行文集》,中国书籍出版社 1993 年版。

王余光、吴永贵:《中国出版通史(民国卷)》,中国书籍出版社 2008 年版。

《王子野出版文集》,中国书籍出版社 1997 年版。

韦韬、陈小曼:《我的父亲茅盾》,辽宁人民出版社 2004 年版。

魏华龄、李建平主编:《抗战时期文化名人在桂林》,漓江出版社 2000 年版。

魏华龄、王玉梅主编:《桂林文史资料第 37 辑·人物专辑》,漓江出版社 1998 年版。

吴秀明主编:《文学浙军与吴越文化》,浙江文艺出版社 1999 年版。

吴永贵:《民国出版史》,福建人民出版社 2011 年版。

武斌:《中华文化海外传播史》(三卷本),陕西人民出版社 1998 年版。

武志勇:《韬奋经营管理方略》,中央编译出版社 2000 年版。

夏弘宁:《夏丏尊传》,中国青年出版社 2002 年版。

邢康:《简论新中国成立前胡愈之的政治活动》,硕士学位论文,湖南师范大学 2009 年。

徐如麒主编：《中国现代知名学者传世文典》（上、下），团结出版社
1999 年版。

徐如麒主编：《一生的美文计划——中国名家美文 180 篇》，团结出版社
2007 年版。

姚公骞等主编：《中国百年留学精英传》（4），百花洲文艺出版社 1997
年版。

于友：《胡愈之传》，新华出版社 1993 年版。

于友：《记者生涯缤纷录——献给传媒后来人》，新华出版社 2002 年版。

郁嘉玲：《我的爷爷郁达夫》，昆仑出版社 2001 年版。

元青主编：《中国近代出版史稿》，南开大学出版社 2011 年版。

袁康、吴平辑录，俞纪东译注：《越绝书全译》，贵州人民出版社 1996
年版。

张宝贵编著：《杜威与中国》，河北人民出版社 2001 年版。

张承宗主编：《上海文史资料选辑第 84 辑·金仲华纪念文集》，上海市
政协文史资料编辑部 1997 年版。

张觉译注：《吴越春秋全译》，贵州人民出版社 2008 年版。

张学继：《出版巨擘——张元济传》，浙江人民出版社 2003 年版。

张志强：《20 世纪中国的出版研究》，广西教育出版社 2004 年版。

章宏伟：《出版文化史论》，华文出版社 2002 年版。

赵毅衡：《对岸的诱惑：中西文化交流记》（增编版），上海人民出版社
2007 年版。

赵长盛编：《周恩来和党外朋友们》，团结出版社 1998 年版。

浙江省政协文史资料委员会编：《浙江文史集粹》，浙江人民出版社 1996
年版。

钟桂松：《茅盾传》，东方出版社 1996 年版。

周进、吴京华主编：《浙江文史资料第 77 辑·浙江名人故居》，浙江人民出版社 2006 年版。

朱芳：《胡愈之早期对外报道思想研究》，硕士学位论文，河南大学 2006 年。

《朱光潜全集》（第 10 卷），安徽教育出版社 1993 年版。

朱顺佐、金普森：《胡愈之传》，杭州大学出版社 1991 年版。

朱顺佐：《胡愈之》，花山文艺出版社 1999 年版。

后　记

2018 年的某一天，正在开会的我接到一个来自北京的陌生电话，下意识地以为是诈骗或广告电话，摁掉未接。但过了几分钟后，这个电话又打了进来，我接通以后还是有点蒙，因为电话里的女士自称是人民出版社的编辑——贺畅，我并不认识。她问我是不是写过《胡愈之评传》，说人民出版社正在编一套"中国出版家丛书"，由新闻出版总署原署长柳斌杰任主编，里面涉及三十多位出版家，胡愈之是其中一位，他们在全国物色写作者，终于在网上找到我，认为我有写作《胡愈之评传》的基础，因此热情相邀，希望我能参与进来。说实话，当时我还是半信半疑，感觉有点像"天上掉馅饼"的味道，于是我带着警惕之心和她交谈，希望她能出具相关证明，最好是图书出版合同。她要了我的地址之后，不久就寄来了出版合同，我反复看过之后，确定还真是人民出版社的邀请，心里顿时乐开了花，同时也感到非常荣幸。

《胡愈之评传》我是分成三大部分来写的，即"平凡生活的传奇者"、"新闻出版的先驱者"、"文学海洋的弄潮者"。第一部分"平凡生活的传奇者"是从生活的角度描述胡愈之的生命轨迹,展现其在平凡生活中的传奇经历;第二部分"新闻出版的先驱者"是从文化实践的角度分析胡愈之在新闻出版方面所做的贡献,突出其对中国新闻出版事业的奠基作用;第三部分"文学海洋的弄潮者"则是从文学创作的角度研究胡愈之在翻译、政论杂文以及长篇小说等方面的成就,揭示其在中国现当代文学史上的地位和作用。因为已经在《胡愈之评传》的第二部分单独写过胡愈之在新闻出版战线的功绩,所以我接到《中国出版家·胡愈之》这个任务时很坦然,觉得完成这个任务不是太难。我根据自己的理解,马上向人民出版社提交了一份写作目录与提纲,得到评审专家的肯定,他们也提了不少宝贵的意见和建议:"1. 书稿结构没有问题,文字也没有问题。2. 传主在某一时期的角色定位,需要实事求是地明确辨析,不宜夸饰他的作用。3. 本书是在作者已有研究基础上进行的专题写作,可以再挖掘一些新的史料。比如说,近年来有一些报刊数据库可以加以利用。《申报》《大公报》等都有了全文检索的数据库,《晚清民国期刊全文数据库》(1833—1949)也很好用。北京大学图书馆,有购买,建议作者找人要一个账号和密码,远程就可以利用。"

本以为写作起来应该很快就可以完成任务,但由于平时行政工作繁忙,手上主持的国家社科基金重点项目的研究又不敢放松,还要应付学校的各种考核任务,发现能够利用的时间还真不多,这一拖就快两年过去了,心中自然充满焦虑。人民出版社贺畅主任一直跟踪催促,我也暗下决心,一定要找上一段时间好好完成书稿。没想到,时间竟然在全国上下积极应对新冠肺炎疫情时找到了。2020 年的整个春节一直到现在,全国各地都在顽强地和肆虐全球的新冠病毒作斗争，我们响应号召宅在家中，虽然心中时常为疫情蔓延和病毒阻击战而担心不已，但总算有了整段时间可以用来写作。这也算是防控疫情的额外收获吧！

胡愈之生于晚清，在忧患中成长，秉承"为国难而牺牲，为文化而奋斗"的历史使命，在出版领域所做出的成就非常人所能及，贡献巨大：他创办或协助创办以及主编的报刊众多，如《上虞声》、《公理日报》、《半月国际》、《绿光》、《东方杂志》、《文学旬刊》、《生活》周刊、《新女性》、《文学》、《太白》、《译文》、《妇女生活》、《世界知识》、《生活日报》、《新生》周刊、《救亡日报》、《国民公论》、《新妇女》、《南洋商报》、《风下》周刊、《南侨日报》、《光明日报》、《新华月报》等，许多报刊都具有时代性影响。另外，在书籍出版和成立出版社以及主持制定出版方针等方面也成绩突出。如在书籍出版方面，他在困难重重的情况下，翻译出版了美国人埃德加·斯诺的《西行漫记》，并首次出版了《鲁迅全集》等；如在成立出版社方面，协助邹韬奋经营生活书店，1939 年在桂林成立文化供应社，1945 年在新加坡创办新南洋出版社等；如在主持制定出版方针方面，新中国成立后加强了新华书店的专业化与企业化经营、调整公私出版业关系，以及统一全国书价和重视版权等。所有这些都说明在新闻出版战线，胡愈之是当之无愧的先驱人物，他被誉为出版界的"佘太君"和"新中国出版事业的奠基人和开拓者"也是实至名归的。如今，我们用传记方式回顾和总结他在新闻出版方面的杰出贡献，既表达了对于他作为出版人筚路蓝缕、艰苦拓荒的尊崇与敬意，也凸显了他那为民请命、勇于革新和传播新知的担当精神。

在具体写作过程中，困难还是不少的。首先是因为这本传记不是传主的人生全传，而是要从出版角度来展现传主的一生，这里就存在一个如何取舍相关材料的问题，怎样将胡愈之生命中那些"隐而不显、显而不彰"的涉及新闻出版的材料挖掘出来就有不小的难度。其次为了突出表现传主在出版方面的功绩，我们自然在新闻出版方面着笔更多，但如何与传主波澜壮阔的人生经历有机结合起来也是有难度的。另外，关于胡愈之的传记已经比较多了，比如《胡愈之传》（朱顺佐、金普森著）、《记胡愈之》（陈原著）、《胡愈之》（于友著）、《胡愈之》（朱顺佐著）、《大道之行——胡愈之传》（陈荣力著）等，要推陈出新，从出版角度提炼问题，合理地复原胡愈之在新闻出版方面功绩同样也是不容易的。这里我的主要写作思路是：以时间为经、以事件为纬架构这本传记。这也是传统的传记写作方式，好处是能将传主胡愈之的一生事迹特别是新闻出版方面的事迹向读者娓娓道来，作为传记的连续性、整体性与全面性都能得到较好的保障，坏处则是往往难以在重要问题上进行深度阐述，有时显得过于平均用力，掩盖了传主胡愈之在某些方面的突出贡献。"文章千古事，得失寸心知"，这也是没有办法的事情，由于本人能力有限、材料有限，虽然想尽可能地清晰完整地呈现胡愈之为出版的一生，但不尽如人意和遗憾的地方还有很多，只能留待后来者继续修葺完善了。

收尾之际，眼前浮现了许多需要感谢的人。当然最需要感谢的还是人民出版社的贺畅主任，因为没有她的鼎力支持和无私帮助，这本传记要想顺利问世是不可能的。要感谢的人还有很多，在此就不一一列出名单，你们的支持和恩情我将永远铭记在心，感谢你们和我风雨同行。

朱文斌

2020 年 2 月 29 日于绍兴镜水湖畔

统　　筹：贺　畅

责任编辑：周　颖　贺　畅

封面设计：肖　辉　姚　菲

版式设计：汪　莹

图书在版编目（CIP）数据

中国出版家 . 胡愈之 / 朱文斌　著 . — 北京：人民出版社，2021.8

（中国出版家丛书 / 柳斌杰主编）

ISBN 978 - 7 - 01 - 022470 - 1

I. ① 中… 　 II. ① 朱… 　 III. ① 胡愈之（1896~1986）- 生平事迹　 IV. ① K825.42

中国版本图书馆 CIP 数据核字（2020）第 169924 号

中国出版家 · 胡愈之

ZHONGGUO CHUBANJIA HU YUZHI

朱文斌　著

人民出版社 出版发行

（100706　北京市东城区隆福寺街 99 号）

北京盛通印刷股份有限公司印刷　新华书店经销

2021 年 8 月第 1 版　2021 年 8 月北京第 1 次印刷

开本：710 毫米 ×1000 毫米 1/16　印张：18.5

字数：213 千字

ISBN 978 - 7 - 01 - 022470 - 1　定价：76.00 元

邮购地址 100706　北京市东城区隆福寺街 99 号

人民东方图书销售中心　电话（010）65250042　65289539